LE TEMPS MESSIANIQUE

DU MÊME AUTEUR

Moses Hess, la philosophie, le socialisme, Paris, P.U.F., 1985 (épuisé)

Dictionnaire critique du marxisme (avec G.Labica), Paris, P.U.F., 1982, 1985, 1999

Questions juives, Paris, Osiris, 1988

Traduction et présentation de Franz Rosenzweig, *Hegel et l'Etat*, Paris, P.U.F., 1991

Co-traduction de Schelling, *Philosophie de la Révélation,* Paris, P.U.F., 1993-1994

La philosophie allemande dans la pensée juive (dir.), Paris, P.U.F., 1997

Co-traduction de Schelling, *Introduction à la Philosophie de la Mythologie,* Paris, Gallimard, 1998

Franz Rosenzweig. Existence et philosophie, Paris, P.U.F., 2000

Co-traduction de Franz Rosenzweig, *Foi et savoir. Autour de l'Étoile de la Rédemption,* Paris, Vrin, 2001

PROBLÈMES ET CONTROVERSES

Directeur : Jean-François COURTINE

LE TEMPS MESSIANIQUE

Temps historique et temps vécu

par

Gérard BENSUSSAN

PARIS

LIBRAIRIE PHILOSOPHIQUE J. VRIN

6, Place de la Sorbonne, V^{e}

2001

À Georges Labica

Ce livre reprend le matériau d'un cours donné à l'Université d'Aix-en-Provence. Mes remerciements vont à tous ceux, amis, collègues, étudiants, à qui il est arrivé d'en discuter avec moi les contenus. Aux « deux Marc », Crépon et de Launay, qui en ont accompagné les ponctuations rosenzweigiennes. À Magali Garcin pour ses remarques philosophiques. À Christiane Donnier qui m'a suggéré un jour l'idée de cet ouvrage. À Jean-François Courtine qui l'a accueillie en confiance. A Alain Pernet enfin pour son aide patiente.

Imprimé in France

ISSN 0249-7875

ISBN 2-7116-1521-9

Introduction

TEMPS DE L'HISTOIRE ET TEMPS DU SUJET

« Je prévois donc je me trompe »
(Paul Valéry)

Consacrer une réflexion au temps messianique et entreprendre de la consigner dans l'articulation obligée d'un ouvrage appelle quelques élucidations préalables. Ce thème du temps messianique fait la jointure entre deux ordres de questionnements qu'on devine assez voisins mais dont on aperçoit moins aisément l'unité : le temps, qui a ses lettres de noblesse philosophique, et le messianisme, ou le messie, qui paraît plutôt relever de l'histoire ou de la sociologie des religions. Comment penser à partir de l'articulation de domaines hétérogènes et sous sa contrainte? Leur distinction, une fois repérés les espaces qu'elle délimite et parcourue la frontière qu'elle indique, c'est-à-dire une fois établie pour elle-même, permet, nous a-t-il semblé, un réassemblage des aspects habituellement séparés, voire concurrents, dans l'abord *philosophique* du temps : d'une part le temps historique et les philosophies de l'histoire qui en prennent en charge la pensée, d'autre part la temporalité vécue, sa conscience intime. Le temps messianique désignera donc ici cette intersection problématique et souvent incertaine qui déjouerait, sans toutefois les relever, les oppositions et les hiérarchies notionnelles de l'objectivité et de la subjectivité, de l'histoire et de l'expérience, de la longue durée et de la souffrance vive. *Le* temps messianique et non pas *les* temps messianiques, ceux-ci, tout compte fait, nommant bien souvent par métonymie celui-là. La temporalité de la « fin » et non pas la fin des temps. Il ne s'agira donc pas essentiellement de l'*eskaton* scruté par les grands mouvements d'une messianité subvertissant les structures immanentes de la réalité historique, mais avant tout de l'épreuve mille fois recommencée d'une verticalité interruptive de l'horizontalité de la « longueur de temps » et de la logique linéaire des finalités. Si ce temps de l'attente dans l'instant n'est évidemment pas sans rapport avec l'eschatologie, on le verra maintes fois, il atteste pourtant, dans ses contenus immédiats d'existence, qu'il n'est rien d'« eschatologique ». Il n'est pas en effet prédéterminé par cela qu'il attend à la « fin des temps », il est le temps lui-même ou tout au moins quelque chose du temps, et quelque chose qui bat en son cœur, comme un guet qui ne saurait jamais vraiment ce qu'il guette. Il endure sans relâche, sans diffèrement consenti, dans l'élan parfois ou le désespoir souvent, un interminable affût. Le messianique ne qualifie pas le futur tel qu'il distend la relation présent/futur, il est cette relation elle-même, c'est-à-dire une expérience du temps qui supporte ici et maintenant son interruption et même l'exige d'un présent toujours à achever. C'est, au fond, de la reprise à nouveaux frais de la grande interrogation anthropologique kantienne qu'il sera bien souvent question, même implicitement : que nous soyons conscients de l'insuffisance de nos représentations à être la cause de leurs objets n'empêche nullement qu'une certaine représentation de la causalité soit contenue dans nos désirs et nos aspirations. Il faut dire plus : cette illusion est motrice, elle stimule nos forces et contribue à en empêcher le tarissement, car elles seraient épuisées avant même leur usage s'il fallait s'assurer de leur aptitude à produire leurs objets et, ainsi, à se produire elles-mêmes dans le temps.

D'où le développement d'une première ligne d'arguments qui concerne l'historicité de cette production temporelle de soi. On posera introductivement, et on montrera ultérieurement, que le messianisme, dans les dimensions que nous en convoquerons par priorité, produit une véritable mise à distance de l'histoire, spéculative et chronologique, celle des philosophes aussi bien que celle des historiographes, de l'histoire réfléchie autant que de l'histoire originale selon les catégories hégéliennes. Cette mise à distance est commandée par la non-spécificité et la non-conditionnalité absolues du temps de la venue du messie qui est en effet le premier temps venu. La sphère historique apparaît du coup comme le contrepoint clos sur lui-même de cette irruption sans règle, comme une totalité sans extériorité : ainsi constituée sous la légalité du concept et dans la saisie compréhensive de ses différences internes, elle serait élucidable par ses propres médiations dialectiques et détiendrait une fin strictement immanente à celles-ci. Le messianisme ne connaît en revanche ni le lieu ni le moment, il est dans le pur soutien du temps qu'il plie classiquement en deux éons, en deux mondes, celui-ci (*olam haze*) et celui-qui-vient (*olam haba*), l'un dans l'autre mais cependant l'un et l'autre foncièrement distincts selon leurs qualités et leurs traits particuliers. Extrême attention portée à cette entrappartenance du différent, de l'indéterminable, tel est peut-être le caractère le plus constant et le plus remarquable de l'attente messianique, parfois lumineux, parfois vacillant, parfois encore les deux à la fois. Ce qui vient agit dans ce qui est, ce qui est n'est pas encore tout dans son être en tant qu'être. De ce pli du temps et de l'histoire témoignent structurellement les tensions et les polarités propres à la tradition, telles qu'elles sont réinterprétées par la pensée messianique : les deux arbres du jardin d'Éden, la Loi à venir qui abolira et transgressera la Loi régissant le monde actuel, les deux paires de tables données à Moïse au Sinaï, les temporalités cosmiques entrechoquées de la semaine et du *chabbat*; mais aussi, chez un Moses Hess, la distinction d'une histoire interne et d'une histoire externe, l'opposition communiste d'une préhistoire pesante et d'une histoire en devenir, l'idée blochienne d'une intervention alternée de temporalités différentielles et constitutives des structures de l'historicité, la thèse benjaminienne d'une nécessaire complémentarisation du matérialisme historique par la théologie, la logique derridienne de la supplémentarité – et on pourrait multiplier les citations à comparaître.

Le pli messianique ne fait pas que courber le temps historique selon la scansion du venir et de l'être. Ou plutôt, ce faisant, il emporte un relèvement de l'instant vécu qui en fait surgir le relief. Au lieu d'une loi générale sanctionnant la répétabilité des séquences qu'elle découpe et sanctionnée en retour par les grandes continuités ontologiques des philosophies de l'histoire, on a là, dans cette stratification particulière, l'infime indice qu'à chaque instant le temps peut sortir du temps et même qu'il est grand temps que le temps sorte du temps afin de se temporaliser vraiment. « Il est temps que le temps advienne/ Il est temps », peut ainsi écrire Paul Celan [1], « il est temps que l'on sache/il est temps que la pierre se résolve enfin à fleurir/qu'à l'incessante absence de repos batte un cœur » [2]. Le temps appelle à une saillie sur le fond ou dans le plan qu'il est lui-même. L'écriture poétique ou littéraire rend à coup sûr mieux compte de cette expérience singulière que ne peut le faire la lente rigueur de la philosophie. « L'autre état » que tente par exemple de cerner Musil [3] est l'envers de ce que Michaux nomme pour

1. Se souvenant sans doute du coup de semonce adressé à Dieu dans le Psaume 119 : « Il est temps d'agir / On a violé ta Loi » (v. 126).

2. « Corona » in *Pavot et mémoire*, trad. Jean-Pierre Lefèbvre. À ce *Es ist Zeit, daß es Zeit wird* fait écho dans un poème du même recueil le *Es komme* : « Que vienne ce qui n'a jamais été/ Que vienne un homme d'une tombe ».

3. « Il est une vérité raisonnablement résignée, fort étrange, et pourtant fort commune : que le monde tel qu'il est laisse partout transparaître un monde qui aurait pu, qui aurait dû être; de sorte que tout ce qui ressort de l'activité de ce monde est entâché d'exigences qui ne

sa part « l'état habituel », caractérisé, lui, par la perte ou l'abandon dont la « vie courante » serait l'indéfinie et plate continuation[1], la « vie lente » d'Apollinaire. Cette altérité constitue un pan effectif d'une pensée du pli ou du revers messianique. Elle fournit par ailleurs le témoignage irremplaçable d'une expérience de l'interruption du temps que suggère souvent, dans les développements qui lui sont propres, le messianisme. La référence aux poètes n'est pas ici d'illustration évanescente ou de vanité esthétique. Il se trouve qu'elle permet de mieux marquer la puissance des liaisons instantanées. Le poème est « une machinerie temporelle », son temps est traversé par une « eschatologie intérieure »[2] qu'il translittère en quelque sorte dans sa rythmique et ses codes langagiers propres. À le méditer, on voit comment l'instant peut signifier, selon le mot de Rosenzweig, « l'origine de l'avenir », le commencement dans l'absoluité d'une naissance, l'accident avant le principe, le simultané irréductible au successif, cette logique du monde complémentaire que signifiait le messianisme selon Benjamin. L'instant est toujours l'instant d'un acte, la discontinuité de ce qui s'actualise selon une sommation inattendue et, partant de là, on comprendra mieux pourquoi on peut estimer qu'il n'y a d'éthique active qu'instantanée, verticale, messianique.

C'est en ce sens qu'on peut dire que le messianisme fait valoir l'instantanéité et son imprescriptible nouveauté contre la considération des trajectoires du long cours, lesquelles sont cependant par lui traversées. Ce ressac de l'instant où viennent se frapper la déception et l'espérance, l'attente et le renouvellement, c'est le temps messianique même en tant qu'il condense des expériences fragmentées de l'histoire et de ses formes. L'instant est évidemment sous la légalité du temps et sa nouveauté même a besoin du temps pour surgir. Mais alors il peut y échapper. Et il le peut à tout instant, ce qui justement fait de l'instant un instant. Le savoir historique s'en trouve forcément mis à mal. Le messianisme, comme figure de pensée, le désenchante en rappelant la force des non-coïncidences, des singularités, des ruptures et des cataclysmes. Il rend plus fragiles les distinctions entre le temps de l'histoire (le contenant) et les événements (les contenus), entre réceptivité et activité des sujets-agents historiques. Sans les nier, il déjoue les causalités, les déplace, y décèle les signes ou les allusions d'une venue, ici et maintenant. Dans le temps, il révèle la solidarité de l'autre instantané

seraient compréhensibles que dans un autre monde » (*L'homme sans qualités*, Seuil, t. 2, p. 740, trad. P. Jacottet).

1. « État habituel » interrompu lorsque « d'un coup, en cette minute, est reçue la révélation magique de l'insignifiance de la vie courante » (*Ineffable vide*, Éditions Unes/Gallimard, 1999, p. 11-12).

2. G. Agamben, *Le temps qui reste*, trad. J. Revel, Rivages, 2000, p. 131. Péguy appelle cela « le jugement dernier du rythme ».

du temps et, par là, on le verra, d'un temps de l'autre qui viendrait à nous depuis un passé immémorial ou un avenir inscrutable.

N'a-t-on pas éludé, chemin faisant, notre question préliminaire ? Et la réserve qu'on pouvait d'emblée supputer quant au vocable même de temps messianique et de l'hétérogénéité des domaines qu'il recouvre ne s'en trouve-t-elle pas maintenue ? Autrement dit, est-il légitime d'associer à l'expérience la plus foncière de la subjectivité humaine une détermination extérieure et contingente, empruntée à un courant religieux particulier ? Une métaphysique du temps ne s'épuisera-t-elle pas toute entière dans sa particularisation culturelle, pour autant qu'il s'agisse bien de cela ? Le temps messianique serait-il alors quelque chose qui oscillerait entre la plate évidence et l'absconse impossibilité, la « botanique des plantes » et le « cercle carré » ?

Si ces questions ne sont pas sans quelque fondement, on a déjà indiqué dans les lignes qui précèdent comment la perspective pouvait être déplacée. En tout état de cause, penser un temps messianique, c'est travailler à l'élaboration conceptuelle d'une connexion entre un dispositif très anciennement mis en place par la philosophie et une tradition qui lui est en son fond étrangère, celle du messianisme juif, seul pris en compte ici. Il nous faudra donc tenter de les suivre et l'une et l'autre, de passer de l'une à l'autre, découvrant tantôt leur étrangeté mutuelle, tantôt l'inquiètement réciproque qu'ils s'infligent. Nous le ferons sous trois présupposés :

a. d'abord que le messianisme déborde, ou peut déborder, les limites que lui assigne la pensée juive *stricto sensu* ;
b. ensuite que la philosophie en autorise, ou peut en autoriser, l'énonciation rigoureuse ;
c. enfin et surtout, puisque telle est la condition des deux conditions précédentes, qu'il y a une essentielle *messianité du temps humain* dont, par ailleurs, l'unicité qualitative ne devra jamais être perdue de vue.

Ce qu'on a appelé le pli messianique du temps est la figure métaphorique et méthodologique de cette messianité. Si elle décrit une stratification, une non-homogénéité, celle-ci ne se ramène pas à l'idée d'une double série parallèle, laquelle déboucherait finalement sur une effective dualité en souffrance de sa réunification. La littérature rabbinique n'est d'ailleurs pas insensible à cette difficulté, distingant ici entre « jours du messie » et monde qui vient, termes parfois presque interchangeables mais servant le plus souvent à qualifier des durées non-coïncidentes, introduisant là telle notion transitionnelle, celle de *be-atid lavo* par exemple, « dans le futur qui vient ». Les altérités, les substructures, les distensions qui seront décrites travaillent un même et unique temps que la messianité n'offusque pas, quand bien même elle en signifie les déchirures.

Semblablement, s'agissant des nécessaires distinctions préliminaires quant aux usages si disparates du mot même de messianisme, la différence que nous avons tenue n'est pas celle d'un bon et d'un mauvais messianisme, le premier fidèle à la lettre et à l'esprit de la tradition, le second n'en étant qu'une variante modernisée, paresseuse et quelque peu ignorante. L'investissement de la question messianique par la conceptualité philosophique associée au temps oblige à un certain mode d'infidélité, qui peut être fécond. Il y va ici d'une situation de pensée qu'il n'est au pouvoir de personne de contourner : nous sommes en effet, pour reprendre les mots de Paul Ricœur dans son dernier ouvrage, « les enfants bâtards de la mémoire juive et de l'historiographie sécularisée du XIXe siècle »[1], quoi qu'on en ait. Il faudra donc plutôt s'efforcer de réfléchir aux formes souvent opposées de cette « bâtardise », en répérant deux types d'appropriation du messianisme auxquels nul n'échappe, pas même le judaïsme traditionnel à vrai dire : l'appropriation par sécularisation et l'appropriation par réinvention. Cette distinction entre messianisme sécularisé et messianisme réinventé ne va pas pas toujours sans une certaine ambivalence qu'il faudra tantôt laisser jouer selon ses significations propres, lorsqu'elles éclairent la difficulté, tantôt au contraire marquer comme telle, limiter, pour mieux rappeler la différence entre des contenus exclusifs. C'est à la démarcation d'avec le premier type, la sécularisation, que nous avons dû consacrer l'ouverture de ce travail, tant les représentants du second type, la réinvention, y sont ensuite mobilisés : eux seuls en effet parviennent à retrouver quelque chose du souffle et de l'élan premiers et, surtout, à les convertir en riche herméneutique du temps et du monde, eux seuls réinventent une heuristique de l'espérance et de la nostalgie, du bonheur et de la souffrance temporels de la proximité d'un lointain. Une politique du présent, de l'instant bien plus précisément, paraît avec eux pouvoir s'esquisser, comme ouverture active sur ce qui sans cesse surgit et sans cesse aussi, pourtant, se change en passé.

Le constant départ entre *sécularisation* et *réinvention* du *messianisme* oblige à distinguer trois niveaux différents de l'usage du terme, la source et les deux appropriations, ainsi que trois figures du temps qui leur seront associées :

1. le messianisme propre à la tradition juive (temps eschatologique);
2. sa sécularisation par les philosophies de l'histoire (temps téléologique);
3. sa reprise par ce qu'on appellera pour faire bref les pensées, ou les messianismes, de l'événement (temps interruptif).

1. *La mémoire, l'histoire, l'oubli*, Seuil, 2000, p. 522.

Cette discrimination entre trois acceptions concurrentes est méthodologiquement requise car elle est indispensable et préalable à l'intelligence de ce qui pourra apparaître d'abord comme un paradoxe, la mobilisation du paradigme messianique pour faire pièce aux représentations linéaires et homogènes du temps. La distinction proposée n'appellera pas cependant le recours à trois termes différents et pas davantage l'abandon, qui ne serait pas inenvisageable, du mot même de messianisme pour qualifier la dernière d'entre elles, le messianisme réinvesti, rejoué, et aussi vécu, dans l'expérience de la temporalité. Ce messianisme-là n'est pas très éloigné de la « messianicité spectralisante » souvent évoquée par Derrida[1]. S'il est à la fois en-deçà de toute religion positive et au-delà du messianisme juif, plus originaire et plus expérienciel, notre messianisme 3 maintient toutefois quelque chose d'une co-implication avec le messianisme 1 (au-delà de lui, mais dans lui) et d'une explication avec le messianisme 2 (contre lui, mais parfois tout contre). En raison de ces contiguités, il nous a semblé préférable de maintenir un même mot, quitte à ce qu'il s'en trouve chargé de consistances théoriques exclusives les unes des autres, mais dans des configurations successives. Il nous faudra donc préciser à chaque fois la signification et les contenus dont il s'agira. Une certaine fluence dans le jeu entre ces déterminations différentes obligera ainsi, nous l'espérons, à des séries de clarifications qui ne se dégraderont pas en simplifications.

Nous avons donc délibérément mis nos pas dans ceux de penseurs qui auront pensé le temps dans les implications où, selon nous, sa messianité s'insinue (notre messianisme 3). On ne s'étonnera donc pas de l'abondance des références explicites et de la fréquence de certains noms propres. Il ne s'agit ni de feinte humilité, ni de couverture commode, mais tout au contraire d'affermir une démarche, de trouver une juste intonation de pensée dans la résonance des voix sourcières et la reconnaissance scrupuleuse des dettes. La liste des catégories messianiques proposée à la fin de cet ouvrage est le résultat d'une tentative de mise en ordre formel où l'emprunt sert à la découverte, où la reprise permet l'avancée, sans pouvoir prétendre cependant à l'exhaustivité et moins encore à la systématicité. Construit à partir de moments de pensée fragmentés dans la structure d'une exposition qui en déplace, légèrement le plus souvent, l'axe central, l'argument chemine selon son propre mouvement démonstratif par un élargissement et une amplification continus du champ circonscrit au départ

1. Cf. par exemple *Foi et savoir* (1996), Seuil, 2000, p. 79, où « l'espace et le temps d'une messianicité spectralisante au-delà de tout messianisme » caractérise une ouverture « à autre chose et plus qu'elle-même : l'autre, l'avenir, la mort, la liberté, la venue ou l'amour de l'autre ».

jusqu'aux questions plus larges qui s'en suivent. Aux variations, aux récurrences et aux reprises est ainsi assurée, nous l'espérons, une cohérence thématique, l'ordre d'une dispersion plus ou moins concertée.

Au fond, l'idéal stylistique ici entrevu aurait consisté à soumettre l'écriture de la philosophie à la composition traditionnelle dite en *melitzah* ou celle-ci à celle-là. Les maîtres anciens de cette forme littéraire agençaient un texte entier et continu au moyen de fragments assemblés et judicieusement ajointés, comme pour une marqueterie. Ces citations de la Bible, des commentaires rabbiniques et des textes liturgiques, mises bout à bout sans aucune disparité, se disposaient en un ensemble logique et harmonieux, où les répétitions ne revenaient ni au ressassement de l'un et du même ni à la redite déguisée. Le thème, une fois donné, se reproduisait et se transportait au moyen de petites différences qui pouvaient aboutir à une transformation complète du signe posé au départ. La *melitzah* permettait ainsi l'effacement apparent de toute subjectivité d'auteur en même temps que la révélation de significations parfaitement inédites, absentes de chaque pièce singulière. Seul l'art exigeant de la composition pouvait les laisser apparaître dans une puissance et une présence d'autant plus inattendues qu'elle requéraient du lecteur connaissance du matériau, sens des ensembles et capacité d'accompagnement patient de cette rhétorique du diffèrement. Walter Benjamin rêvait de composer un livre sur ce modèle micro-architectural qui permet l'autorectification d'un parcours en train de s'effectuer, les ajustements succédant aux mises en place et les reprises aux ajustements. Ce rêve est impossible et sa réalisation improbable puisque ses conditions de réalisation sont associées à un statut désormais révolu de l'*auctor* et de l'*auctoritas*, c'est-à-dire de la citation et de la source, du livre et de l'écriture de la philosophie. Il ne pourrait déboucher que sur une contrefaçon malheureuse et « autoritaire » de l'argumentation. Pourtant, il instruit de loin de ce qu'est en profondeur la gratitude du travail de la pensée. L'originarité des voix invoquées n'empêche ni l'attention à leur consonance intime ni l'indication d'accents discordants ni même l'originalité d'un timbre propre, pourvu qu'elle ne consiste pas à substituer le son à l'écho ou à s'avancer en effaçant la trace de chaque pas.

Chapitre premier

LE CHAMP : MESSIANISME ET MODERNITÉ

La sécularisation

Le messianisme est absolument moderne. Bien qu'issues d'une ancestrale tradition, les questions qu'il porte marquent sans conteste l'entrée en modernité de notre histoire. On pourrait même dire que toute la modernité est de quelque façon messianique, pour le pire et le meilleur. De cela, on a le signe manifeste dans la présentation journalistique qui en est faite depuis qu'est intériorisée la fin des grands récits et dans les usages historiques imprudents qui reprennent cette version allégée. Le « messianisme » historique aurait été une téléologie empruntée et vulgarisée dont l'expérience communiste et ses multiples variantes utopiques attesteraient le caractère fatal. Une expérience religieuse aurait ainsi été indûment transportée dans la sphère sécularisée de la politique et de l'histoire avec les résultats ruineux que l'on sait non seulement pour le projet politique émancipateur mais aussi, par ricochet, pour le judaïsme lui-même quoique de façon biaisée. L'un des propos les plus ressassés, et qui bien sûr, comme tous les lieux communs, n'est pas sans contenir quelque parcelle de vérité, consiste à affirmer que la sécularisation du messianisme, juif en particulier, aurait produit la matrice des grandes philosophies de l'histoire et, par là, le motif des grands engagements dans le siècle et de l'idéologie du progrès. Cette vision des choses est inconséquente, on va le voir, car trop peu attentive à l'histoire du christianisme, soit à l'histoire *comme* christianisme. Sommaire, elle n'est pas pour autant extravagante. Elle invite en tout cas à s'interroger sur ce qu'elle-même n'interroge guère, la notion de sécularisation qui commande le schéma tout entier sur lequel elle repose de façon aveugle. Cette notion est aussi bien descriptive qu'explicative : dans ses usages les plus communs, la sécularisation qualifie tout à la fois le processus (la sécularisation sécularise) et son résultat (nos sociétés sécularisées). Il n'est pas douteux qu'associée au principe de l'autonomie subjective, avec quoi elle a beaucoup à voir, la sécularisation est l'une des clés philosophiques décisives de la modernité européenne. Le mot trouve son origine dans ce moment de l'histoire de la Révolution Française qui vit les biens de l'Église appropriés par l'autorité séculière. Très littéralement donc, la sécularisation signifie l'entrée dans le siècle nouveau et dans le temps de l'histoire affranchie de toute tutelle. Le séculier fait d'ailleurs immédiatement signe vers le temporel. Le pouvoir temporel circonscrit le pouvoir proprement dit d'une part en tant que le séculier se contredistingue du spirituel, comme le « bras » de la tête, et d'autre part en coupant le temporel de l'éternel. La sécularisation du messianisme, soit sa temporalisation, joue ainsi sur l'identification avérée de ce monde-ci, notre monde commun, avec la condition humaine de temporalité et ce qu'elle en limite et spécifie. En ce sens, elle ôte au messianisme son trait structurel, sa pointe d'éternité fichée par le monde-qui-vient dans ce monde-ci et, en résorbant intégralement le *supra-* ou l'extra-historique dans le siècle et le temps, elle interdit désormais que puisse être aperçu dans l'histoire autre chose qu'une expectative et un accomplissement internes.

Le sens ou le non-sens de l'histoire, la production continue de ses significations immanentes ou au contraire la succession disloquée et incompréhensible des crimes et des violences qui l'habitent, constituent l'un des enjeux de la question du messianisme. L'avenir radieux et les lendemains qui chantent sont rapatriés dans l'histoire dont ils finissent même par devenir une catégorie. La sécularisation hérite bel et bien du messianisme un schème qu'elle temporalise mais elle renverse ce faisant la sensibilité messianique elle-même, soit la conscience aigue que l'histoire n'épuisera jamais par et en elle-même la totalité des dimensions qu'elle peut bien exprimer ou mettre au jour. Le rapport du messianisme à sa sécularisation est donc très ambivalent. Le temps messianique noue la temporalité humaine en une modalité singulière du suspens, de l'arrêt, du basculement et de l'instant, et il est sous cet aspect dans le droit fil de la tradition, ou à tout le moins d'une partie de la tradition même s'il en est la réénonciation. En même temps, il qualifie dans notre modernité politique et philosophique l'entrée dans le temps historique d'une éternité temporalisée et sécularisée, recentrée autour du sujet, individuel ou historique. La sécularisation, métaphorisation de la théologie, dénature le messianisme en en promouvant des formes temporelles. Mais cette dénaturation en relance aussi la dynamique, de façon inattendue et oblique[1].

Classiquement, le premier aspect de cette relation sous tension a été mis en évidence par Max Weber. Celui-ci définit précisément la sécularisation comme un processus par lequel l'ensemble des phénomènes issus des représentations religieuses disparaissent en s'incorporant dans les sociétés historiques. Hegel avait déjà fort bien compris cette dimension de la sécularisation. Dans ses leçons de Iéna sur la philosophie de la Nature et de l'Esprit, il analyse « la liaison synthétique de l'Église et de l'État » et « les deux mondes » dans lesquels vit désormais l'homme moderne. L'Église, explique-t-il en substance[2], c'est l'État élevé à la puissance de la pensée. Mais, du coup, l'État devient l'esprit « étant-là », la seule réalité effective du royaume céleste et la religion figure la perte de toute existence réelle, *das Wirklichkeitslose*, non seulement ce qui est sans effectivité, mais encore ce qui est en manque de l'État comme de la matérialité vivante qui lui fait défaut. Les trois syllogismes de l'État qui entendent en fournir la structure logique dans l'*Encyclopédie* (§ 198) transposent formellement les syllogismes de la religion. L'État réalise et actualise sans cesse ce qu'est la religion en soi, thème que reprendra en le déplaçant le Marx de *Zur Judenfrage*. La sécularisation hégélienne est une sécularisation par et pour l'État, sauf à vouloir « maintenir le feu dans l'eau », comme dit le philosophe. Elle consiste en une prise ou une reprise par l'histoire universelle des grands requisits du christianisme et c'est pourquoi Nietzsche pourra dire de Hegel qu'il fut le grand temporisateur, le « retardateur *par excellence* » de la mort de Dieu[3]. Pour Weber, comme on sait, la sécularisation renvoie ainsi, au terme de cette déréalisation du religieux au profit de la réalisation de l'idée éthique par l'État, au désenchantement et à la rationalisation du monde. La grande thèse du sociologue allemand maintient cependant, nous semble-t-il, quelque chose de l'ambivalence nouée autour de la confusion entre le téléologique et le messianique et autorisée, on va le voir, par la spatialisation du temps. Elle rapporte la disparition d'un supposé enchantement religieux ou messianique à la sécularisation tout en en repérant l'origine historique dans le prophétisme juif.

1. Il faudrait ouvrir la question de savoir si l'usage même de la notion de sécularisation ne se trouve pas alors frappé d'illégitimité dans la mesure où il supporte la représentation d'un présupposé temporel commun à la téléologie et au messianisme (voir le débat Hans Blumenberg/Carl Schmitt, *Die Legitimität der Neuzeit*, 1966, du premier, et *Politische Theologie II*, 1969, du second, ainsi que Karl Löwith, *Weltgeschichte und Heilsgeschehen*, 1953).

2. Voir *Gesammelte Werke*, Meiner, Hambourg, vol. 8, 1976 (*Jenaer Systementwürfe III : Naturphilosophie und Philosophie des Geistes*), trad. G. Planty-Bonjour, *La philosophie de l'esprit (1805)*, PUF, 1982.

3. *Le gai savoir*, § 357.

Sans du tout l'opposer à cette grille explicative générale et par elle-même peu contestable, on considèrera plutôt ici la sécularisation comme un mouvement porté intimement par la dialectique historique propre du christianisme. Tout se passe comme si (car il s'agit ici de réfléchir une provenance et non d'analyser l'histoire ecclésiale ou les doctrines théologiques) le christianisme sécularisait déjà quelque chose du judaïsme, comme s'il se déployait lui-même comme un mouvement de sécularisation du messianisme si ininterrompu que la mort de Dieu devait apparaître à la fin comme sa réalisation. Nous empruntons cette ligne d'interprétation à Rosenzweig qui en a fourni, croyons-nous, l'exposé le plus synthétique. Il doit lui-même beaucoup au Schelling de la *Philosophie de la Révélation*[1], lequel attribuait pour sa part le mérite de la théorie des trois âges de l'Église, ou des trois Églises, à la modélisation générative des techniques d'exégèse proposée au XIIIe siècle par Joachim de Flore et à la repensée du temps historique qu'elle ouvrait dans le champ de l'interprétation. Si l'on retient l'hypothèse, avancée par Gershom Scholem[2], d'un rapprochement possible du joachimisme et de la doctrine des *chemitot* éloborée au même moment et sous les mêmes cieux par les courants les plus messianiques de la Kabbale et si, à l'autre bout de la chaîne, on ne peut qu'être frappé par la récente retrouvaille par Jean-Luc Nancy des analyses rosenzweigiennes dans leur nerf le plus vivant[3], on conviendra qu'une lecture de la sécularisation différente de celle, plus classique, que nous avons rappelée, mérite qu'on s'y arrête. On rappelera donc brièvement le contenu des quelques pages de *L'Étoile de la Rédemption* qui y sont consacrées[4].

Pour analyser les scansions d'une christianisation continue de l'histoire produisant non sans paradoxe ce que nous appellerions la déchristianisation du monde, Rosenzweig utilise à ses propres fins les instruments de tripartition de ses grands prédécesseurs. L'Église de Pierre entre sur la scène impériale romaine en convertissant les peuples païens. L'expansion géographique qui soutient cette immense tâche s'incarne dans la constitution d'un espace transfrontalier, d'un corps visible où la pure extériorité des actions des hommes trouve à s'insérer dans le destin du monde. La

1. Livre III, PUF, « Épiméthée », 1994, traduction sous la direction de J.F. Marquet et J.F. Courtine, voir en particulier la leçon XXXVI.

2. *Les grands courants de la mystique juive*, Payot, 1960, p. 195 (une *chemita*, ou année sabbatique, correspond à peu près dans ladite doctrine à un « âge du monde »).

3. Je songe ici à la remarquable « Déconstruction du christianisme » in *Les Études philosophiques*, p. 501-519. Voir également M. Gauchet, *Le désenchantement du monde : une histoire politique de la religion*, Gallimard, 1985 et *Un monde désenchanté ?*, Cerf, 1988, et, autrement, E. Bloch, *L'athéisme dans le christianisme*. Il faudrait encore y ajouter la réflexion derridienne sur la « mondialatinisation ».

4. A. Derczanski et J.L. Schlegel, trad., Seuil, 1982, p. 328-341.

contradiction ainsi apportée à l'harmonie moniste de l'antique paganisme en maintient cependant la vérité philosophique, simplement ajustée au contenu de la révélation par la scolastique médiévale. L'Église de Paul, qui culmine historiquement dans la Réforme, prend le relais de cette prime christianisation historique et extensive par la conversion intérieure et intensive des âmes. C'est le moment où l'Occident construit son intériorité propre et sa spécificité culturelle. Mais si le triomphe visible de l'Église de Pierre débouchait sur le clivage de la vérité, celui de l'Église de Paul doit affronter la scission du réel, la séparation de l'esprit et du monde, de la foi et de l'effectivité, du dedans et du dehors. La théologie protestante trouve son achèvement dans l'idéalisme allemand. La subjectivité paulinienne sanctionne la modernité du constat d'une réalité divisée, d'une opposition de l'esprit à ce qui n'est pas lui. Le tout du monde échappe encore à la conversion. L'ère johannique ouvre l'époque d'une christianisation de la *vie* même, comme le moment pétrinien pour le corps et le paulinien pour l'âme. Elle signifie ainsi la tendance à l'accomplissement intégral du christianisme. Or celui-ci constitue en lui-même son dépassement comme simple religion et son advention pleinement temporelle comme civilisation. L'Église de Jean ne détient donc pas de forme spécifique, elle vivifie les anciennes figures du christianisme en les temporalisant et les met en confluence avec l'immanence en son sens goethéen, la grande immanence qui fonde le sens dans l'union de soi avec le monde et l'accord avec sa destination. Elle marque bel et bien la fin du paganisme à qui désormais tout espace est ôté. Mais du coup elle témoigne de son universalisation, elle en intègre dialectiquement la substance. Dans le moment johannique s'abolit tout rapport d'extériorité à l'histoire : les événements émancipateurs, les œuvres de libération comme dit Rosenzweig, s'attestent comme la condition historique et mondaine de la rédemption.

Le christianisme s'identifie par le mouvement continu de son autodépassement, par l'incessante conversion de l'ancien dans le nouveau, la Torah dans l'Évangile, le Logos dans la Chair, la Polis dans la Cité de Dieu. Il y a donc une dialectique historique du christianisme que *L'Étoile* décrit comme une ligne au long de laquelle court sans fin le fil d'une résorption de l'opposition du dedans et du dehors. Temporalisation, sécularisation, laïcisation sont les indices de la grande tendance moderne au johannisme, ultime achèvement du christianisme et sens de l'Europe. La vie du christianisme, l'exécution toujours en marche de sa vérité par sa sécularisation universelle et la revivification de ses formes en dépérissement, se déroule par et dans les tâtonnements de sa réalisation dans l'histoire humaine. L'expérience du salut, orientée selon un plan universel, se confond johanniquement avec l'histoire tout court. On voit bien qu'en tout état de cause c'est le rapport du christianisme à l'histoire qui, nouant la sécularisation, suscite nécessairement le questionnement. Il est ainsi parfaitement remarquable qu'une même métaphore apparaisse simultanément, à quelques années près, sous la plume de Rosenzweig pour décrire la « voie » chrétienne d'un accompagnement « à distance » de la temporalité, et dans la *Clio* de Péguy pour qualifier, il faudrait dire disqualifier, l'« histoire » opposée à la « remémoration organique » : l'image de la voie ferrée sert à qualifier la modernité technico-historique comme contemporanéité à soi des formes du temps. « Parallèlement au fleuve, le chrétien étire le rail de sa voie éternelle...Lui-même n'est jamais qu'en route et son intérêt propre est seulement de toujours continuer à rester en route, toujours entre le départ et l'arrivée...Chaque fois qu'il regarde par la fenêtre, le fleuve du temps à côté de lui ne cesse de s'écouler. Qui voyage sur le fleuve ne voit jamais que d'un méandre au suivant. Qui voyage sur la voie ferrée considère le fleuve comme un signe qu'il est toujours en chemin »[1]. « L'histoire est ce long chemin de fer longitudinal qui passe tout au long de la côte (mais à une certaine distance) et qui s'arrête à toutes les gares que l'on veut...Mais il ne coïncide pas avec la côte elle-même »[2]. Une identique comparaison littérale permet de signifier ou bien le christianisme johannisé dans le temps historique ou bien, à front renversé, l'histoire comme spécialisation disciplinaire sécularisée, ou bien une histoire chrétienne ou bien une foi chrétienne anti-historique. On y verra moins l'opposition de deux thèses, Rosenzweig contre Péguy, que l'indice contraire qu'un même sol d'interrogations les supporte.

Cet indicateur de tendances, les multiples sens vers quoi il oriente et même les contestations réactives qu'il intègre permettent au fond de mieux affirmer que l'essence historique du christianisme est dialectique tout comme l'essence de la dialectique historique est chrétienne, dans la forme magistrale que lui ont donnée Hegel et l'hégélianisme. L'œuvre de sécularisation, pour être intelligible, doit être rapportée à cette identité. C'est moins le messianisme juif qui, sécularisé, dessinerait la courbe du progressisme dans l'histoire européenne, selon une représentation déplacée, que sa temporalisation et sa dialectisation par le christianisme. Car le christianisme qualifie la figure même de sa sécularisation et de son incarnation historique. Au terme de l'analyse rosenzweigienne, la sécularisation apparaît comme le produit de la johannisation du christianisme, soit comme la dimension la plus chrétienne de notre histoire, une christianisation qui n'a plus besoin désormais d'appareil ecclésial. Mais la

1. *L'Étoile de la rédemption*, éd.cit., p. 400-401.

2. *Clio, Dialogue de l'histoire et de l'âme païenne* in *Œuvres en prose complètes*, III, Pléiade, p. 1191.

signification radicale de cet accomplissement du christianisme, de cette christianisation sans Église, se révèle dans la déchristianisation de ce qu'il accomplit. Car la dimension de l'histoire en Europe, et aussi bien l'histoire comme dimension européenne, s'y atteste comme foncièrement chrétienne et, du coup, par et dans l'histoire, le christianisme ne peut que s'achever, épuiser son sens en le réalisant. Première de toutes les philosophies de l'histoire, le christianisme serait ainsi cette « religion de la sortie de la religion » selon la formule de Marcel Gauchet. L'arrière-fond religieux du politique comme indice d'un revers quasi-nihiliste de toute institution du politique y trouve sa source. En bonne part les messianismes politiques modernes sont rendus possibles par la johannisation. L'Église informelle de Jean entame en effet un mouvement d'historicisation intégrale de la religion chrétienne, là où celle de Pierre se contentait de marquer son temps à l'horloge du monde et celle de Paul de suspendre intérieurement toute positivité. Libération et rédemption allaient l'une avec l'autre dès le judaïsme. Mais elles sont désormais coextensives dans le jeu et les battements de l'inadéquation et de l'adéquation. L'attente et l'annonce de l'attendu s'entredéterminent selon l'ordre d'une relève ou d'un faire-valoir de l'une dans l'autre. L'homme moderne, celui de la sécularisation, habite en intériorité (Paul) un monde tout à la fois dépaganisé (Pierre) et tendu par l'indéfinité du temps historique entre le présage et la présence (Jean), entre le désenchantement et l'optimisme du progrès. Sous cet aspect, messianisme et sécularisation s'entrechoquent à nouveau, inévitablement. Car la sécularisation consiste à réinsérer dans la continuité pensable d'une histoire l'événement irreprésentable d'une dilacération, l'inattendu dans son annonciation. De ce procès, la philosophie moderne, dans sa concurrence avec le christianisme, a eu activement à connaître.

LA STRUCTURE MESSIANIQUE DE LA PHILOSOPHIE MODERNE

Au fond, ce second point ne fait que spécifier le premier. Chacun sait que la philosophie moderne a été un agent majeur de la sécularisation. Théologie astucieuse selon le mot de Nietzsche, elle s'approprie en effet par des procédures complexes et diverses de réélaboration des pans entiers du corpus de la théologie chrétienne, notamment sous la forme des philosophies de l'histoire élaborées par l'idéalisme allemand. Sa structure d'origine est celle de la sécularisation chrétienne du messianisme, par où s'aperçoit la communauté d'essence et de destination du « johannisme » et de la philosophie moderne, leur partage conflictuel d'une même substance ontologique, ce qui pose non seulement la question du renvoi de la philosophie à la théologie, mais surtout celle du substrat philosophique de toute théologie. Pourquoi parler de structure messianique, étant bien entendu qu'il y va ici d'un *messianisme sécularisé* ? On peut dire d'abord et très globalement que la philosophie moderne détermine dans son exercice un pas-encore de la raison qui serait pourtant déjà-là. Ce pas-encore déjà-là aurait donc à effectuer son être-là, à le faire pleinement advenir comme réalité de la raison, ce qui engage la subjectivité philosophique sur le chemin d'aventures dialectiques, dans un projet et une visée d'objets à transformer, dans la considération d'une ouverture de la rationalité à ce qui vient. Il est remarquable que toutes les grandes philosophies modernes du temps soient particulièrement attentives à l'avenir comme à l'essentiel de la temporalité. L'avenir est tout à la fois ce qui ne se préexiste en aucune façon en tant qu'il n'est pas encore advenu et ce qui cependant se laisse anticiper dans un horizon d'attente.

Le mouvement de la philosophie moderne, de Descartes à Marx, mais on pourrait remonter jusqu'aux « lumières médiévales » (Leo Strauss) et aller jusqu'aux sorties modernes hors de la modernité, est traversé par une utopie rationnelle dont la sécularisation fut en bonne part la réalisation historique. L'à-venir de la raison est la destination de l'homme. Dans cette perspective ouverte et ascensionnelle, l'autocompréhension de l'esprit humain va de pair avec un processus de rationalisation de la vie et du monde. La grande expansion de l'ordre rationnel moderne embrasse en un même courant et la reconnaissance de l'automouvement de l'esprit universel et la croyance en un procès historique de transformation. Mue par ses propres productions symboliques, la raison détient la capacité de contester la domination qu'elle autorise. Elle l'emporte et la nie à la fois. Tendue vers un au-delà de ses propres énoncés et présuppositions, la raison philosophique se constitue et se réalise dans un rapport à ce qu'elle détermine comme ce qui, d'elle-même, n'est pas encore devenu effectif ou comme ce qui, en amont d'elle-même, la préconditionne tout en se laissant reprendre dans une anamnèse. Cet envoi en avant et en arrière de la possibilité du concept affecte sa structure d'être aussi bien que le temps qui l'accomplira, sans surprise et sans perte, mais sans le dogmatisme d'un acquis du savoir, dans l'incessante circulation de ce dernier au contraire, dans son devenir. C'est au fond ce que distingue Schelling lorsqu'il dit de la raison – dont il retrace toute l'histoire critique – qu'elle n'est que « puissance infinie de connaître », faculté de potentialisation de la connaissance et de l'être connu : le Concept signifierait alors et accomplirait jusqu'à son point d'impossibilité et de renversement une puissance et une quête, une possibilité expansive et toujours inassouvie. Des dialogues platoniciens à l'éthique de la communication rationnelle, l'*eros* philosophique prend en effet son élan d'un désir de comprendre, on peut même dire d'un espoir nourri par un non-comprendre capable de se dépasser en se réfléchissant. L'espérance philosophique procède de ce désir de savoir socratiquement mû par un non-savoir su. Elle espère une réalisation de la raison que promeuvent la recherche d'un savoir pur, la quête contestatrice de toute connaissance déjà-là, une constante éthique de l'au-delà du savoir établi.

Le donné par exemple, ce qui est, que je peux connaître et dont les catégories sont constitutives, sera référé dans la philosophie kantienne à l'idéal transcendantal, soit à quelque chose qui n'est pas donné. La raison a des Idées qui vont ainsi au-delà de l'être, dans une extériorité structurelle que la philosophie sera capable de saisir, ou de ressaisir, selon ses effets dynamiques. Il y a un temps de la philosophie et de son déroulement, déterminé par ce qu'elle rapporte elle-même à l'ordre d'un non-donné que la pensée aurait en quelque sorte à faire advenir dans sa donation et sa présence. Dans un texte aussi tranchant que la Préface à la *Phénoménologie de l'Esprit* où il entend justement régler ses comptes avec un certain ton romantique, c'est-à-dire édifiant, extatique, messianique, de la philosophie, Hegel n'hésite pas à expliquer que cette dernière doit désormais changer de statut et passer de l'état d'amour du savoir à celui de savoir effectué. Le temps de ce passage, « notre temps », c'est « le passage à une nouvelle période », « un temps de naissance et de transition » qui serait le temps propre du philosophe Hegel, où s'esquisserait « la figure du nouveau monde », la conformation générale que donne à présent sa philosophie en « travail » au « mouvement de progression continuel » de l'esprit[1]. Pour être effectuation du savoir, la philosophie aurait donc à changer de temps, mais sans délai, dans l'immédiate présentation des moments de l'être-là du temps. L'« autre temps » de la philosophie hégélienne, c'est donc nécessairement le présent de la réalisation, la présence d'un savoir présentement effectif dans sa systématicité. Ainsi le devoir-être en un autre temps, le futur, se relève-t-il dans son être présent effectué, ou effectuable, le présent-futur. Et d'ailleurs le mouvement indéfiniment progressif de l'esprit qu'évoque Hegel est comme le mouvement rétrograde de la vérité de ce devoir-être : il ne l'atteste que lorsque sonne l'heure de son être plein. Le temps de la philosophie est une succession de présents ou de modifications de présents. Si la contemporanéité de la manifestation et de son accomplissement fait de la figure hégélienne de la philosophie un savoir effectif, elle ne ferme pas la question, au contraire elle la pose à nouveaux frais dans les termes alternatifs d'une actualisation adéquate ou d'une inadéquation à son temps. La philosophie pourra être vue par Heidegger

1. Préface, J.P. Lefebvre (trad. très légèrement modifiée), Aubier, p. 34.

comme « essentiellement inactuelle » puisque son destin est « de ne jamais pouvoir rencontrer une résonance immédiate dans son propre aujourd'hui »[1]. Son être est d'avoir à être et ce devenir, par le manque qu'il décèle et l'oubli qu'il désenfouit, engage le nom même de philosophie, comme pour Hegel mais au sens d'une déqualification de la raison métaphysique elle-même : la pensée à venir ne sera même plus philosophie, peut-on lire dans la *Lettre sur l'humanisme*, mais un « sans-nom » où il faudrait pouvoir se tenir[2].

Amour de la sagesse, doctrine de la science, savoir absolu, pensée de l'Être : rien mieux que ces combats autour de l'appellation et de ses contrôles n'indique les contenus changeants de l'utopie rationnelle portés fonctionnellement par l'exercice philosophique. Les destitutions et les nominations font en effet apparaître la thématique si prégnante de la réalisation de la philosophie dans toute son épaisseur de *promesse*. De l'idéalisme classique à Nietzsche, la *Verwirklichung*, et l'idée concomitante d'une philosophie à venir (Feuerbach, le jeune Benjamin) ou d'une fin de la philosophie (Marx), si on retraçait l'histoire de leurs revirements, se liraient comme une théâtrale série de fausses sorties jouées par les « classiques de la fin » (Derrida) – de la philosophie, mais aussi bien, de l'histoire, de l'homme... Les philosophies se suivent sans jamais être à la hauteur de leur propre détermination programmatique et elles se suivent parce qu'elles ne tiennent pas leur promesse d'émancipation. Elles doivent être de leur temps sur le mode moderne d'une avance sur leur temps. Et elles le furent lorsque le travail de la raison moderne s'est amorcé avec la mise en question de la tutelle des autorités théologico-politiques. L'émancipation intellectuelle ainsi promue s'est poursuivie jusqu'à la critique des aliénations incorporées dans les relations interhumaines et les rapports sociaux. Lorsqu'elle s'autoréfléchit dans son parcours et sa capacité à répondre aux exigences du temps, l'utopie rationnelle de la philosophie moderne découvre son véhicule naturel dans une représentation de l'histoire en terme de procès et de progrès.

La fonction du concept de progrès peut être interprétée comme la sécularisation du lieu de la rédemption. Classiquement, Adorno[3] voit chez Saint-Augustin l'origine, religieuse précisément, de toutes les philosophies de l'histoire. L'auteur des *Confessions* aurait inauguralement substitué la promesse d'une rédemption messianique à la doctrine païenne de l'éternel retour du même dans les cycles naturels. Après quoi, avec Vico et

1. *Introduction à la métaphysique*, Tel-Gallimard, trad. G. Kahn, p. 20.

2. Aubier, 1964, trad. R. Munier, p. 35-43.

3. Je renvoie à l'un des textes des *Modèles critiques*, « Le progrès », trad. M. Jimenez et E. Kaufholz, Payot, 1984, p. 154-172.

Descartes, une seconde substitution se serait substituée à la première, selon la modalité qui qualifie la sécularisation comme cet emboîtement de substituts successifs débouchant sur le johannisme. L'humanité, nouveau sujet de l'histoire, prend la place de Dieu. La structure messianique de la philosophie moderne est bien le résultat d'une sécularisation de la pensée religieuse. L'idée de rédemption n'est plus désormais donnée comme la fin de l'histoire des hommes qu'elle transcenderait. Elle s'y intègre comme son telos immanent. Une philosophie constructiviste est née, le progressisme, qui pense son objet dans la linéarité d'une effectuation et d'une continuité temporelles. L'histoire est appelée à se développer toujours plus parfaitement en vertu de son principe même. Sa fin peut advenir dans la conscience de soi absolue de la philosophie hégélienne, le règne de la liberté du communisme marxien, on y reviendra, ou encore l'humanité kantienne.

Pour Kant, l'idée d'humanité dessine l'horizon d'une philosophie à venir dont les prolégomènes naissent de la critique des prétentions de la métaphysique, celle-ci étant la condition nécessaire de ceux-là. Pour comprendre cette idée d'humanité, il ne suffit pas de tenter de la déchiffrer dans le matériau historique immédiat, il faut l'étayer sur l'hypothèse de la raison pratique pure que « le monde dans son ensemble ne cesse de progresser vers le mieux »[1]. La philosophie pratique peut donc servir à expliquer la philosophie de l'histoire car il n'est pas nécessaire, selon Kant, que le progrès se manifeste dans des événements ou des actions empiriques, il est leur devancement dans une idéalité projective. La liberté est produite à travers les contradictions de l'histoire ou de la société qui sont les moyens dont se sert la nature pour mener à son terme le développement de toutes les dispositions de son plan. L'état de culture, seul approprié à l'humanité, sort ainsi de l'état de nature. Car tout bien pesé, « ce dont la confusion et l'irrégularité sautent aux yeux quand on considère les sujets individuels pourrait au contraire, quand on considère l'espèce tout entière, être reconnu comme un développement progressif et continu quoique lent, des dispositions originelles de cette espèce »[2]. Cette sorte de ruse naturelle ressemble à une ruse de la providence sécularisée, ce que relève Kant lui-même dans *Le conflit des facultés*. D'une part en effet, il n'est guère possible de présupposer le moindre dessein raisonnable chez les sujets humains. D'autre part, la raison philosophique serait, elle, à même de découvrir dans l'absurdité du cours des choses humaines un dessein naturel. Elle pourrait

1. *Les progrès de la métaphysique en Allemagne depuis Leibniz et Wolff*, Vrin, 1973, p. 71 ; AK., XX, 7, 307.

2. *Idée d'une histoire universelle au point de vue cosmopolitique*, Pléiade, III, p. 188 ; AK, VIII, 1 7.

ainsi être l'institutrice d'une histoire conforme à un plan déterminé, supérieur à l'ensemble désordonné des conduites individuelles. L'avenir appartient à la philosophie capable de scruter les profondeurs du plan de la nature. Toute philosophie est philosophie de l'avenir, toujours à venir. Elle se tient dans cet avant d'elle-même. Mais elle s'y tient, il faut le préciser s'agissant de la pensée kantienne, sans garantie d'actualisation automatique, ce qui emporte quelques conséquences de poids. La réalisation est promise mais pas assurée, elle constitue une tendance, soit l'effet conjugué d'une disposition et d'une liberté. Pour Kant, qui reste à cet égard un homme des Lumières, l'activité s'ajoute à la nécessité pour la corriger ou l'entraver. On le voit bien avec l'état cosmopolitique: il fournit une maxime de l'action politique inscrite dans le plan de la nature, selon lequel l'humanité évolue déjà dans le cadre de son histoire, mais cette maxime garderait sa valeur d'obligation pour les hommes quand bien même elle ne pourrait pas être parfaitement réalisée. Kant demeure heureusement hésitant face à la nécessité inéluctable du progrès. L'histoire effective fournit les indices d'une destination cosmopolitique de l'humanité que seul un changement de plan, le passage à la considération d'une «histoire prophétique du genre humain» par une expérience quelconque[1], permet de déchiffrer, avec le même dégré d'incertitude que l'application du calcul des probabilités aux différents coups d'un joueur[2]. La figure de la ruse sécularise le providentialisme chrétien, mais en faisant du plan de la nature une ruse au second degré qui en déjoue partiellement les pièges, pour peu qu'on sache lire la critique du jugement historique esquissée par Kant. L'homme est destiné, ou plutôt se sent ultimement destiné, à un «règne» *autre* que celui des sens ou de l'entendement, à une *res publica* éthique distincte de toutes les républiques politiques qui n'en sont que les schèmes et qui se rapporterait à un tout de l'humanité. Il faut donc prendre le pari qu'un traitement de l'histoire universelle en fonction d'une unification politique du genre humain ne pourra qu'être «avantageux» à l'avancement de ce dessein: il faut l'*espérer*. En raison du statut non déterminant mais seulement régulateur de cette idée, la philosophie kantienne de l'histoire, on va le voir, peut déboucher voire se fonder justement sur un espoir qui ne

1. Voir le titre du § 5 de la deuxième section du *Conflit des facultés*, Pléiade, III, p. 893; AK., VII, 84.

2. Dans *l'Esquisse d'un tableau historique des progrès de l'esprit humain*, Condorcet entend à son tour calculer les «chances» du progrès humain et dresser ainsi un «tableau de nos espérances» (Garnier-Flammarion, p. 86) qui intègrerait au perfectionnement indéfini de l'humanité les obstacles mêmes qui l'entravent: on pourrait ainsi passer de l'espérance «consolante» à l'espérance «mathématique» définie comme le produit d'un gain aléatoire par la probabilité de ce gain.

saurait avoir de réponse théorique mais qui demeure par là même une motivation signifiante du sujet.

Bloch d'abord, Adorno ensuite ont relevé l'intérêt philosophique décisif de cette ouverture de la pensée kantienne du progrès qui se laisse en effet interrompre, n'efface pas ses limites et montre les hiatus des procès historiques. En maintenant problématiquement l'insuffisance de ses contenus, elle permettait évidemment toutes les reprises, et même elle y engageait. Hegel en refermera les extrémités séparées et fera dialectiquement coïncider substance active et raison absolue, être et devoir-être, rejouant tout autrement la figure messianique de la philosophie. La vocation cosmopolitique est une idée qui a dans la raison son fondement mais elle demeure toujours entâchée d'incertitude et ne peut que se laisser espérer ou bien se désespérer elle-même de n'être jamais fin, concorde ou résolution des bonnes volontés. Avec Hegel, elle est désormais réalisée dans l'être-universel de l'histoire du monde qui s'autoproduit comme tel. L'accomplissement du savoir absolu signifie alors *et* l'absoluité de ce qui a à venir *et* la présence en totalité de cette advention dans un savoir effectif, de même que les histoires particulières des différents esprits du peuple actualisent, dans les degrés successifs de leur particularité, le développement de l'esprit du monde. Cette identité de l'à-venir et de l'existant entraîne que « celui-ci se voit attribuer l'aura de la rédemption après que celle-ci n'a pas eu lieu », ce qui représente une « modification du concept de progrès d'une portée inestimable » [1] puisqu'elle fait entrer dans son devenir le maintenant d'une effectuation. Décrire l'essence de l'existant tel qu'il est doit-il nécessairement conduire à présenter ce qui est comme l'essence de l'existant ? À la lumière de cette interrogation qui fut celle du jeune Marx, l'hégélianisme peut être à bon droit considéré comme la figure ontologique d'une « sagesse de la fin prématurée » dont « un sujet en quelque sorte messianique » serait le principe actif mais dénié [2], puisque normatif. Il constitue du coup le carrefour par où vont désormais transiter toutes les questions relevant de cette structure messianique de la philosophie moderne. Car si la chouette de Minerve ne peut prendre son vol qu'une fois le jour accompli, c'est qu'elle aura attendu jusqu'au soir l'arrivée et l'accomplissement de ses conditions de réalisation. Pour être pratiquée comme pensée du monde ayant à le connaître et non à le « rajeunir », comme dit Hegel, la philosophie doit avoir déjà consigné une venue : celle du jour qui, enfin, ne défait plus l'ouvrage de la nuit, du jour où s'achève et se présente à tous les regards la tapisserie de Pénélope. En faisant jouer les métaphores de l'après-coup contre celles

1. Adorno, *op.cit.*, p. 157-158.

2. E. Bloch, *L'esprit de l'utopie*, trad. A.M. Lang et C. Piron-Audard, Gallimard, 1977, p. 223.

de l'inachèvement sans terme, la pensée hégélienne s'offre comme la philosophie de la patience récompensée et de la juste rémunération du travail du concept. Sous cet aspect, son « toujours trop tard », tel que l'évoquent les dernières lignes de la Préface à la *Philosophie du Droit*, n'est rien que le juste et bon moment du savoir, il ne signale nul rendez-vous manqué, mais au contraire l'heure opportune des fiançailles du réel et du rationnel. À partir de Hegel, une tension travaille continûment cette celèbre figure. Ou bien un Savoir ou bien un Avenir. Ou bien l'équation du réel et du rationnel dépassés dans l'adéquation d'un présent au sein duquel se correspondent concept et objet. Ou bien leur saisie en projectualité dont Moses Hess donnait lapidairement la formule dans sa *Triarchie européenne* : « tout ce qui est réel est rationnel ; fort bien, mais ce qui le sera l'est aussi » !

LE DÉSENCHANTEMENT MESSIANIQUE DU SAVOIR HISTORIQUE

Il n'est pas contestable ni souhaitable de contester que le savoir désenchante le monde en le dépouillant de ses fausses transcendances et en abattant idoles et mystères qui le rendent opaque à lui-même. Il risque ce faisant de s'enchanter lui-même en se célébrant dans sa positivité et en se faisant mérite du désenchantement du monde et de la sécularisation de l'histoire. On lui opposera le messianique comme désenchantement du savoir, et tout particulièrement du savoir de l'histoire. Le messianique désigne ici *le vif d'une tradition sortie d'elle-même*, issue du dedans de sa propre source et en crue sur le dehors [1]. Cet élément messianique autorise qu'on puisse parler de pensées messianiques, diverses et cependant croisées, et qu'on les fasse jouer à rebours du messianisme sécularisé dans le paradigme progressiste. Les contenus éthico-politiques apparaîtront mieux alors dans leur irréductibilité aux perspectives pragmatiques qui résultent de leur historicisation. Les aspérités messianiques s'avèreront inassimilables aux schémas d'intériorisation immanente et de projection horizontale qui commandent les modernes transvaluations du religieux dans le politique.

1. C'est dans cet esprit que G. Scholem montre, à propos de l'hérésie sabbatéenne, combattue, secrètement normalisée et finalement régénératrice, que la frontière entre tradition et sortie hors de la tradition est très floue dans les ébranlements historiques du judaïsme moderne (*Aux origines religieuses du judaïsme laïque. De la mystique aux Lumières*, trad. M. de Launay *et alii*, Calmann-Lévy, 2000). On remarquera qu'il parvient à cette conclusion dès lors qu'il entreprend de réfléchir « de façon non- historique » (p. 252).

Il faut donc affirmer que le messianisme, ou la dimension messianique telle qu'on vient d'en préciser le profil, n'est ni une téléologie du progrès ni un historicisme.

Les grandes philosophies de l'histoire de même que la théorie marxiste de la succession des modes de production saisissent intuitivement puis conçoivent le temps, continu et homogène, comme la mesure commune de la somme des temps (Schelling). Jusqu'à un certain point, ceci forme la condition pour que « l'histoire » puisse apparaître dans son opposition à « la nature » comme un objet de connaissance découpé dans le champ du réel. Mais la méthode historique revient souvent à un historicisme épistémologique, lequel relie causalement deux thèses distinctes, celle de la détermination par l'inscription historique et celle de la relativisation de toute vérité par ladite détermination. Or, selon une contradiction performative désormais bien établie, la seconde de ces thèses doit nécessairement échapper à cela même qu'elle postule pour être vraie et entrer en un rapport spécifié avec la première. Cette mauvaise circularité fait corps avec la constitution historique de l'histoire comme objet clos, soit avec les diverses variantes de la métaphysique de l'histoire. La science de l'histoire sera historique ou ne sera pas, mais étant historique elle n'est pas science stricto sensu. Tribunal ou sens du monde, l'objet-Histoire se transforme en sphère se prescrivant à elle-même ses règles et ses critères. Alors qu'il visait à défaire toute position transcendantale des discours, il intronise à cette place l'historicité comme le concept-clé censé tout expliquer hors lui-même – qui est celà même qu'il faut comprendre. En outre, dans les historiosophies issues de ce qu'il est convenu d'appeler l'hégélo-marxisme, lequel ne rend justice ni à la pensée de Hegel ni à celle de Marx mais n'en a pas moins connu une vraie fortune théorique, l'histoire est élucidable par la dialectique de la *Versöhnung* ou de ses avatars. Le relèvement des déchirements et des conflits dans la réconciliation, quelles que puissent en être les formes, lui fournissent une direction : elle détient une fin immanente à l'ensemble de ses médiations, si l'on suit l'analyse d'Adorno, et elle les traverse pour les accomplir dans des finalités bonnes. Tout savoir immanent de l'histoire devient alors savoir d'une fin indéfinie : perpétuité de l'Empire germano-chrétien ou effondrement ultime du capitalisme, la vie dans cette histoire-là ressemble à une interminable succession de dîners, comme disait Pouchkine – commencement d'une fin indéfiniment suspendue ou commencement d'un commencement proprement final.

La sensibilité messianique se tient au contraire dans la présupposition de l'efficience singulière d'une dimension extra-historique qui serait à la fois l'au-dehors de toute histoire et la présence à l'histoire d'une altérité qui lui assignerait justement des limites : un monde à venir au travail dans ce monde-ci, une éternité vivante logée au cœur du temps, une vérité des choses transperçant secrètement leur réalité. « Ce que nous cherchons n'est pas encore là », peut écrire Rosenzweig, mais c'est pour ajouter immédiatement : « plus exactement il est là comme n'étant pas encore là »[1]. La totalité historique entre ainsi en tension avec l'extériorité de ce qui échappe à ses déterminations qui sont là. À l'écart de l'historiophilie et de la téléologie des philosophies du progrès, le messianique se présente comme une vision du monde historique rétive à la dimension de l'a priori. Aucun système théorique ne peut prévoir ce que vont être les actions des hommes et encore moins ce qu'elles vont donner, ce par quoi, précisément, les hommes ont une histoire[2]. Ils agissent dans une trame d'événements pris dans l'histoire, ou plutôt dont l'histoire serait la prise et, à ce titre, l'artefact, voire le tombeau. L'Histoire cache ainsi sous la majesté de sa majuscule l'unique et réelle catastrophe, l'histoire avec une grande hache dont parle Pérec. Elle peut même s'y substituer. Aussi le messianisme se marque-t-il doublement, par une sensibilité extrême à l'histoire saturée de la mémoire des vaincus et de la violence des puissants, et par une historiophobie plus ou moins vigoureuse face à une discipline et un savoir qui entendent connaître dans son objectivité et ses concaténations causales le déroulement de ses processus. Au lieu de rapporter les expériences, les expectatives et les anticipations à leur inscription dans une histoire universelle et d'en faire ses pures allusions subjectives et tronquées, les pensées messianiques y voient les signes en suspens d'une attente. L'attendu de cette attente s'offre certainement à qui attend comme une fin. Mais l'eschatologie messianique est bien éloignée de la téléologie historiciste. La fin ici escomptée est un bloc d'absolu qui s'abat sur l'histoire. Elle n'est pas fin de et dans l'histoire, mais arrêt suspendu à une inter-vention extra-historique, un venir au-dedans de l'histoire depuis son dehors. La « fin » forme l'incondition de toutes choses. Elle peut bien apparaître phénoménalement et s'anticiper dans des formes et des événements proprement historiques, elle n'en relève pourtant pas. Car elle est si imprévisible et irreprésentable qu'elle déjoue tout savoir en en offrant constamment la tentation. Elle ne constitue pas une orientation axiale ou le bout d'une flèche, mais une urgence et un impératif immédiats. L'histoire doit cesser et elle ne peut avoir de cesse que par son autre.

Cette différence terme à terme entre messianisme et progressisme, eschatologie et téléologie, attente et dialectique, emporte des problématisations opposées du rapport de l'éthique et de l'être historique, on le verra

1. *L'Étoile de la rédemption*, éd.cit, p. 264.

2. Tel est aussi en substance l'argument du jeune Schelling repris dans le *Système de l'idéalisme transcendantal* pour montrer l'impossibilité radicale de toute philosophie de l'histoire proprement dite (*Schellings Werke*, éd. Schröter, t. III, p. 589 par exemple).

mieux plus loin. Si l'histoire est le fondement des jugements qu'elle prononce et peut constituer ainsi un monde et son sens, l'efficace propre du domaine politico-moral ne saurait avoir de consistance, tombant elle-même sous le coup de décrets qui la déterminent comme historiquement subsumée. Dans les visions messianiques de l'humain, elle est au contraire une question lancinante et inclôturable. Les actions pieuses ou morales peuvent-elles hâter la venue, ou non ? Le « facteur subjectif » peut-il surdéterminer le « cours objectif » de l'histoire, voire commander à ses « lois » ? L'instant de l'inattendu peut-il bouleverser les coïncidences dialectiques de ce qui doit être avec ce qui est ?

Le messianisme représente un cheminement qui pourrait autoriser une vraie pensée de l'éthique *dans* la politique, c'est-à-dire la possibilité pour un sujet de s'exiler du jugement objectif de l'histoire universelle, voire de juger ce jugement et de mettre en question sa puissance et son universalité, sans toutefois s'en abstraire ou s'en soustraire. De l'historicisme au temps de l'attente, de l'histoire-juge à l'histoire jugée, le messianique [1] irait ainsi à rebours des savoirs historiques positifs et de leurs évidences cognitives, accordant sa confiance à l'immédiateté d'une foi pratique.

1. C'est-à-dire l'ensemble de messianicité « au-delà dans » sa source hébraïque et en disruption avec ses formes sécularisées (cf. p. 13 sur les trois contenus potentiels de la notion).

CHAPITRE II

LES QUESTIONS : MESSIANISME ET PHILOSOPHIE

MÉTAPHYSIQUE ET REPRÉSENTATION DU TEMPS

Dans la tradition philosophique, le temps, comme l'espace, constitue dans son concept le mode d'être privilégié de la réalité externe. Tout ce qui est a rapport au temps, et bien sûr à l'espace. Tout ce qui est est dans le temps. Mais en retour le temps n'est pas au sens où sont de simples choses ou des propriétés appartenant aux choses, au sens où sont des étants. Cette corrélation du temps et de l'être noue de longue date le questionnement philosophique du temps. Celui-ci, comme on sait, est à la fois inévitable et sans réponse, impossible et nécessaire, au point que toute ontologie se constitue dans les catégories d'une ontochronie. Le temps appartient d'un même bloc au sujet et à l'objet de la connaissance. Je sais ce qu'il est si je me contente de l'éprouver, mais je perds ce que j'éprouve dès lors qu'on m'interroge sur son être (Saint-Augustin). On ne peut jamais poser la question qu'on ne cesse pourtant de se poser: qu'est-ce que le temps? puisque cela revient à poser le temps comme un être (Heidegger). N'ayant pas le même mode de subsistance que les choses, il ne peut définir une chose particulière et moins encore se définir lui-même comme une chose, au risque de confondre affection et compréhension. Le temps lui-même et ce qui se passe dans le temps ne se laissent pas séparer au tamis de l'analyse. Le temps ne se dira donc que dans sa temporalisation, dans sa durée, en tant qu'il qualifie le mode d'être qui appartient en propre, et le plus foncièrement, au sujet. Mais cette qualification laisse ressurgir une réserve négative compararable à celle liée au non-étant du temps. Pas plus qu'il n'est comme une chose, le temps ne peut pas être un prédicat du sujet humain, car cela reviendrait à poser que l'être de ce sujet humain pourrait être intemporel tout en restant ce qu'il est et que le temps pourrait être une « catégorie » et pas seulement une « condition », pour reprendre les mots de Kant. Être humain, c'est être-temps, telle est la seule « substantialité » qui semble déterminable, au moins provisoirement. Car là encore, plus l'approche se précise, plus les distinctions deviennent indispensables, et plus leur objet se dérobe. Car l'homme, s'il est tout entier temps, l'est dans le scandale d'une désappartenance et d'une dépropriation. Le temps passe, s'enfuit, échappe. Et pourtant ce non-être du temps n'interdit pas d'affirmer qu'il y a du temps. Une modification lente et imperceptible de mon être corporel, un vieillissement continu, quelque chose que je ne peux localiser dans un moment distinctif et que je ne peux saisir me saisit à chaque fois que je constate ses effets par une prise de conscience discontinue. Une perpétuelle tendance au non-être, n'être-plus ou n'être-pas-encore, autorise une position d'existence. C'est à partir de ce paradoxe familier, au moins depuis Augustin, en prenant en vue que le temps n'est ni étant ni être, qu'on pourra circonscrire le cœur de messianité du temps humain comme de cet être qui n'est pas et qui donc, même s'il fut, n'est plus, qui a toujours à advenir (attente, prospective, anticipation) ou à réadvenir (réminiscence, répétition, mémoire).

Étant donné que le temps, et on pourra dire la même chose de l'espace, appartient à la fois au sujet et à l'objet de la connaissance, la question du fondement de cette dernière a obligé la philosophie à unifier la multiplicité de ses déterminations et à proposer des définitions du temps et de l'espace comme rapports idéaux entre les choses, par exemple, ou bien encore comme formes de l'intuition sensible. Ces propositions, c'est frappant chez Kant, ont le constant souci de ne pas séparer le temps scientifique du temps psychologique. Elles seront donc ouvertes à la fois sur la subjectivité d'une expérience vécue du temps, et d'une perception interne de l'espace, et sur l'objectivité des conceptions du temps élaborées par les sciences physiques et mathématiques. Elles en seront aussi tributaires. Car ces dernières travaillent avec un « temps » bien différent de celui du sujet. La thermodynamique montre que la direction du temps se caractérise par la notion d'entropie croissante, la perte ou la transformation d'une partie de l'énergie allant de pair avec la conservation de l'énergie totale dans une sorte d'éternité close et bidirectionnelle. On voit que la rupture avec le temps vécu est ici très radicale. Les sciences lui substituent en effet, et très avantageusement pour elles, un temps conventionnel et symbolique qui leur sert de grandeur générale pour mesurer toutes sortes de grandeurs réelles. Il n'y a là rien de surprenant : pas plus que la subjectivité ne fonde la scientificité, la temporalité n'a rapport au temps objectif de la physique. Ce qui intéresse notre propos, et qui tient au statut même de la philosophie, c'est la façon dont celle-ci produit les notions traditionnelles de durée, de simultanéité et de succession en les tirant respectivement vers le mouvement, l'unidimensionalité et l'irréversibilité, selon ce qu'on pourrait appeler une double entrecontamination du subjectif par l'objectif et du temps par l'espace.

La continuité du temps se donne familièrement comme une durée (cette durée familière est si prégnante qu'elle est aussi celle de l'inconscient freudien, lequel ignore d'ailleurs moins le temps que la chronologie). Très vite, dans sa pensée de l'espace et du temps, la philosophie a associé cette expérience immédiate de la durée continue à celle du mouvement. Zénon d'Élée en niait la réalité en lui imputant le présupposé d'une multiplicité de points, c'est-à-dire, au fond, d'instants pris dans l'immobilité de leur divisibilité infinie. Répondant à ses quatre paradoxes, Aristote établit le temps aussi bien que l'espace comme des quantités continues qu'on pourrait certes diviser à l'infini, mais d'une infinité seulement potentielle et non pas actuelle. Le temps est donc bien constitué d'instants, et l'espace de points, infinis en nombre, mais d'une infinité non dénombrable. L'analyse aristotélicienne et son postulat de la continuité du temps physique se poursuivent plus ou moins jusqu'à la physique moderne et la philosophie bergsonienne. C'est Hegel, le grand récapitulateur, qui devait fournir le chiffre de cette pérennité et livrer son secret. Les antinomies de la dialectique de Zénon sont levées dans et par le mouvement car « *dans le mouvement, l'espace se pose temporellement et le temps se pose spatialement* » [1].

De façon analogue et avec des conséquences allant dans le même sens, la spatialisation du temps, l'idée classique d'une action réciproque universelle de toutes les substances s'explicite comme la possibilité qu'elles soient perçues dans l'espace comme simultanées, pour utiliser les termes de la philosophie kantienne. Cette unidimensionalité du temps fait le trait d'union entre espace et durée. Bergson a su montrer comment la durée pure s'extériorisait en temps mesurable et spatialisé. Il est vrai qu'il rapporte pour sa part les simultanéités à des unités comptables du temps et celles-ci à des instants repérés comme des états immobiles et abstraits. Non sans contradiction, dans le vocable même de « continuité de création » ou d'« évolution créatrice », entre l'invention et le continuum : la durée épaisse, en vidant le temps de toute interruption, spatialise à son tour l'instant, en en manquant l'éclat natif et la force d'acte. Mais, comme chez Kant, comme chez bien d'autres philosophes encore, la spatialisation du temps trouve son point de vacillation et son retournement critique. Bergson sait dire en effet comment le passage du déroulement au déroulé, de la durée

1. *Encyclopédie des sciences philosophiques*, § 298.

intérieure à la mesure du temps par le mouvement, finit par transmuer les actes (et les instants, faudrait-il ajouter) en « trame universelle des choses, donnée d'un seul coup »[1]. On connaît l'illustration qu'il propose de ce mécanisme : si je promène mon doigt sur une feuille de papier en fermant les yeux, j'accomplis certainement un mouvement, mais en le percevant du dedans, comme quelque chose de mon propre flux intérieur de conscience ; si j'ouvre les yeux et que j'observe la ligne tracée par mon doigt, je verrais l'enregistrement d'une juxtaposition des moments dénombrables du mouvement dont la divisibilité me permet de mesurer la durée dessinée par la ligne[2]. La spatialisation du temps s'offre ainsi comme une évidence et nous verrons que les contenus que nous donnons à la question du temps messianique reviennent à avancer la contre-évidence selon laquelle il s'agit de *penser le temps de manière strictement temporelle*, ce qui n'est sans doute pas simple, on le verra à propos de Kant.

L'idée d'une direction du temps, d'un sens allant du passé au futur, est solidaire de celle de durée. La dimension de la succession redouble celle de la continuité, la définition de la *Physique* d'Aristote le signifie clairement : le temps est la grandeur continue du mouvement successif. Elle en amplifie aussi les effets de spatialisation. À la ligne droite où peuvent aisément se matérialiser les temps de la succession grammaticale, s'ajoute le cercle, fini et illimité à la fois, qui figure la succession astronomique, le *kûklos* aristotélicien aussi bien que les horloges et les montres où se symbolise le mouvement circulaire et répété des astres autour de la Terre. Aux représentations statiques de la linéarité peuvent se superposer des visions plus dynamiques de la figuration spatiale. Dans le monde sublunaire, la direction successive du temps est un déroulement sans réenroulement possible. De la naissance à la mort, le cours du temps ne se renverse pas. Par la mémoire et le désir, la crainte ou l'espérance, cette irréversibilité est la morsure même de ce que les Grecs appelaient la dent du temps. À coup sûr, l'homme est cet « irréversible incarné » qu'évoque Jankélévitch[3]. La seule question qu'on peut se poser, c'est de savoir s'il est tout à fait impensable d'envisager des modes temporels de déviement de l'irréversibilité, une manière de *déjouer la temporalité par la temporalité* et de réparer dans la finitude quelque chose de l'irréversible. La pardon, et d'une certaine façon aussi la promesse, tels que les analyse Hannah Arendt peuvent être lus comme des esquisses ou des ouvertures vers une philosophie du temps qui intègrerait la puissance rédimante d'une parole et d'un acte imprévisibles, face au simple déroulement successif et irréversible où s'enchaînent les faits. Ce qui a été

1. *Durée et simultanéité*, PUF, Quadrige, p. 61.
2. *Ibid.*, p. 48.
3. *L'irréversible et la nostalgie*, Flammarion, 1974, p. 8.

fait par les hommes sans qu'ils sachent même ce qu'ils faisaient ne peut être défait. Le pardon n'accomplit à cet égard nulle réversion. Mais, tout comme il y a de la révélation dans l'instant de l'acte et le suspens de la durée, il y a de la rédemption dans la faculté de pardonner. On a là l'indice, et la pensée messianique en produit d'autres, que la succession, la durée et la simultanéité ne suffisent pas à décrire le temps dans la multiplicité complexe de ses articulations, et en particulier dans sa fécondité. Leurs effets convergents de spatialisation peuvent même contrecarrer toute pensée temporelle du temps qui serait attentive à la disjonction de ses dimensions, à ce qui y croît ou mûrit plus qu'à son écoulement, aux surmontements qui s'y jouent davantage qu'à une simple succession donnée a priori et d'un seul tenant.

Pourtant, la philosophie n'est pas toute dans la philosophie et les philosophes ne sont pas en petit nombre qui ont thématisé ces hétérogénéités et ces contractures sous des biais différents. On songe tout particulièrement à Schelling. Il a proposé dans ses *Âges du monde* une théorie de l'organicité des temps selon laquelle les différents temps se rapportent entre eux de façon concentrique et non pas linéaire. Le temps n'est plus dès lors ce réceptacle universel contenant tout ce qui est arrivé, arrive ou arrivera, mais une conjonction dynamique qui embrasserait jusqu'au savoir qu'on prendrait du temps[1] et permettrait d'échapper aux formes métaphysiques immanentes à la représentation spatiale du temps. On sait que Schelling connaissait bien la tradition hébraïque et en particulier certains textes classiques de la Kabbale. Sans doute y a-t-il trouvé élan et inspiration. On peut essayer de ressaisir dans une brève esquisse comparative ce dont cette tradition, au plus profond et au plus ancien, instruit quant au temps.

HÉBRAISME ET HELLÉNISME

Récapitulons. Pour nous, qui sommes des Grecs, le temps est donc une ligne droite sur laquelle nous nous tenons le regard dirigé vers l'avant. Nous faisons face à l'avenir et le passé est derrière nous. Nous pouvons figurer chaque temps de notre grammaire par un point. Le présent, c'est le point où je me trouve, le futur un point quelconque devant moi, le futur antérieur est quelque part entre les deux. Derrière moi, j'ai le passé composé, plus loin en arrière l'imparfait, plus loin encore le plus-que-parfait. Cette droite rectiligne est illimitée, mais son illimitation est floue.

1. Cf. J.F. Courtine, « Temporalité et futurition » in *Extase de la Raison. Essais sur Schelling* (p. 203-259), Galilée, 1990 et P. David, « La généalogie du temps », post-face du traducteur aux *Âges du monde* (p. 315-358), PUF, 1992. Voir *infra*, p. 64 *sq.*

Seul le segment qu'en restituent les temps grammaticaux échappe à cette imprécision. Si elle constitue une figuration fidèle à l'immédiateté intuitive et sensible de nos représentations spatiales, la ligne est cependant malcommode pour une quantification du temps conforme au déplacement apparent du soleil. Dès lors qu'il s'agira de mesurer le temps selon le mouvement du soleil autour de la Terre et de construire des calendriers, la ligne fera place au cycle. Son uniformité renvoie cependant ce dernier à la linéarité et, au fond, le cycle n'est rien qu'une ligne mise en boucle, même si les deux figures de la ligne et du cercle impliquent des métaphorisations et des conceptualisations différentes et parfois opposées du temps et de son déroulement. Elles constituent en tout état de cause des formes parfois concurrentes mais également spatiales de notre représentation du temps.

D'où vient que nous ayons besoin de ces formes? Kant s'est posé la question. Le temps est l'élément dans lequel nous avons l'intuition de nous-mêmes, de notre état intérieur. Or cette intériorité est infigurable. Il faudra donc essayer de réparer cette infigurabilité par l'analogie de la ligne, laquelle donne une forme au sens interne. L'analogie fait évidemment courir le risque de « conclure des propriétés de la ligne à celles du temps »[1]. Kant le souligne mais rapporte la nécessité de l'analogie à la double contrainte de la valeur objective et de la condition subjective du temps qui fait qu'il est à la fois une réalité empirique et une idéalité transcendantale. Je pourrais aussi bien dire que toutes les choses sont *dans* le temps si je les considére en tant que phénomènes ou m'interdire pareil énoncé si je les ramène à leur statut de choses, abstraction faite de leur intuition. En rappelant la fonction analogique et l'usage structurel de la ligne, l'esthétique transcendantale kantienne, bien qu'elle maintienne la question du temps dans une représentation a priori et extérieure aux choses, en favorise la temporalisation. Le temps, à la différence de l'espace, ne ressortit pas du monde extérieur. Nul mètre-étalon n'en est exposable. Il n'est plus lié au mouvement local, comme pour Aristote, mais à un état de conscience. C'est que l'espace n'est condition de possibilité que des phénomènes externes, alors que le temps l'est de tous les phénomènes, externes et internes. Il n'y a donc aucun objet de l'expérience qui ne soit soumis à la condition du temps. Ce dernier fait ainsi l'intimité de la vie subjective et morale ainsi que de l'existence historique des individus.

On a dit que l'ambivalence du kantisme en garantit l'ouverture et en fait une référence continue de la pensée messianique du temps. Le jeune Walter Benjamin le pressentit avec perspicacité lorsqu'il considérait le concept kantien d'expérience, ou plus exactement « une certaine typologie capable

1. *Critique de la raison pure*, Pléiade, I, p. 798; AK, III, 59-60.

de rendre justice à un mode d'expérience supérieur », comme le plus précieux des héritages philosophiques servant à penser l'expérience messianique[1]. Cette ambivalence ou cette double composition, s'agissant du temps, est parfois admise et argumentée comme telle par Kant, en particulier lorsqu'il considère ce que peut bien être l'éternité et qu'il ouvre ainsi à une conscience du temps foncièrement nouvelle. Dans un petit passage de *La fin de toutes choses*, l'instant est d'abord donné comme ce qui, sur la ligne du temps, forme un point du temps, un *Zeitpunkt*, encadré par le point précédent et le point suivant. Mais lorsqu'il s'agit de prendre en vue le concept universel d'une fin de toutes choses, c'est-à-dire d'une interruption radicale de la continuité, il devient impossible ou contradictoire de vouloir faire tenir sur une même ligne « l'instant qui constitue la fin du monde sensible » et celui qui « commence le monde intelligible ». Kant avance alors l'idée d'un temps qui serait tout autre que sa figuration analogique ou plus exactement qu'un autre rapport au temps serait pensable. D'une part l'éternité serait « durée nouménale » inconditionnée, puisqu'elle excèderait les limites de l'expérience ; elle serait la temporalité propre à l'infinie progression vers la perfection morale. D'autre part l'instant, *Augenblick* et non plus *Zeitpunkt*, serait fin de toutes choses dans le temps « et, *en même temps*, le commencement de l'éternité (bienheureuse ou malheureuse) »[2], l'origine de l'avenir. Chaque instant, fin et commencement, outre-temps dans le temps, ouvre sur la possibilité de l'événement d'une arrivée et engendre cet affect particulier qu'est l'espoir. Ces instants où tout (ou rien) peut arriver, s'apparentent à des points de suspension messianique dont la discontinuité interdit la sursomption dans la ligne et par elle. Dans ce petit texte, au détour d'une remarque étymologique sur la littéralité de l'expression allemande qui signifie le jugement dernier (*das jüngste Gericht, der jüngste Tag*), Kant entrevoit même que le temps puisse donner lieu à une autre analogie que celle de la linéarité : « les jours sont comme les enfants du temps. Or de même que le dernier enfant des parents s'appelle le plus jeune, de même le dernier jour...(se nomme) le jour le plus jeune »[3]. L'analogie de l'engendrement et de la fécondité permet de suggérer une représentation non-uniformisable et non-unidirectionnelle du temps selon ses potentialités actualisantes. Dans le temps humain s'attesteraient des accélérations et des absences, du vieillissement et du rajeunissement, ce qui mettrait en question la simple succession

1. *Sur le programme d'une philosophie à venir*, in *Œuvres*, Folio-Essais, 2000, vol. 1, p. 180 *sq*.

2. Pléiade, III, p. 318 ; AK., VIII, 334-335 et p. 310 ; 328, (souligné par moi) On peut également se reporter sur ces points à l'intéressante introduction donnée par F. Proust à sa traduction chez Garnier-Flammarion, 1994 (p. 5-40).

3. *Ibid.*, 310 ; 328.

vectorielle ou cyclique. C'est la pensée de l'éternité qui, chez Kant, stimule celle du temps et en tout cas élargit le champ de ses approches jusqu'à la métaphore de l'enfantement.

Dans sa façon de s'interroger sur le rapport du temps et de l'éternité, Platon relevait déjà une dualité entre analogie formelle et différence qualitative. Le temps humain est pour lui une adaptation sensible du modèle intelligible de l'éternité. L'éternité humaine, c'est le temps, tout comme le temps divin, c'est l'éternité. L'analogie, ici, associe l'original immobile et la création ou l'image « mobile » obtenue d'après l'original. La différence tient à la relation d'exclusion des deux : ce qui progresse suivant le nombre, comme dit Platon, s'oppose à l'éternité comme la dégradation à la perfection, radicalement. Le temps humain est issu de cette contrainte ou de cette impossibilité. L'image de l'éternité est « mobile » parce qu'elle est imaginale. Son mouvement est celui du décompte des nuits et des jours, des mois et des années qui sont les parties du temps. Mais celui-ci a aussi des formes, le passé et l'avenir, qui en structurent l'expérience. Il y a donc un temps physique, mais il y a aussi un temps psychologique ; un temps divisible, mais aussi un temps éprouvé. Pourtant, le fonctionnement du modèle platonicien repose sur une relation qui produit le temps comme forme dégradée qui se recommence en des séquences semblables et il est tout entier commandé par la topologie des lieux sensible et intelligible, c'est-à-dire par un schème spatial. Il est à cet égard inaugural. On peut même dire qu'on a à faire à une dévaluation culturelle très ancienne du temps, dont en bonne part la pensée philosophique et scientifique a hérité dans le procès de sa constitution. Si le temps est facteur d'érosion et de perturbation d'un ordre et d'une harmonie, à l'inverse les idéalités mathématiques et les propositions géométriques ne détiendront de validité universelle que du hors-temps divin où elles sauront se tenir. On verra que la pensée biblico-hébraïque se déploie dans une tout autre direction. Cette dépréciation du temps est solidaire de la spatialisation et de la mesure, privilégiée au détriment de la fécondité propre, de la nouveauté potentiellement portée par l'imprévisibilité du déroulement temporel. La sémantique le signifie sans détour : *mensum*, qui désigne une unité mesurable du temps, le mois, prend place dans un champ lexical très différent de son correspondant hébraïque, *hodech*, qui fait signe, lui, vers un ensemble de mots dont la racine exprime l'emprise du nouveau. Le vocabulaire indo-européen indique avec une grande constance la dépendance des représentations temporelles par rapport aux spatiales. Il conduit au présupposé que nous ne pourrions forger les premières qu'au moyen des secondes. La perception de l'espace et des choses disposées dans l'espace nous serait plus spontanée, au point que nous déduirions a posteriori de la juxtaposition des objets et de la distance qui les sépare l'idée d'un avant et d'un après. De nombreuses langues utilisent des mots identiques ou proches pour dire devant et avant, derrière et après. Si l'on étoffe l'image purement visuelle de la ligne par celle plus mobile de la file d'attente, on constate qu'on pourra dire de quelqu'un qu'il est passé devant ou avant moi, derrière ou après moi, en modulant la signification selon la simple configuration spatiale ou la succession changeante des mouvements.

Cet exemple permet d'introduire la différence marquée par la langue hébraïque lorsqu'elle dit le passé et l'avenir. Retenons encore un peu l'image de la ligne avant que le constat de ses limites n'oblige à en tempérer l'usage. L'avenir me fait face, il est devant moi. Le passé est derrière moi, je lui tourne le dos. Or, l'hébreu recourt au mot *qadam* pour dire devant et ce même mot signifie aussi passé, temps des origines (*qedem* : antiquité, *qadoum* : ancien), spectre envisageable en quelque sorte. Derrière se dit *akhor* (ou *akhar* ou encore *akharit*), terme qui désigne également l'issue, la fin d'une époque et, par conséquent, le futur, mais un futur qui ne se présente pas sinon à la façon d'un horizon aveugle. C'est ce vocable que les traductions les plus diverses de la Bible rendent par « avenir », par exemple dans les *Proverbes* (24,14 : si tu trouves la sagesse, il y aura un avenir), dans *Jérémie* (29,11 : je sais les desseins que forme Dieu pour vous donner un avenir et une espérance) et en bien d'autres occurrences.

Une exégèse audacieuse du fameux verset où Dieu dit à Moïse qu'il ne lui montrera pas sa face, mais seulement son « dos » (*Ex.*, 33, 23), pourrait laisser apparaître l'impossibilité ontologique de la présence comme la texture même de la temporalité humaine. Le texte hébraïque dit en effet *akhari*, c'est-à-dire « mes arrières », mon après, pour signifier ce trop fameux « dos ». L'apparent refus de Dieu ne relèverait alors d'aucune espèce d'interdit, mais de cette impossibilité ontologique elle-même. L'ouverture sur la « vue » du Dieu à venir ou sur la vue à venir serait le seul échappement à la non-vue qui croit voir et qui prend le dos pour la face, la trace pour la présence, c'est-à-dire à l'idolâtrie au sens strict. Tu verras mon avenir, semble dire Dieu dans une sorte de grandiose tautologie, c'est-à-dire mon éternel présent où se loge ton propre futur, je te montre donc tout ce que je peux te montrer et que les autres hommes n'apercevront jamais, mais cela, tu ne peux pas encore vraiment le voir, ou plutôt tu vois dès maintenant ce que tu ne peux pas voir puisque tout face-à-face, toute vision, toute présence sont frappés d'impossibilité par les structures mêmes de la temporalité humaine. « Je suis celui que je serai » (*Ex.*, 3, 14) devrait alors se lire comme l'avant-propos d'*Ex.*, 33, 23. La forme attributive de l'énoncé ne serait pas réglée par la relation copulative, elle ne qualifierait aucun être ni aucune essence, mais esquisserait une liaison entre des temps, entre la « gloire » impossible du face-à-face et les « voies » où cheminent temporellement les hommes, entre l'éternité et le temps si l'on veut, mais abruptement, sans la médiation imaginale d'une forme mobile. Mon temps n'est pas de ce temps tien, dit Dieu à Moïse, mais son éloignement fait le déboîtement même du futur, de cet invisible rendu prophétiquement sensible. C'est bel et bien du temps des hommes qu'il serait ici question, de ses diffèrements internes et insaisissables.

Les déterminations hébraïques du passé devant soi et du futur où l'on s'adosse peuvent se découper sur ce fond paradoxal d'un Dieu se temporalisant. Ce qui semble une bizarrerie pour qui considère de loin la ligne d'un temps où il n'est point, devient parfaitement limpide si l'on fait l'effort de se représenter soi-même immergé dans le temps invisible qui perpétue les générations et l'espèce humaine tout entière et qui est le temps historique proprement dit – l'histoire étant d'ailleurs au centre de ce conflit de la représentation et de la pensée, de la figuration et de l'expérience. On se rend compte alors, pour peu qu'on ait abandonné la position de l'observateur extérieur de la ligne, que les ancêtres, qui sont venus avant nous, font désormais partie du passé. Les anciens, les premiers comme dit aussi le grec, *oï proteroï*, y sont engloutis. Sur la droite fléchée du temps physique et mathématisé, nos devanciers sont derrière nous. Quant aux générations futures, elles vont venir après nous (derrière nous dans la file), alors qu'elles seraient devant nous selon la figuration linéaire de l'avenir. L'expérience vécue du temps est rebelle à toute représentation et, à l'inverse, sa représentation au moyen du point, du segment et de la droite, donne à voir quelque chose d'impensable.

On a donc à faire non seulement à deux représentations générales différentes, mais au sens strict à deux positions, à deux points de vue expressifs[1]. Le premier objective les sujets dans des points situés sur une ligne et inscrits dans un champ spatial et optique d'ensemble : c'est sous cette condition, un temps toujours-déjà construit, que le temps est mesurable comme objet. Le second saisit l'ensemble des relations par lesquelles un sujet prend place, à partir de sa propre situation, dans le réseau des générations, des naissances et des morts, des descendances et des postérités, soit dans l'histoire proprement dite, en hébreu *toledot*, engendrements. Sous cette condition, un temps en train de se construire, le temps apparaît comme ce qui nous est mesuré, ce dont, comme nos jours, nous sommes « les enfants ». C'est tout le sens de l'eschatologie messianique telle que nous

1. Il faut se reporter, pour disposer de tous les attendus de ce dossier controversé, d'une part à Thorleif Boman, *Das hebräische Denken im Vergleich mit dem griechischen*, Göttingen, 1952, et d'autre part à la critique de James Barr, *The Semantics of Biblical Language*, Oxford University Press, 1960.

l'avons opposée à la téléologie progressiste qui s'en trouve précisé : un temps génétique, ou plutôt génésique, face à un temps objectal et structural. L'avenir n'est pas ce qui est devant nous et s'offre dans la présence d'une saisie, il est aussi ce qui vient après nous, obscurément : au mieux, pour Moïse par exemple, un dos. Nous ne l'envisageons pas comme un horizon, pas plus que nous ne sommes délestés de cette immense masse de passé que nous aurions après et derrière nous. Car alors, nous pourrions tranquillement scruter le premier dans ses données visibles tandis qu'il nous serait impossible d'avoir un accès perceptif au second, fermé à notre vue. C'est tout le contraire, bien sûr. Ce qui a été accompli dans le passé, nous l'avons sous les yeux lorsqu'il s'agit des ouvrages des ancêtres, édifices et civilisations, dans la rétrospection de la mémoire s'il s'agit des actes de nos pères, et même dans l'efficience singulière de ce qui en aura été oublié et qui *reste*, jusque dans sa perte.

La grammaire hébraïque des temps est d'ailleurs entièrement structurée par la distinction de l'accompli et de l'inaccompli, de l'achevé et de l'inachevé, qui est transversale à celle des trois dimensions du passé, du présent et de l'avenir. Le futur est en revanche frappé d'une radicale invisibilité, d'une imprévisibilité qui déconcerte et le dérobe à la prise. Le temps n'est pas un déroulement qu'on pourrait contempler de loin. Les docteurs avaient déjà remarqué que l'expression grammaticale des temps dans le texte biblique n'obéissait pas à un séquençage chronologique strict. Un verbe conjugué au passé pourra le cas échéant indiquer une action future, pourvu qu'il soit précédé de la lettre *vav* dans un usage dit conversif c'est-à-dire selon une modalité qui la rend syntaxiquement apte à faire virer le passé en futur et le futur en passé. En hébreu biblique, « *et* il alla » pourra s'entendre comme « il ira » : cette constellation singulière des temps, par l'inversion-conversion qu'elle autorise, fait ainsi de la langue elle-même le lieu du pli messianique. Rachi allait jusqu'à en conclure qu'il « il n'y a pas d'avant ni d'après rigoureux dans la Torah ». Le temps est en effet engendrement d'un nouveau qui ne se prévient jamais dans une possibilité jetée dans son actualisation et ne se laisse donc pas aisément symboliser sur une ligne segmentée.

L'eschatologie consiste ainsi en une situation d'adossement à l'avenir. Le mot lui-même est issu d'une mauvaise traduction de l'hébreu : *ta eschata* est censé rendre l'hébreu *akhar*, lequel, on l'a dit, ne signifie pas les dernières choses, mais ce qui vient après et l'expression usuelle *be-akharit ha-yamim*, souvent traduite par « à la fin des temps », désigne l'après-des-jours, l'avenir[1]. L'eschatologie messianique est donc une eschatologie de

1. C. Tresmontant l'a bien montré dans son travail de comparaison du grec des Évangiles et de l'hébreu biblique ou de l'araméen (*Le Christ hébreu*, Albin Michel, 1992 (2e éd.), p. 108

l'imprédictible qui se porterait aux bords extrêmes du temps, vers ce « temps qui reste » que serait le temps messianique selon G. Agamben, plutôt qu'une doctrine des fins qui scruterait depuis son site propre les derniers temps. Elle atteste cette sortie de soi du présent par quoi chaque époque ou chaque génération « rêve la suivante » selon la belle expression de Michelet, c'est-à-dire son avenir. Nul mieux que Walter Benjamin, qui plaça le mot de l'historien en épigraphe d'un chapitre de *Paris, capitale du* XIXe *siècle*, n'a exprimé dans la sensibilité moderne, autant philosophique qu'esthétique, la vivante manifestation de cette temporalité messianique et eschatologique. Plus inquiet que son modèle ou son image, l'*Angelus Novus* de l'aquarelle de Klee, l'ange de l'histoire de Benjamin est poussé vers l'avenir auquel il tourne le dos. Le visage hébété tourné vers le passé, comme s'il rêvait les générations précédentes, il est emporté par une tempête qui l'empêche d'interrompre sa marche à reculons pour porter remède à l'horreur qu'il contemple et qui le tourmente, pour « ressusciter les morts et réparer ce qui a été brisé ». L'ange benjaminien est l'emblème d'une mortification de l'eschatologie par la téléologie. Son espérance du passé est aussi empêchée que tenace. Dans sa tempête, le « progrès » emporte l'ange comme s'il pouvait être insoucieux du passé qu'il a sous les yeux, comme s'il allait droit aux lendemains radieux sans jamais rendre justice aux innombrables morts qui ne cessent pourtant de réclamer réparation. Il voudrait, lui, faire halte, suspendre le cours inexorable et mécanique de la ligne à laquelle il est rivé. Il voudrait prendre son vol afin que le passé soit enfin visité par l'histoire et rédimé. L'ange est entièrement prisonnier du conflit entre messianisme et sécularisation, empêtré dans l'histoire de leur combat et entravé aussi par la proximité des combattants. Benjamin a transformé une « image juive »[1] en l'allégorie baroque du messianisme eschatologique moderne, car l'ange, s'il est en position difficile, et s'il rappelle que l'expérience du bonheur futur ne se règle que sur celle des échecs présents, témoigne en même temps du lien entre passé et rédemption, de la revendication que le premier fait valoir auprès de la seconde et qui devrait l'empêcher de virer en progressisme aux yeux bandés, avançant comme si de rien n'était dans la nuit de l'avenir. La deuxième thèse fait ainsi écho à l'ange de la neuvième : « le passé apporte avec lui un index secret qui l'assigne à la rédemption. Ne sommes-nous pas

et 148 par exemple). Cf. également B. Dubourg, *L'invention de Jésus I. L'hébreu du Nouveau Testament*, Gallimard, 1987.

1. Cf. S. Quinzio, *Racines hébraïques du monde moderne*, trad. M. Darmon, Balland, 1992, p. 25 : « une image juive est reprise par Benjamin…où nous nous trouvons le dos au futur qui vient vers nous et, quand il nous dépasse, nous le voyons devenir passé ». Pour un commentaire de la IXe thèse sur le concept d'histoire de Benjamin, voir S. Mosès, *L'Ange de l'Histoire*, Seuil, 1992.

frôlés encore par une infime brise de l'air qui entourait ceux qui nous nous précédé ? N'y a-t-il pas un écho des voix qui se sont tues dans celles auxquelles nous prêtons l'oreille ? Les femmes que nous convoitons n'ont-elles pas des sœurs qu'elles n'ont jamais connues ? S'il en est ainsi, c'est qu'il y a un rendez-vous secret entre les générations passées et la nôtre, c'est que, sur Terre, nous avons été attendus, c'est qu'à nous, autant qu'à chaque génération qui était avant nous, fut accordée une *faible* force messianique sur laquelle le passé fait valoir ses droits »[1].

Cet enchevêtrement et cette allliance de temporalités discontinues donnent au passé un avenir en le liant par la mémoire à la rédemption. Dans une sorte de souvenance de l'avenir, la faiblesse du passé, celle des morts et des vaincus, attend la force d'une réparation possible, à venir, espérée. C'est cette non-contemporanéité du présent à lui-même qui oblige à penser le temps autrement que comme la succession de présents et de modifications de présents et la différence temporelle autrement que comme différence du présent par rapport à lui-même. Si tout ce qui arrive arrive dans un présent, le temps ne surprend ni n'affecte jamais la maîtrise de soi du sujet ni celle de son origine surgie à partir de rien dans la temporalisation successive de tous les maintenants. Sans doute ce déviement par rapport à une pensée du temps comme mouvement de pure auto-affection, cette alliance des temps, ont-t-ils permis l'insistance historique durable du messianisme juif, et sa reviviscence, autant qu'elle l'a soumis à une constante vacillation face aux évidences apparemment inébranlables du temps spatialisé et de la sécularisation progressiste.

LE MESSIANISME JUIF

Le conflit des expressions et des interprétations hébraïque et hellénique du temps impose qu'on revienne sur le messianisme juif. On ne fera évidemment qu'en rappeler partiellement les aspects qui permettront de mieux orienter la question qui nous sert de fil conducteur, celle du temps, en renvoyant pour davantage d'exhaustivité à des travaux d'ensemble qui font autorité, ceux de Scholem en particulier.

Dans la Bible hébraïque, le terme de messie, *machiah*, est de faible fréquence : trente-huit occurrences au total, dont dix-huit dans le seul Livre de Samuel et dix dans les Psaumes. La figure du messie est très indéterminée et souvent évanescente. Le mot peut désigner un titre cérémoniel et les traductions araméennes le rendent tout simplement par « roi ». En effet

1. *Œuvres*, éd. cit., III, p. 428 (trad. modifiée).

dès lors qu'il est oint et quelles que soient ses défaillances, voire ses crimes, tel ou tel roitelet sera dit messie, ce qui parfois s'accompagne cependant de l'attente d'une délivrance, locale ou universelle. Mais la qualification s'applique aussi bien au prophète Élie, comme dans *Malachie*. On aurait donc à la fois une forte prégnance de l'espérance messianique, vivante et concrète, et une curieuse fluidité quant à la personne du messie. Aussi peut-on parler du messianisme juif comme d'un messianisme sans messie ou « anonyme »[1], au point que la focalisation sur la personne messianique et la tentation de sa divinisation apparaissent presque toujours comme le symptôme d'une crise tellurique (christianisme, sabbatianisme). La tradition peut pousser assez loin cette relativisation du messie au bénéfice du messianisme. Un docteur du Talmud, Hillel, soutient la thèse apparemment exorbitante selon laquelle « il n'y a plus de messie pour Israël »[2], thèse que fit passer cet homonyme du grand Hillel l'Ancien à la postérité, par l'abondance des commentaires suscités. L'interprétation qui en est donnée presque unanimement consiste à conclure que la rédemption par Dieu est supérieure à la rédemption par le messie et que Dieu vaut mieux qu'un roi. Le messie n'est pas Dieu. Quant à sa présence humaine, elle est soit à peu près insaisissable soit trop humaine et messianiquement douteuse. Messie représente un signifiant polymorphe qui sert à inscrire dans le temps des nations la spécificité d'Israël, dans le temps réalisé de l'histoire l'attente d'une venue. Le messie n'est pas un homme, c'est un temps, voire la temporalité du temps. Dire définitionnellement du messie qu'il n'est pas là ou qu'il n'est pas encore là, voire, comme Hillel, qu'il n'est plus là et qu'on n'y a pas pris garde, c'est d'une part induire des modulations de ce « pas-là » un étagement différencié des temps du temps et distendre celui-ci selon la multiplicité des temporalités non-coïncidentes qu'il contient. C'est aussi déduire du messianisme qu'il vise presque nécessairement son au-delà[3] puisqu'il attend ce dont la venue ruinerait le principe et qu'il lui faut donc de quelque façon pré-venir. On pourrait dire que le messianisme, en raison exacte de son anonymat, n'a pas de « but », mais seulement un « au-delà », au sens où Hegel en détermine très précisément la polarité, ou plutôt contre cette détermination.

Le but, peut-on lire dans la *Phénoménologie de l'esprit*, est là où il n'a plus à aller encore plus loin que soi-même, « là où il se trouve lui-même et où le concept correspond à l'objet, et l'objet au concept ». Aussi longtemps que cette correspondance n'est pas atteinte, « la progression qui mène à ce

1. G. Scholem, *Les grands courants de la mystique juive*, Payot, 1960, p. 326.

2. *Sanhedrin*, 98b.

3. C'est le sens que dégage Levinas de sa lecture des textes messianiques du Talmud in *Difficile liberté*, « Commentaires », Albin Michel, 1994, 3e éd., p. 83-129.

but est irrésistible »[1] et dépasse tous les au-delà qu'elle pose successivement dans le mouvement de son savoir de soi. « Au-delà » ne peut signifier autre chose que la mort, pour les existence naturelles et immédiates, ou la relève de soi dans la conscience. Le messianisme signifie au contraire l'excession de toute adéquation du concept et de l'objet et la transgression de toute position de « but », de toute progressivité cumulative. Il n'emporte cependant ni « repos » de la conscience, ni « nonchalance » de la pensée, ni « crainte » de la perte et repli dans l'effort de conservation, comme le redoute Hegel. L'au-delà du monde-qui-vient est dans ce monde-ci, il en traverse l'immanence. Étranger à la figure hégélienne d'un simple appendice juxtaposé à chaque moment d'un travail, et sans cesse dépassé dans le suivant, cet au-delà messianique est ce qui donne lieu à l'immanence, ce qui ouvre ce lieu, depuis ses autres certes, mais du dedans de lui-même. Il n'offusque pas nécessairement le « but » mais outrepasse la « correspondance » où il se trouve lui-même dans sa réalisation adéquative. C'est son « là » et les figures concrètes de ce « là » qui engagent sa messianité ou la dégagent dans l'histoire : le but désigne-t-il la rencontre de soi avec soi du savoir et du réel, la présence à venir d'une retrouvaille[2] ou bien n'est-il que le nom d'un « là » qui n'est pas là puisqu'il est « cherché », comme dit Rosenzweig, d'un « pas-là », ou d'un au-delà, qui détermine cependant un « être-là », un *dans-l'existence*, comme le pas qui va d'un là à un au-delà de ce là? On pourrait parler d'un *outrebut* messianique, un au-delà du but qui ne se confond pas avec un pur et aveugle sans-but mais en transmute la correspondance ontologique telle qu'elle qualifie les contenus du « but ». Dans l'outrebut, le but, cessant de l'être, se signifie lui-même comme au-delà de soi dans « ce monde-ci », dès le temps en train de se temporaliser. On verra plus loin comment ces aspects se nouent dans le rapport du temps et de la justice. L'attendu est en effet le juste à venir. Mais il ne peut qu'être toujours attendu et à venir, toujours à revenir et à redevenir, ce qui dans la temporalité messianique de la justice n'aboutit nullement à un renoncement nihiliste, au prétexte que la justice humaine serait illusoire et vaine, mais au contraire à son exigence inconditionnée. La justice est dans le temps et le temps est engendrement de nouveauté, soit d'une justice à venir plus juste que la justice présente. Le diffèrement éconduit la présence plus qu'il ne la reconduit indéfiniment, ce qui serait ici le risque. Le temps messianique est un temps de futurition parce qu'il est un temps éthique ou justiciel. Le droit hébraïque rend compte de cette dynamique en intégrant à son matériau propre et

1. Aubier, tr. J.P. Lefèbvre, p. 85.

2. Hegel et la sécularisation du messianisme se fixent un « but », pas le même sans doute, mais de semblable façon, en pouvant le fixer du regard.

strictement codifié ce qui l'excède et que la formalisation juridique énonce sans l'intégrer. Il distingue en effet les règles contraignantes qui ont pour finalité d'empêcher le déni de justice et de pacifier les relations humaines et l'au-delà qui garantirait structurellement l'exercice de la règle formelle, entre la justice redistributive qui doit produire une péréquation des usages des libertés et la gratuité immédiatement positive du don[1]. La temporalité messianique de la justice n'exclut pas ni ne frappe de dérision ou de vanité le droit déterminé par ses conditions négatives, ou exprimé selon la formule de son principe trranscendantal, comme dit Kant lorsqu'il fait lui aussi la différence entre *Recht* et *Gerechtigkeit*. Au contraire la question des violences subjectives et individuelles que la justice réalisée entend contenir stimule la pensée de l'avenir ou de la venue d'un juste qui sera plus juste et qui réparera les injustices emportées par l'exercice passé-présent de la justice formelle (puisque le présent n'est qu'un imprésent, le passé d'un présent messianique à venir). Sauf à n'être même pas en tant que telle, celle-ci est donc sans cesse habitée et traversée par l'exigence inconditionnelle, absolue, que la justice vienne dès maintenant. Le lien social s'autodétruirait s'il était abandonné à son être actuel pur et simple. L'exigence messianique en tant qu'elle est réclamée du temps lui-même en est aussi le salut. Elle requiert un tout-de-suite, elle convoque un monde et l'invite à assister à son interruption pratico-morale à partir de la contemplation d'un passé perdu dans la nuit sans origine des douleurs et des violences. L'instant seul rédime l'imprésent, c'est-à-dire l'injuste présent.

Le messianisme juif signifie donc dans l'ordre de la temporalité une structure d'attente que rien ne permet d'éviter car elle est l'épreuve même du temps et l'endurance de son imprévisibilité. Cette extériorité brute de l'événement du temps confronte la conscience qui en est prise à l'exercice d'un discernement historique et mondain, à une intelligence des temps selon l'expression talmudique, qui en est l'interrogation sous le regard de la rédemption. Le temps se donne et se redonne dans ses tournants créateurs et ses renouvellements inattendus. Il n'est pas *kronos*, mais son suspens n'est pas davantage *kairos* car il n'est pas une occasion à saisir mais un saisissement du temps historique par les occasions de l'intervention divine. Les scansions qui rythment le temps sont très différentes de son découpage par l'observation des phases qui en constituent le mouvement. Dans le *êt* de l'Ecclésiaste bat cette pulsation temporelle du *zeman*, les deux mots étant indistinctement traduits dans les langues européennes par « temps ». Si l'on s'attache à y discerner un schéma structural par-delà la sombre sagesse de Qohelet, on repère comment s'indiquent des champs de tension

1. Voir *infra*, p. 163 *sq*.

(amour/haine, paix/guerre, enfanter/mourir, etc.) et des torsions existentielles entre les termes qu'ils mettent en place. Ces torsions qui ouvrent souvent à des rythmes ternaires d'accélération ou de maturation (terre / vie / terre, nudité / vêture / nudité, chabbat / semaine/ chabbat, etc.) sont parfois nommées *techouva*, soit retour, réfection, conversion, *metanoïa*. Cette rythmique contient ainsi la possibilité qu'une plénitude s'accomplisse à chacun de ses battements, à tout instant qu'elle fait vibrer, sans l'assurance d'un achèvement. Elle atteste que le temps porte dans sa rhapsodie une sortie de soi : il peut s'interrompre immédiatement pour que s'ouvre la petite porte ou l'infime seconde de la rédemption.

La rédemption elle-même est prise dans une tension présente et effective avec l'exil du divin qu'elle rédime(ra). Entre la *geoula* et la *gola*, entre l'exil et la rédemption, il n'y a que la différence d'un imprononçable *aleph*, l'infime d'une lettre pré-originelle à quoi est adossé sans la voir ni la savoir le *beth* de notre habitation du monde, l'abîme d'une fracture, une biffure instantanée et non la marche d'un processus. Réparation d'un exil, remise en harmonie du champ de tension, la rédemption n'implique pas nécessairement l'idée d'un rachat des péchés comme le suggère l'étymologie latine et chrétienne. Elle vise une restauration, un *tikkoun*. Là encore, l'histoire de la traduction de ce terme en grec est lourde de difficultés et de malentendus. On peut en rappeler très sommairement les étapes car elles sont significatives des déplacements de sens qui parsèment cette histoire. Le mot choisi pour la traduction en grec, *apokatastasis*, remonte à la cosmogonie stoïcienne tardive. Celle-ci décrit comment l'univers est périodiquement consumé par le feu qui lui a donné naissance, l'ecpyrôse dont parlent Chrysippe et Héraclite avant lui, et comment, non moins périodiquement, il renaît de ses cendres. Un peu plus tard, au IVe siècle, Némésius explique que l'univers ne cesse ainsi de se reconstituer à l'identique : l'histoire se recommence indéfiniment dans les grands rétablissements ininterrompus de toutes choses. Origène le trouve dans les Évangiles[1], où il traduit l'hébreu *tikkoun*. Il le détourne de son acception stoïcienne pour fonder une doctrine non plus du retour perpétuel mais, évidemment, de la fin eschatologique. L'*apokatastasis apanton* provoquera ensuite la fine méditation de Leibniz et marquera l'élaboration nietzschéenne de l'éternel retour du même[2].

1. Un exemple, *Actes Ap.*, 3,21 : « Jésus reviendra aux temps de la restauration universelle annoncés par les prophètes ».

2. Pour davantage de précisions, voir la Postface de M. Fichant à G.W. Leibniz, *De l'horizon de la doctrine humaine. La restitution universelle*, Vrin, 1991, p. 173-178. Cf. *infra*, p. 142 *sq.*

Or le *tikkoun* est étranger à l'idée de palingénésie cyclique. Dans la grandiose version de la création forgée par Isaac Louria au XVIe siècle, il s'inscrit lui aussi dans l'économie générale d'une cosmologie. Dieu le Sans-fin commence par s'exiler de soi pour faire place au monde. En se rétractant sur sa propre profondeur, il laisse des traces infinitésimales. Puis il s'ouvre en un épanchement amoureux et projette l'intense lumière de ses dix émanations dans l'espace, mais les vases qui la contiennent se brisent en raison de la pure puissance de la clarté divine dont les étincelles s'éparpillent dans l'univers et jusqu'au cœur du mal. S'ouvre ainsi le temps des plus terribles dissociations, masculin/féminin, haut/bas, bien/mal, pur/impur, saint/profane, et la Torah se déchire dans ses six cent mille lettres. Le *tikkoun* désigne la retrouvaille des traces et le rassemblement des étincelles, une réparation sans cesse recommencée, un ouvrage à reprendre toujours. Le mythe lourianique met en rapport le drame cosmique qu'il retrace avec l'obstacle ontologique qu'apporte avec elle la création. Renvoyé à l'histoire des hommes, le plan divin ne peut pas se dérouler conformément à sa propre finalité et certains kabbalistes vont jusqu'à affirmer que la création est un désastre stricto sensu puisqu'elle est la geôle des étincelles. Le rassemblement tikkounique n'obéit en tout cas ni à un cycle, ni à la répétition d'une origine, ni à un processus téléologique intégrant ses propres contradictions. Il n'a à faire qu'à la dissémination chaotique du divin dans le monde. La réparation n'a pas de lieu assignable dans l'histoire, elle n'est pas un point de rendez-vous des sujets et des procès. Quand elle semble enfin trouver l'improbable point où se rencontreraient l'espace des expériences et l'horizon des attentes, pour reprendre les catégories de R. Koselleck, c'est pour y subir une cruelle défaite. Les terribles démentis historiques qui lui sont infligés dans des séquences comme celle du veau d'or ou de la destruction du temple, obligent alors à tout reprendre depuis le commencement. La réparation ne peut signifier que le monde a rendez-vous avec son origine puisque cette origine est un rendez-vous manqué. Même si l'on peut dire avec le kabbalisme messianique que « l'origine c'est le but », selon le mot de Karl Kraus souvent cité par Walter Benjamin, c'est seulement au sens où chaque maintenant est l'« origine » infime et démultipliée d'une libération des parcelles divines essaimées dans les êtres, les travaux et les jours. L'histoire est tramée de ces micro-rassemblements tikkouniques contrecarrés et renaissants. Temps et contretemps rythment l'attente : la venue n'est jamais donnée comme le seraient le but qu'on fixe du regard ou l'horizon qu'on aperçoit au loin, elle est toujours promise dans le monde au-delà du monde. Comme et avec la justice qu'elle promet, la promesse se noue elle-même au temps, elle est le temps dans ses fractures et dans ses enfantements, dans son altérité inanticipable.

Le messianisme juif dans son ensemble, y compris la Kabbale louria-nique, on vient de le voir, est caractérisé par l'idée, constante et profonde, d'une promesse messianique scellée comme une alliance des temps dans le temps. Alliance de l'espérance benjaminienne du passé et du souvenir tikkounique de la rédemption, alliance imprédictible dans ses effets du présent et de l'avenir, la promesse messianique annonce une venue et en défait d'avance la figure, elle dit une certitude mais s'élance elle-même depuis son imprévisibilité. Tel est son pacte avec le temps. Tel est son sens proprement messianique, et là se tient la différence spécifique entre promesse et engagement juridique ou serment moral. Ces derniers s'effectuent contre les effets funestes du temps qu'il leur faut conjurer. Ils ont pour but d'ancrer l'inviolabilité de ce qui fut promis hier dans l'intangibilité des termes de son énonciation, ou bien d'annuler le cours inexorable des jours en obligeant qui promet à la stricte prévisibilité de ses actes futurs. Il faut que le temps soit immobilisé, ou comme immobilisé, afin que la fidélité aux conditions de la promesse inscrite dans le serment ou l'engagement puisse être préservée. La promesse messianique tiendrait plutôt dans une fidélité au temps lui-même jusque dans ses perpétuels changements, ses retournements imprévisibles et les déceptions qui semblent le faire sortir de ses gonds ou le réengloutir au contraire dans sa trame moyenne. Ce qu'elle engage, elle l'engage avec le temps, en dépit de lui parfois, contre lui jamais. Sa fidélité est forcément impatiente, voire infidèle, puisque le temps est sommé, à tout instant, d'accomplir ce que sa fécondité promet. Rosenzweig voit là le trait le plus tenace du messianisme juif : « Ce qui fait leur « messianisme », ce n'est pas que les Juifs *espèrent* en la venue du Messie, c'est qu'ils s'entêtent à l'attendre (c'est-à-dire qu'ils mènent une *vie* d'espérance) »[1]. Dans un tel messianisme, le couple d'opposés espérance/déception serait invalidé au profit d'une impatience patiente qui, de chaque instant, attendrait qu'il ouvre sur l'éternité. La fidélité messianique au temps se tiendrait dans cette patiente impatience qui à la fois l'endure et l'exténue, le souffre et s'inquiète, et qui n'est évidemment rien d'« anesthésique », comme dit Péguy, puisqu'au contraire « patienter, c'est souffrir et patienter tout de même, patienter, c'est endurer »[2].

L'origine, c'est le but, c'est-à-dire l'outrebut messianique qui ne s'atteint jamais dans l'anticipation par où l'avenir se présente comme un

1. *Gesammelte Schriften*, Martinus Nijhoff, 3, Dordrecht, 1984, p. 589.

2. Et, « en français, endurer, c'est trouver que c'est rudement dur », ajoute Péguy (« Note conjointe sur M. Descartes et la philosophie cartésienne », *Œuvres en prose complètes*, III, Pléiade, p. 1279).

présent redevenu adéquat à soi, mais qui s'adosse à la passivité d'un passé irrécupérable, d'une outre-origine en quelque sorte. En ce sens-là, il faut dire que l'origine a un avenir, que la genèse réelle n'est pas au commencement, mais qu'elle est au contraire à la fin, comme on peut lire dans les toutes dernières pages du *Principe Espérance*. La promesse qui promet l'origine s'enracine dans une origine immémoriale, et par conséquent non-originelle, qui seule permet qu'on puisse promettre et qu'on le puisse pour l'instant qui vient. Les trois courants du judaïsme rabbinique que distingue méthodologiquement Scholem[1] pour déterminer la question du messianisme jouent variablement sur cette échelle graduée de l'origine, du but et de la promesse.

Le premier courant est le conservateur. Il s'en tient strictement à la Loi et rappelle qu'il n'y a rien à en retrancher ou à y ajouter.

Le courant restaurateur est au plus près de l'espérance tikkounique du passé. Sa qualification peut prêter à confusion bien que Scholem précise que le restauré de la fin est toujours plus riche que le restaurable du commencement. On a déjà dit que la restauration ne consiste pas à faire retour au même de l'origine, mais à en inventer le sens, voire à en réinventer jusqu'à la trace. La transparence génésique de l'origine ne peut être rendue à elle-même qu'au futur qui, seul, peut en quelque sorte contenir l'origine par-delà le temps des opacités historiques, politiques et herméneutiques. Une belle image talmudique le fait ressortir. Ce dont les justes seront gratifiés dans les temps messianiques, c'est « le vin conservé dans les grappes depuis les six jours de la création »[2]. Une inaltération qui ne fut jamais donnée est promise, et elle ne peut être promise que sous cette condition qu'elle n'a encore jamais été donnée, mais conservée, préservée dans une archi-origine : prédonnée, donc disposée à une place « originelle », mais suspendue, donc en attente de sa donation à venir. Qui a bien pu goûter en effet au vin des premiers jours du monde, au secret de la création (vin et secret ont en hébreu la même valeur numérique) ? Le restauratif ne conserve pas un passé déjà donné, déjà joué, afin de le répéter, il tend à le projeter dans la rédemption elle-même, comme tente désespérément de le faire l'Ange de l'Histoire. Pour ce second courant, le futur est toujours plus vieux que le passé, selon une formule de Levinas[3] qui en dit bien la structure temporelle.

Celle-ci obéit au pliement du temps historique en deux. De nombreux textes messianiques en proposent des illustrations tirées de l'interprétation

1. « Pour comprendre le messianisme juif » in *Le messianisme juif. Essais sur la spiritualité du judaïsme*, Presses-Pocket, « Agora », p. 25 *sq.*

2. *Sanhedrin*, 99a.

3. *Op.cit.*, p. 93.

de la tradition. La *Raya Mehemna*, le « Berger Fidèle », qui fait plus ou moins partie du Zohar [1], explique que nous vivons depuis la fin de l'épisode édénique sous le règne de l'arbre de la connaissance du bien et du mal, c'est-à-dire selon la Loi proprement dite qui limite le pouvoir de mort détenu par l'homme et reglémenté prohibitivement par elle. La rédemption fera passer l'humanité du règne de l'arbre de la connaissance à celui de l'arbre de vie qui sera l'état du pur déploiement de la sainteté. De cette théorie des deux arbres [2], certains kabbalistes ont tiré l'idée qu'il y aurait même deux Torah, une Torah de l'arbre de la connaissance qui serait la Loi de ce monde-ci fondé sur l'exil du divin et les déchirements issus du bris des vases et une Torah de l'arbre de vie qui sera la Loi du monde-qui-vient, lorsque toute distinction sera abolie, en particulier celle du permis et de l'interdit. Les sabbatéens concluront de la doctrine des deux Torah qu'appliquer dès maintenant la Torah à venir ne pourra qu'en hâter la venue effective. Les dichotomies des deux arbres, des deux Lois sont structurantes de ce qu'on pourrait appeler globalement la mentalité messianique. Le Zohar en avance d'autres encore : les deux paires de Tables données au Sinaï, les deux temporalités cosmiques de la semaine, de six jours ou de six mille ans, et du chabbat, le temps du monde appelant à son chabbat historique au septième millénaire. La transgression est rendue pensable et praticable en raison de l'intrication des temporalités qui marque le messianisme. Mais son pli ne fait pas césure. Il n'y a qu'un seul temps et c'est ce qui rend la promesse messianique si difficile et l'altérité qu'elle promet peut-être intenable. La fidélité ne peut en effet se partager entre des temps de façon rigoureuse et tranchée. Si le pli messianique entrelace en les pliant les temporalités de l'un et l'autre éons, il n'est certainement pas un dualisme ontologique. Ce monde-ci et le monde-qui-vient ne sont pas des lieux spécifiques, comme le *topos oratos* et le *topos noetos* de la doctrine platonicienne, mais les temps du temps en quelque sorte – formule trop gigogne encore puisqu'il y va ici d'une *temporalisation du temps* permettant de le saisir comme « ce qui arrive » et non plus du tout comme ce « dans » quoi arrive ce qui arrive [3]. Le mot de « monde » trouve peut-être

1. Je renvoie à Scholem, *Les grands courants...*, éd.cit, sur ce point et sur le détail de la description qui suit.

2. Kafka la reprend dans son quatrième *Cahier in-octavo* pour souligner la « tristesse » de cette situation de séparation, cependant abolie dans la « réjouissance » offerte par le fait que « l'instant » de l'arbre de la connaissance vienne « s'éteindre dans la lumière » de « l'éternité » de l'arbre de vie. La « théorie » des deux arbres peut ainsi se marquer existentiellement dans la tension et la solidarité profondes du désespoir et de la promesse (*Préparatifs de noces à la campagne*, Folio, p. 125).

3. Cf Rosenzweig, *La pensée nouvelle* : « *Nicht in der Zeit geschieht was geschieht, sondern die Zeit selber geschieht* » (*GS*, 3, p. 148), formule qu'on peut rapprocher de celle de

ainsi sa place et son juste usage temporel, son sens d'événement-monde. Il correspond en effet dans la tradition à une temporalité, voire à l'ensemble des registres pensables de la temporalisation, depuis l'éternité jusqu'à la brièveté de la vie humaine : *olam*, c'est la durée du temps, toutes les durées de tous les temps, sur le même plan mais plus largement étendues que l'*aion* grec ou le *Welt* allemand ; *ad olam* (qu'avec le latin le français biblique rend par « dans les siècles des siècles » !), c'est, littéralement : jusque dans la durée à venir. Pour mieux dire les deux éons de la tradition, qui ne sont pas deux « mondes » disposés en-deçà et au-delà comme la terre et le ciel, ni deux lieux ni deux segments de temps, il faudrait dire « ce temps-ci » et le « temps-qui-vient-dans-ce-temps-ci », car « le monde... n'est que l'*élément* d'un temps qui excède le monde »[1], comme écrit Schelling. Le temps serait cet excès même, il serait de lui-même déformalisation au sens où Levinas entendait l'expression, soit comme temporalisation, *Zeitigung*, durée, diachronie[2].

Le troisième courant est le courant utopique dont l'attention est tout entière tournée vers le monde-qui-vient, soit le temps qui verra le règne de la Loi de l'arbre de vie. Scholem insiste sur sa constante intrication dans l'histoire du judaïsme avec le second. Restauration et utopie s'entre-déterminent si étroitement, tant dans le midrach que chez les mystiques, qu'elles font ensemble apparaître la dimension *rétroprojective* foncière du messianisme : espérance d'un retour de ce qui ne vint jamais encore, attente d'un nouveau qui aurait les traits d'un ancien, souvenance de l'avenir et rédemption du passé. C'est sur ce fond qu'on doit comprendre pourquoi la tradition est si peu soucieuse d'une chronologie qui s'interdirait l'arbitraire d'un chevauchement quelconque des trois dimensions du temps, c'est-à-dire d'une écriture historique du passé qui en ferait à ses yeux un passé définitivement trépassé. Adam, Abraham ou Moïse eurent la révélation et du passé et de l'avenir, du temps qui est là et du temps qui vient. Le messie sacerdotal, « le prêtre de la fin des jours » c'est-à-dire de la durée à venir, interprète ou réinterprète les visions des prophètes. Remarquons que l'herméneutique rabbinique est souvent un déchiffrement en avant, une actualisation vivante de la parole biblique dans une projection qui irait à rebours de toute historicisation : non pas d'une origine supposée vers son statut textuel élucidé, mais d'une voix aujourd'hui entendue vers sa signification immémoriale, vers sa résonance d'éternité. En restituant heuristi-

Bergson dans *La Pensée et le mouvant*, caractérisant le temps, c'est-à-dire la durée, comme « ce qui se fait, et même ce qui fait que tout se fait » (PUF, Quadrige, p. 3).

1. *Philosophie de la Révélation*, II, trad. sous la direction de J.F. Marquet et J.F. Courtine, PUF, « Épiméthée », p. 160.

2. *Entre nous. Essais sur le penser-à-l'autre*, 1991, p. 263.

quement l'ancienneté d'un texte dans le présent d'une interprétation active, elle aurait la capacité de nous faire les contemporains vivants du passé le plus antique. Assigné à la voix, à la parole parlée, ce mode de déchiffrement d'un sens, projectif, non rétrospectif, pourra également s'appliquer aux événements eux-mêmes, lus comme des textes non encore écrits ou en passe de l'être, soit comme des traces, des *effigia*, et non comme des essences.

Quant aux contenus de l'utopie, ils sont essentiellement marqués, voire brouillés par leur charge cataclysmique. Le passage du temps historique au temps qui suit, aux « jours » (*yemot*) post-historiques ou proprement messianiques selon les commentaires, est douloureux et apocalyptique. La doctrine talmudique, lorsqu'elle distingue entre le Messie fils de Joseph et le Messie fils de David, soutient d'ailleurs que le premier sera emporté dans la catastrophe messianique alors que le second concentre l'utopisme de ce qui a à venir. L'attente elle-même est donc faite aussi de crainte et de tremblement car la venue utopique n'a pas le rassurant aspect d'un procès historique dont les phases et les effets peuvent être déterminés dans le moment même où ils sont attendus. Elle sera inattendue, ce qu'il faut comprendre au sens le plus fort, incontenable dans toutes les représentations produites par l'attente. « Sur les talons du Messie » s'avancent les plus terribles calamités[1]. La soudaineté absolue, le surgissement intempestif de la promesse s'apparentent à une prise par surprise : le Messie arrive sans qu'on y prenne garde, à la façon d'un objet perdu qu'on retrouve ou d'un scorpion qu'on découvre inopinément, dit le Talmud[2], c'est-à-dire ou bien comme le revenir d'un oublié, une reconnaissance d'un genre particulier, où la mémoire retient son propre effacement[3], ou bien comme le saisissement par un inattendu, une inconnaissance. Le rajeunissement messianique du monde, le jugement ou le jour « le plus jeune » comme dit l'allemand, ne peut advenir qu'en une fois et d'un seul coup, dans l'immédiate coïncidence de l'être et de l'avoir-été, de la promesse et de l'intégralité de ce qu'elle contient. S'il échappe aux causalités sans aléas

1. *Talmud, Sanhedrin*, 98a.

2. *Ibid.*, 97a. Ce caractère impromptu est encore plus marqué dans les Apocalypses ou le Zohar où ses conditions semblent parfois absurdes et mélancoliques (« Le Messie ne viendra pas avant qu'Ésaü n'ait versé toutes ses larmes »).

3. On songe évidemment à la drachme retrouvée par la femme de la parabole évangélique et au « souvenir de l'oubli » qu'en déduit le fameux commentaire d'Augustin : « la mémoire retient donc l'oubli; il est là, sans quoi nous l'oublierions; mais dès l'instant qu'il est là, nous oublions…je me souviens de l'oubli même par quoi est aboli tout souvenir » (*Confessions*, XX, chap. XVI). Mais si Augustin insiste sur l'illimitée contenance des « vastes palais » de la mémoire, leur insoupçonnable capacité de rétention et d'emmagasinement, et donc sur la reprise, le Talmud souligne plutôt les effets d'interruption du présent par la retrouvaille en rapprochant l'objet perdu et le scorpion.

construites par les savoirs de l'histoire, c'est parce qu'il n'est pas un « dévieillissement » progressif et proprement monstrueux [1] qui ne ferait que répéter en sens opposé et selon une symétrie inversée le déroulement mécanique du temps. La venue messianique n'a rien d'une réversion tératologique de l'irréversible. Son imprévisibilité est radicale mais n'exclut pas le jeu de causalités faibles car ce qu'elle ne peut prévoir est déjà-là. Les questions que se posent les docteurs en témoignent. Comment les souffrances de l'enfantement et le monde qui en sort se séparent-ils ? Le moment des cataclysmes et la condensation des images utopiques font-ils un unique événement? Si le Messie, né le jour de la destruction du temple de Jérusalem, vit caché aux portes de Rome [2], *où il attend*, comment en révéler la présence ? Que peut bien signifier une présence qui ne se présente pas ?

Le comble de l'utopie messianique est sans doute dans cet apparent paradoxe où s'esquisse la modalité la plus immédiate de la temporalité elle-même : le messie nous attend. Il est *venu* mais il n'est pas *venant* car rien ni personne n'en témoigne. Il nous cherche depuis toujours et nous destine ainsi autant à sa quête et à son attente qu'à le manquer toujours. L'attente elle-même n'est pas encore véritablement attendue et nous ne savons peut-être même pas ce que c'est que d'attendre si nous n'attendons jamais qu'une présentation ou une *parousia* et si, en attendant, nous ne vivons que d'une « vie dans le diffèrement » [3]. Cette différence de la venue et de la venance, sous-tendue par celle de l'étirement sans fin de l'attente (de la venue) et de la temporalisation ou de la déformalisation (par la venance), nul mieux que Kafka n'en a proposé l'énoncé, dans une forme parfaitement midrachique : « le Messie ne viendra que lorsqu'il ne sera plus nécessaire, il ne viendra qu'un jour après son arrivée, il ne viendra pas au dernier, mais au tout dernier jour » [4].

La question classique de savoir si l'on peut « hâter la venue » se pose sur le fond de cette riche ambivalence. La réponse traditionnelle est négative. Il y a en effet quelque chose d'impie à « provoquer l'amour avant qu'il ne veuille », comme dit Rabbi Helbo dans son commentaire du *Cantique des cantiques*, et ses attestations risquent de tomber dans le faux témoignage. En effet, si l'histoire et le temps qui l'interrompt sont incommensurables, toute précipitation risque de retenir ce temps dans le temps historique en croyant le déborder. En même temps, la tentation est toujours forte de ne plus attendre ce qui nous attend déjà et d'accorder ce qui est en friche ou en

1. Voir Jankélévitch, *L'irréversible et la nostalgie*, éd.cit., p. 88.

2. *Sanhedrin*, 98 a.

3. C'est l'expression proposée par Scholem pour signifier « l'existence juive » (*Judaica I*, Suhrkamp, p. 73).

4. *Préparatifs de noce...*, éd.cit., p. 105.

dépôt (*pakad*) à sa vertu d'actualisation, puisque la forme en est rigoureusement imprévisible. L'intelligence du présage déposé (*pekida*) peut consister à en faire dès à présent témoignage, puisque le venu lui-même se voudrait venant. Cette tentation, hâter la « venance », est probablement consubstantielle au messianisme juif dont le cours est saturé de faux messies, c'est-à-dire de messies *venus*. L'apocalyptique annonce en effet le désastre et sa réparation, en bloc. Elle fait du temps de l'histoire le règne catastrophique de l'exil dont il faudrait briser la continuité linéaire par l'advention ou l'invention d'une Torah messianique. Celle-ci ne saurait représenter un progrès par rapport à la Torah halakhique qui prévaut dans ce monde-ci, un « mieux », ce qui n'aurait aucun sens pour un juif pieux. Elle ne signifie rien d'autre que « le *surgissement* d'une transcendance au-dessus de l'histoire » [1]. Comment la tradition juive, si elle est bien adossée à cette historiophobie messianique, peut-elle alors penser son propre rapport à l'histoire ? Et de quelle histoire s'agit-il ?

La mémoire et l'oubli prophétiques

La notion de mémoire, désormais communément et hyperboliquement associée au judaïsme, permet de faire le départ entre l'histoire en jeu dans la ferveur des spéculations messianiques et l'histoire en tant qu'elle traite du temps humain comme temps des choses dans l'espace géopolitique. S'il n'est pas faux de dire du judaïsme qu'il s'éprouve lui-même comme sacerdoce, voire « religion de l'histoire » comme l'écrit Moses Hess et le pensent après lui Heschel ou Funkenstein, il convient de préciser quel est le sens de cette expérience foncière. On a beaucoup insisté, s'agissant de cette dernière, sur un surprenant paradoxe [2]. D'une part le judaïsme fait du passé historique la référence de sa propre croyance et de sa remémoration un commandement positif : « Souviens-toi des jours du passé… » (*Deut.*, 32,7). D'autre part il est remarquable qu'il n'y eut guère pendant de nombreux siècles d'histoire juive endogène, au sens de la constitution d'un champ de connaissances circonscrit dans son autonomie et éventuellement dépositaire de la mémoire vivante. Sens de l'histoire et souci historiographique sont aussi disjoints que souvenir et savoir. La remémoration juive,

1. Scholem, *Le messianisme juif*, éd.cit., p. 35.

2. Y.H. Yerushalmi, *Histoire juive et mémoire juive*, trad. E. Vigne, Maspéro, 1984. On peut remarquer que si les Grecs ont inventé l'historiographie, l'histoire n'a jamais été enseignée dans les écoles de l'Antiquité et les historiens n'ont pas formé de lycée ou d'académie, à la différence des philosophes (ou des médecins), paradoxe qui mériterait aussi d'être interrogé.

en effet, n'est pas la métaphore d'un objet intelligible et elle est très différente sous cet aspect de ses analogues philosophique et historien, l'anamnèse et la reconstruction, la réappropriation et l'archivage. La mémoire, ici, n'est donc ni capacité de représentation ni capacité de rétention. Son sens est strictement littéral : reviviscence, réactualisation, revécu immédiat d'une expérience mémoriale. Michelet disait des commémorations qu'elles étaient des moments de résurrection des morts en leur « vie intégrale » et rappelait, à propos du Moyen-Age, la nécessité savante qu'il y avait à le « remettre debout ». Benjamin redoutait, on l'a vu, que les morts eux-mêmes ne fussent pas en sécurité aussi longtemps qu'on n'attiserait pas pour eux le feu de l'espérance. Péguy proposait qu'on distinguât très strictement entre la mémoire et l'histoire, l'événement moléculaire et sa pétrification en artefact de savoir : « l'histoire est essentiellement longitudinale, la mémoire est essentiellement verticale. L'histoire consiste essentiellement à *passer au long* de l'événement. La mémoire consiste essentiellement, étant dedans l'événement, avant tout à n'en pas sortir, à y rester, à le remonter en dedans. La mémoire et l'histoire forment un angle droit. L'histoire est parallèle à l'événement, la mémoire lui est centrale et axiale »[1]. C'est vers ces pensées qu'on peut se tourner, en quête de quelques éléments théoriques pour une exposition de la reliaison des origines et du présent naturel, du passé présentifié et du moment actuel irradié par le ressouvenir, telle que la produit la remémoration. Du dedans de la tradition, c'est sans doute le prophétisme qui, en exacerbant les signes de l'être-dans-l'événement, en fournit la plus saisissante des expressions et donne ainsi à voir son hétérogénéité à toute chronographie historique. On peut retenir trois maîtres-termes dont l'articulation structure bien souvent l'intervention prophétique : « souviens-toi » (*zakhor*), « et pourtant » ou « malgré tout » (*laken*), « jusques à quand ? » (*ad ana*). Ils s'entr'appartiennent, se codéterminent inextricablement et nous donnent ainsi à voir et à penser l'« angle droit » que forment à leur intersection la mémoire et l'histoire.

L'injonction obsédante d'avoir à se souvenir, à ne pas oublier, vise constitutivement la remémoration d'un événement fondateur, l'Exode. En « faire mémoire » est considéré comme « un décret perpétuel » (*Ex.*, 12,14). L'événement de la sortie d'Égypte est inaugural et matriciel. Il commence une histoire d'émancipations collectives successives dont il est le modèle et l'origine remémorable. La continuité de sa célébration et de sa transmission le change en véritable mémorial, depuis cette première pâque que fut la fin de l'asservissement égyptien. Toutes les autres pâques en revivifient le souvenir. La cène pascale, le *seder*, est l'exercice liturgique

1. *Clio. Dialogue de l'histoire et de l'âme naturelle* in *Œuvres*, III, éd. cit., p. 1177.

de cette transmission. Le scénario en est soigneusement codifié par la *michna* pour servir à la réactualisation d'une expérience de libération. L'ordonnancement général et le récit dit à haute voix metttent en scène la répétition symbolique d'une triple séquence historique : l'esclavage, la délivrance, la rédemption. Chaque participant incorpore les signes de la narration par l'effectuation de gestes ritualisés. Au-delà d'une ressouvenance spirituelle et intériorisée, la remémoration est une représentation actuelle. Elle peut donc agglutiner à ses significations toutes les expériences symboliquement articulées en esclavage-délivrance-rédemption, endurées depuis celle qui les a toutes inaugurées. L'événement de l'Exode métonymise tous les événements qui lui sont homologues. La narration pascale n'est en rien chronologique. Sans doute vise-t-elle un événement, mais cet événement ne saurait faire sens que depuis un fond originaire sur lequel il se détache et il s'inscrit en outre dans la durée des successions et des transmissions, dont les repères sont indiqués par les noms propres des transmetteurs et non par une quelconque datation. L'histoire remémorée est donc bien différente de l'histoire reconstituée. Les sujets qui en font rappel ont à la revivre. Elle ne peut pas étaler chronologiquement des données, elle constelle et simultanéise selon des tracés divers les points lumineux qui sont les signes de la mémoire, ses clignotements discontinus, voire incertains. Leur reliaison trace un rapport ouvert à d'autres moments libératoires qui ont même pu précéder la sortie d'Égypte, comme la création ou la ligature d'Isaac, aux catastrophes et aux émancipations qui l'ont suivie ainsi qu'à l'attente d'une cessation messianique de l'histoire, d'une interruption de son cours désastreux. Le souvenir et l'espérance scellent leur association par la mémoire et l'attente, comme l'indiquent les notions de « livre aide-mémoire » (*Mal.*, 3,16 ou *Dan.*, 7,10; 12,1) et de « germe », nom messianique par excellence (*Zac.*, 6,12-14), qui en permettent les désignations métaphoriques ou symboliques. C'est ce que montre parfaitement le *targoum* de l'Exode dans le *Poème des quatre nuits* : le traducteur araméen relie ensemble les événements qu'il considère comme décisifs dans l'histoire eschatologique du monde et les rapporte à la nuit pascale comme à leur centre, comme si pour lui passé historique et avenir messianique constituaient l'unique objet d'une remémoration seule capable de rendre à toute parole présente sa force d'effectuation, laquelle en signifierait du coup l'irremplaçable fonction. Tel moment passé qui ponctue l'Exode devra donc être reconnu en tant que condensation-type d'un maintenant messianique. Le passé ne se projette pas ni ne se réfléchit dans le présent, car alors il serait définitivement inhumé dans son statut de figure disparue et le présent demeurerait à jamais imprésent. Les deux se téléscopent, s'entrechoquent dans l'instant où le présent se saisit lui-même comme transi par le passé, désigné par lui et par la charge d'avenir qui pèse du coup sur sa « faible force ». Benjamin appelle cette constellation « image » ou « abréviation » de l'histoire de l'humanité tout entière [1], c'est-à-dire des trois dimensions du temps.

De cette puissance d'actualisation portée par la remémoration, le prophétisme est essentiellement la radicalisation, voire l'extrémisation. Il revendique l'Exode ainsi que l'expérience pascale où il est intensément revécu pour appeler à une *autre* sortie d'Égypte dont la première serait l'archétype, « le *zéroième* anniversaire », comme dit Péguy pour signifier par contraste la funeste inversion de l'événement et de la mémoire, du fait historique et de sa commémoration, l'engloutissement solennel de l'histoire dans sa célébration. Car pour le prophète l'engagement de toujours faire mémoire est une promesse sur et pour l'avenir. C'est la sortie d'Égypte qui fut la première fête, une pâque avant toutes les pâques. Autrement, si chaque pâque n'était à son tour la possibilité d'un événement zéro, d'un recommencement du temps, le risque serait grand que les illusions de sortie, les fausses sorties et les souvenirs rejoués n'asservissent pas moins que l'esclavage. Croire en avoir fini avec l'oppression serait plus redoutable encore qu'en subir la perpétuation. L'obligation, restauratrice ou conservative, de se souvenir des « jours du passé » se fait alors injonction utopique de réinventer ici et maintenant l'épopée libératrice, de répondre pour les jours qui viennent. Les prophètes sont donc contraints d'intensifer le geste remémoratif. Ils surchargent la représentation symbolique mise en scène par le *seder* d'une sorte de mime expressif de ce qu'elle représente. Au lieu de simplement disposer des signes, ils se font eux-mêmes signifiants. Jérémie se confectionne des cordes et un joug et les met sur sa nuque, ce qui signifie à la fois, dans un même geste, le mémorial de l'esclavage passé et la mise en garde contre l'esclavage à venir. De même encore, au lieu d'ingérer des éléments signifiants, les prophètes s'incorporent la signification par excellence, la parole écrite de Dieu. Ézéchiel mange le volume roulé déployé devant lui. Osée, en épousant une prostituée, met en scène la prostitution d'Israël et désigne, par son geste insensé, la possible transvaluation du non-amour présent en amour promis. Le prophète scandalise parce qu'il bouleverse les codes de la remémoration pour en finir avec le contentement dogmatique qu'elle peut produire lorsqu'elle s'institutionnalise en rite positif et pour en amplifier l'effet de présence, l'impérieuse requête qu'elle comporte. Le rappel doit avoir l'urgence d'un appel immédiat. La reliaison passera donc par la déliaison de toute forme, y compris celle empruntée par la mémoire. Avec Isaïe, la remémoration

1. « Sur le concept d'histoire » in *Œuvres*, éd. cit., III, p. 430. Cf. le commentaire d'Agamben in *Le temps qui reste*, éd. cit., p. 221-222.

s'outrepasse elle-même dans une injonction à l'éveil, à la mémoire d'un éveil : « Éveille-toi comme aux jours d'autrefois, des générations de jadis » (51,9-10). Que peut être le souvenir d'une vigilance, sinon la vigilance pour aujourd'hui ?

La mémoire, pour être fidèle au plus vif de l'événement auquel elle doit le jour, devra suspendre sa fonction de rétention et de transmission et se projeter dans le non-répétable de la « chose nouvelle ». La remarquable exhortation du prophète somme instamment de sortir d'une fausse mémoire plus périlleuse que l'oubli : « *Ne vous souvenez plus* des événements anciens, ne pensez plus aux choses passées, voici que je vais faire une chose nouvelle, déjà elle pointe, ne la reconnaissez-vous pas ? » (43,18-19). Le « ne... plus » n'invite évidemment pas à se replier dans l'amnésie quiète mais à secouer l'assoupissement aveugle où plongent les commémorations pieuses et vides qui sont le tombeau des événements qu'elles célèbrent. Le prophète rappelle ainsi la vraie valeur d'existence portée par l'oubli, valeur que l'injonction d'avoir à faire mémoire peut parfois dangereusement oblitérer, dès lors qu'elle se contente de rapporter au lieu de vivifier. L'efficience remarquable de cette modulation de l'oubli qu'on appelera prophétique tient à sa puissance d'éveil, c'est-à-dire à sa capacité à rompre la possible léthargie procurée par les mémoires vaines. Buber cite le propos d'un pieux rabbin, quelque peu existentialiste, Baroukh de Metzbig, qui rappellait expressément que l'oubli avait été donné à l'homme pour lui permettre de vivre. Comment comprendre ce propos, comment accepter que l'oubli puisse être un don ?

D'abord, si ma conscience et ma capacité de me souvenir sont à tout instant débordées par la masse immense et chaotique de tout ce qui a été par moi oublié, il se trouve que cette incommensurabilité ne m'écrase pas ni ne m'engloutit. Au contraire, elle agit en moi de telle sorte qu'elle vient déterminer mes capacités propres de mémoire consciente, voire aider à les construire et les stimuler. C'est le rapport qu'elle imprime dans la remémoration même de l'oublié qui rend cette dernière à sa possibilité pratique. Qu'on se souvienne du paradoxe mortel de Funes le « mémorieux » dans la nouvelle de Borgès[1] : son aptitude à la reconstitution en intégrité du passé le plus immédiat requiert un temps égal au temps à reconstituer. Le jour passé à se remémorer le jour précédent est un jour perdu, la répétition mémorielle l'ayant tout entier rongé et aboli, nul espace libre n'ayant été abandonné par l'effacement des « choses passées » et des « événements anciens ». En raison de l'impossibilité performative devenue à lui seul possible, Funes ne peut plus vivre et il ne peut plus penser. Envahie de tous

1. « Funes ou la mémoire » in *Fictions*, Folio-Gallimard, p. 109-118.

les détails du monde et de toutes les différences entre chacun de ces détails, sa mémoire est un « tas d'ordures » et sa conscience « interminable » et « inutile » puisqu'inapte à la régénération par la relâche du souvenir. Penser présuppose donc un oubli, et peut-être même l'oubli d'un savoir. Une fois cette présupposition elle-même oubliée, et il faut qu'elle le soit, on pourra dire que penser, c'est aussi être capable de se souvenir, mais au sens où se souvenir, c'est *espérer* de se souvenir, faire effort contre un oubli non oublié comme tel, et non pas rappeler un réel dans son entièreté. L'anamnèse proposée au jeune esclave du *Ménon* relève au fond elle aussi de ce travail, de cette recherche portée par une espérance de mémoire, par un oubli qui ne désespère pas. On voit à quelle condition majeure Baroukh de Metzbig peut faire l'éloge de l'oubli : il faut que cet oubli ne soit pas interprété comme une perte originaire, comme une inexorable destruction, ni la mémoire comme une répétition intégralement reconstituante ou reproductrice de cela qui fut oublié. En invoquant l'oubli, le prophète va plus loin encore que le rabbin. Il fait appel à une ressource immémoriale qui se tiendrait en-deçà de tout événement remémorable. Il fait signe vers un oubli profond et primordial dont il faut dire qu'il est la condition ou le fond de toute mémoire qui vient trancher sur lui. L'oubli a été donné à l'homme pour lui permettre de se souvenir.

L'*idéalité sans présence* de Derrida[1] ou, d'un autre abord, l'*avération* rosenzweigienne[2] peuvent utilement montrer comment la répétition, le retour et la mémoire ne le sont pas d'un sens inaltéré ou d'éléments strictement identiques, mais de ce qui ne peut pas revenir comme tel. C'est là que la mémoire et l'oubli dessinent à leur tour leur « angle droit ». La remémoration se remémore toujours un événement dont la singularité ne peut pas être réduite ou annulée par la reconstitution. Ceci ne tient pas tant à une limite de la restitution mémorielle ou aux défaillances érodantes de la finitude. La structure même de la mémoire emporte qu'elle ne rappelle jamais le même comme même mais rend possible au contraire qu'il apparaisse dans sa différence avec soi. C'est de cette façon qu'on peut compren-

1. « Cette idéalité porte l'oubli dans la mémoire, mais elle est la mémoire de l'oubli même, la vérité de l'oubli » (*Schibboleth*, Galilée, 1985, p. 65).

2. Par différence avec la preuve (*Beweis*), l'avération (*Bewährung*), « bien qu'elle *ne* soit *qu*'avération, apporte quelque chose à ce qui est à avérer, elle-même justement, l'épreuve de l'*avération*... Tout ce qui est effectif s'avère *comme* effectif en advenant une deuxième fois » (*Ges. Schriften*, éd.cit., 3, p.). *Einmal ist keinmal* dit l'allemand : contre le pur oubli d'effacement de la seule « première fois », laquelle uniquement suspendue à elle-même ne pourrait même pas être « première », la « deuxième fois » fait mémoire d'un oubli, comme dans le conte hassidique où, à la fin, tout est oublié, le lieu, les prières, mais peut être rappellé, raconté comme tel, et surtout avoir le même effet que ce qui a été oublié. On aurait sans doute là une structure fondamentale de la « mémoire » marrane qui fait de ce qu'elle a oublié l'objet d'un souvenir.

dre pourquoi l'avoir-à-oublier du prophète est tout l'inverse d'une inertie ou d'un abandon. L'injonction oblige à se défaire d'une alternative simple entre se souvenir et oublier : il y va plutôt d'une fidélité à ce qui exige de revenir, de se rejouer dans une « deuxième fois », de se véri-fier dans son effectivité, et dont l'oubli délivre positivement la possibilité. « La muse, ce n'est pas la Mémoire, c'est Oublieuse Mémoire. L'oubli est le soleil, la mémoire brille par reflet, réflechissant l'oubli », écrit Blanchot, et il ajoute : « L'oubli est la vigilance même de la mémoire, la puisssance gardienne grâce à laquelle se préserve le caché des choses et grâce à laquelle les hommes mortels...reposent dans le caché d'eux-mêmes » [1]. L'oubli peut ainsi signifier un dépôt de la mémoire dans la confiance, l'abandon et l'accueil, une relâche qui en ferait le vrai salut du souvenir. Sa « vigilance » interrompt en effet la transmission figée, atone, pour redonner au présent et à ses urgences un avenir aussi vif que l'étaient les « jours passés ». L'oubli prophétique serait alors la condition nécessaire d'une ouverture de la mémoire sur l'agir dans l'instant et la garantie qu'elle ne s'immobilise pas en repli sur l'être, en concentration sur un sujet hanté par la masse énorme du passé qui l'oppresse. La mémoire n'est vigilante, et cette veille est précisément l'office que lui assigne la tradition, que si elle est autre chose que le ressassement d'un souvenir du passé où s'exténuerait le présent, un présent comme pur passage du temps, où il s'atrophierait en simple réceptacle d'une *histoire*. Le paradoxe relevé par Yerushalmi – un sens de l'histoire sans souci historiographique, une charge historique indifférente à son traitement disciplinaire – délivre sa pleine intelligibilité à partir du nœud prophétique de la mémoire et de l'oubli. Réduite à ses seuls contenus de représentation mnésique, la remémoration court sans cesse le risque de virer en rappel historique, en musée, voire en mausolée d'une compulsive « fièvre historienne », selon le mot de la *Seconde considération intempestive*. L'oubli défait la chaîne au long de laquelle le mémorial finit par se changer en historial. En interrompant l'historicité de l'histoire, ou tout au moins en délestant le souvenir de ses arrimages chronologiques, l'oubli prophétique congédie l'ensommeillement du monde. Il prononce son « c'est assez » devant ce qui, du présent, dure interminablement et voudrait rendre la mémoire à sa puissance anhistorique de reviviscence de ce qu'il aura lui-même mis en réserve pour l'action. La remémoration n'est active en effet que si elle sait reconnaître, comme ce « guetteur » intempestif qu'est le prophète, ce qui arrive au loin et ne se laisse enclore dans aucun souvenir, dans aucun déjà-vu hypermnésique. C'est l'urgence qui la commande et lui assigne de nouveaux chemins.

1. *L'entretien infini*, Gallimard, 1969, p. 460.

Ainsi surdéterminé par le « ne vous souvenez plus », le « souviens-toi » qui en réfléchit la lumière révèle sa fécondité politique. Il reconvoque les choses passées vivifiées par l'interruption de l'oubli, et les actualise en laissant place à l'advention et à la promesse du temps. Le « jusques à quand » adressé à un présent qui se contente de durer dans sa présence invariable, « inique », « oppressive » et « violente » (*Hab.*, 1,3) signifie cette capacité de la mémoire prophétique à se laisser interrompre et à s'intensifier dans la projection. La résurrection du passé et l'insurrection de l'instant sont les conditions coagissantes de la venue : « Jusques à quand, le temps des choses inouïes ? » (*Dan.*, 12,6).

L'intervention prophétique s'effectue dans ce qu'on pourrait appeler une immédiateté détemporalisée, c'est-à-dire dans un événement qui déplacerait le temps en l'écartant, en se logeant au-dedans de lui, et qui ne viendrait pas simplement se ficher entre deux temps successifs. Elle peut ainsi passer du registre politique concret à l'annonce de l'imminence du renouvellement de l'alliance puis de celle-ci à celui-là, car les deux sont sans cesse superposés et peuvent ainsi à tout instant s'interposer. Le sens de l'histoire si aigu du prophète en court-circuite et en brouille les distinctions chronologiques. La parole prophétique est indissolublement rétroactive et projective. Elle surtemporalise les temps éclatés qu'elle convoque, pourrait-on dire aussi sans risque de contradiction. Dé- ou sur-, en tout état de cause la temporalité historique se voit disloquée et ses déterminations tantôt exacerbées, tantôt déliées, en vertu de ce que Jankélévitch appelait « l'hyperchronie juive ». Par la fulgurance des téléscopages du passé et de l'avenir, le prophète veut produire une interruption, c'est-à-dire insérer dans la durée du temps historique la douleur et le bouleversement de la rédemption. Son intervention est « pathétique » [1] parce qu'il exhibe et laisse finalement pantelante l'antinomie du politique. On comprend que le retour au désert ait été sa constante nostalgie aussi bien que la pure visée d'une régénérescence. Les temps nomades correspondent en effet à un entre-deux où coïncident immédiatement déliaison et reliaison, libération et liberté, où l'histoire est comme suspendue, sans roi ni prêtres, sans législation rigide ni culte ossifié. Mais le présent post-nomadique est toujours pris dans le paradigme égyptien de l'asservissement. Il est ce qui ne saurait continuer à être, ce dont instruit la remémoration. Or il continue à être ce qu'il est, persévérance ontologique farouchement déniée par le prophète. Le troisième terme de la parole prophétique, « et pourtant » (*laken*), signifie ce déni comme un défi (*Jér.*, 32,28-26 ; *Is.*, 64,7 ; *Os.*, 14, 5-8). Il préfigure

1. Abraham Heschel (*Das prophetische Bewußtsein*, Berlin, 1933) opposait la « théologie pathétique » des Juifs à la « théologie apathétique » des Grecs, structurée par les notions d'ordre, de cosmos et d'harmonie.

l'avenir messianique contre les logiques expectatives qui font de l'attente le simple discernement des effets prévisibles d'une cause établie. Le prophétisme est avant tout « une dimension de la parole qui engage celle-ci dans des rapports avec le temps » [1]. Nulle « vision vaine », nulle « prédiction mensongère », « nulle prophétie pour l'avenir » (*Ez.*, 12,27 ; 13,8) dans cet usage d'une parole qui ne cesse de travailler le présent pour en défaire le prestige et les faux-semblants.

Le « souviens-toi » emporte la mémoire vers la rétrojection indispensable à cette déconsidération du présent dont le « et pourtant » signifie toutefois l'envers : il est en effet l'index sans cesse présent de la possibilité instantanée de ce qui était impossible au passé immédiat. Le « jusques à quand » confère à ce double flux la dynamique de son incessant renouvellement.

1. M. Blanchot, *Le livre à venir*, Folio Essais-Gallimard, p. 109.

CHAPITRE III

L'HISTOIRE ET LA POLITIQUE DANS LE TEMPS

Le prophétisme, dans les quelques aspects qu'on vient d'en décrire, peut être vu comme une manière de nouer un certain type de rapport entre politique et histoire et d'en réorienter la transmission. D'une part en effet, il fait apparaître l'antinomie du premier : dans la perspective prophétique, le politique serait le lieu où l'attente se fige dans une institution qui lui donne refuge, où la justice se convertit en droit. Ce lieu présent d'une représentation, d'une présence pleine, achevée, sans reste ni ouverture, l'intervention prophétique doit cependant le traverser pour être elle-même et en faire le lieu du bouleversement prophétique. D'autre part, l'histoire est sanctionnée, voire exhaussée par cette traversée prophétique de la politique, mais seulement en tant qu'elle est ce qui permet et produit le surgissement de sa propre extériorité messianique, ce à quoi se mesure toute exigence d'inconditionnalité anhistorique. Le prophète fait de la politique, si l'on peut dire, mais pour déborder l'autonomie et le fonctionnement immanent de son règne, pour excéder sa totalité et son présent empiriques. Il s'inscrit dans la dimension de l'histoire mais pour en destituer le faste, qui peut aller jusqu'à sa divinisation idolâtrique et, d'une certaine façon, la rendre à sa propre historicité, car aucune histoire ne pourrait se constituer à partir de structures d'historicité strictement réductibles à leur propre originarité, dans lesquelles la transmission et la possibilité même de la mémoire ne seraient pas liées à la singularité d'un événement. S'il est annonce, le prophétisme l'est d'une certaine extériorité, du politique qu'il rappelle au politique, de l'histoire qu'il signifie à l'histoire. On pourrait dire qu'il incarne une pratique dynamique du pli messianique en veillant à ce que la différence qui a à venir ne puisse jamais être rabattue sur l'ici qui est là. Cette pratique est une pratique de la parole et du temps qui déplace les usages convenus de l'une en en surchargeant la signification et qui bouleverse l'ordre séquentiel de l'autre. Ce que dit bien souvent le prophète, c'est que l'altérité de ce qui a à venir est déjà là et que ses contemporains ont oublié le futur. Et même lorsqu'ils sont fidèles à l'injonction d'avoir à se souvenir, le prophète leur rappelle inlassablement que dans souvenir, il y a venir. Si le surgissement messianique du nouveau s'enracine dans un passé, ce passé échappe à la seule prise mémorielle et peut ainsi se relancer dans les fractures et les altérations du devenir.

Cette détermination prophétique du rapport politique/histoire articule « pathétiquement » les catégories temporelles du messianisme. Elle en fait des modalités finies de l'existence, des extases vécues du temps. L'utopie peut avoir la nostalgie des « jours passés ». La remémoration peut être un oubli. L'impatience doit savoir durer. L'espérance est une espérance contre, comme l'indique le *laken*, soit une espérance quelque peu désespérée, conformément à sa structure la plus précise. Ces catégories, ces modes de temporalisation vont entrer en conflit ou en concurrence avec les philosophies de l'histoire issues, selon des médiations plus ou moins consistantes, de la sécularisation du paradigme messianique.

Il faut donc revenir sur la question du statut philosophique de l'histoire et sur tout ce qui est emporté par elle afin de mieux comprendre ce qui a déjà été indiqué par touches disparates quant à l'opposition de la temporalité messianique – avec ses interruptions, ses entretemps, ses suspens – et des figures dialectiques mises en œuvre par les philosophies de l'histoire dès lors qu'elles ont l'ambition d'élucider les processus historiques en en déchiffrant la rationalité. En essayant de retracer ce cheminement du messianique dans l'histoire philosophique des philosophies de l'histoire, ses pertes et ses retours, on est bien obligé de commencer par Hegel. On insistera surtout pour le moment sur le contraste formé par sa pensée du temps historique avec celle de Schelling car il faudra ultérieurement considérer la métaphysique hégélienne de l'inquiétude du temps. S'agissant du temps historique et du messianisme, le couple Hegel/Schelling est philosophiquement matriciel. Il forme en effet une règle de pensée à deux curseurs où s'indiqueraient des positions et des déplacements.

HEGEL, SCHELLING : ÉTAT ET POLITIQUE

Le projet philosophique hégélien considère le Vrai comme un Sujet absolu. Celui-ci ne laisse rien en dehors de lui justement parce qu'il n'est rien de substantiel : l'Absolu est Procès. Si l'Histoire est l'incarnation de l'Esprit, c'est que l'Esprit est lui-même son Histoire. Il n'est pas un ensemble stable de facultés cognitives mais leur mouvement, le mouvement de l'Idée lorsqu'elle retourne en soi, après y avoir demeuré dans son identité puis s'être extériorisée dans ses différences. C'est donc parce que l'Esprit est son Monde que l'Histoire peut être comprise comme l'acte par lequel il va se façonner. Son « existence géographique et anthropologique » se donne la forme de « principes naturels immédiats » dévolus successivement à tel ou tel « peuple particulier » [1]. Elle va donc se fixer dans l'accomplissement du « principe » selon des dominances variables et une progressivité différentielle. Un peuple aura ainsi « mission » de réaliser son « époque » comme ce qui « correspond » à sa propre réalisation dans telle époque particulière. Mais comme l'Absolu ne peut être qu'à la fin ce qu'il est en vérité, comme il est résultat, le mouvement de l'Idée emporte un mouvement de l'Histoire qui la réalise comme Esprit conscient de soi. Sous cette fin universelle qu'est « l'accomplissement de l'œuvre totale » sont donc subordonnés les « esprits des peuples », les moments singuliers du développement de l'Esprit du monde dans le temps et dans l'empiricité. Les différents peuples sont donc promis, chacun à son heure, à leur triomphe mais ils sont voués à en éprouver la nature éphémère car ils ne sont que la particularité par où l'universel se réalise, les ouvriers attelés au « métier bruissant du temps » par où « se tisse le vêtement vivant » de l'histoire[2]. Chacun en effet, selon ses déterminités qualitatives, « ne peut faire époque qu'une seule fois » et, face au « droit absolu » qui est le sien puisqu'il est « le représentant du degré actuel de développement de l'Esprit du monde, les autres peuples sont sans droits, et ceux-ci aussi bien que ceux de l'époque passée ne comptent plus dans l'histoire universelle » [3]. « Faire époque » consiste donc, comme l'indique l'étymologie, à suspendre un mouvement en le rassemblant tout entier dans un moment de relance. Qu'est-ce que compter dans l'histoire universelle pour un peuple ? C'est pouvoir s'objectiver dans le monde extérieur comme volonté libre, disposer d'un droit propre, d'une sphère politique autonome et donc essentielllement d'un État, lequel, en réconciliant l'individuel et l'universel, incarne l'Esprit objectif. Un peuple ne pourra être dit tel que si un gouvernement l'unifie, le rapporte à soi dans un espace donné et que si, du coup, il peut être précisément regardé comme un État. Alors, il portera « l'Esprit dans sa réalité substantielle et sa réalité immédiate » et représentera « la puissance absolue sur terre » [4].

1. *Principes de la philosophie du droit*, Vrin, éd. 1986, trad. Derathé, § 346.
2. *Faust*, v. 508-509.
3. *Principes de la philosophie du droit*, éd. cit., § 347. Cf. également *Encyclopédie*, § 549.
4. *ibid.*, § 331.

À chaque « étape » du développement de l'Esprit du monde, un seul peuple domine et un seul État incarne l'Esprit. Les autres s'étiolent, disparaissent au gré des guerres civiles ou extérieures ou encore sont absorbés par le peuple qui « en tant qu'État » a un droit de prise sur les autres peuples, lesquels, désormais sans État, sont comme des choses sans maître. Mais comment penser à la fois l'exclusivité de l'incarnation de l'Esprit dans un seul État et la multiplicité empirique des États ? Dans et par le mouvement même de cette pensée, explique Hegel, en s'en procurant pour elle-même l'expérience et la réflexion dans l'unité. La représentation que se font les États de l'accroissement de leur puissance particulière les oblige à transposer le mode de coexistence des individus sur le plan général et collectif d'une active entr'hostilité. La guerre est en effet « le moment où l'idéalité de ce qui est particulier obtient son droit et devient réalité », le moment où l'idéalité externe et contingente rencontre l'idéalité interne de l'État comme « moments organiques d'un tout » [1]. C'est d'ailleurs à ce titre qu'un peuple pourra accepter de sacrifier son bien-être et sa vie afin de se donner une existence politique organisée par une raison d'État.

Selon la nécessité de ce mouvement qui consiste à retracer l'histoire effective de la politique universelle dans la processualité finaliste de l'Absolu où prend place le devenir de l'Esprit, l'État se transforme en Empire. Hegel distingue, comme on sait, trois Empires qui se sont succédé devant le Tribunal de l'Histoire et sont en train de laisser place à la quatrième et la plus haute incarnation possible de l'Esprit universel, l'État germanique, soit en une certaine interprétation discutable mais parfaitement symptomâle, la fin absolue ou relative de l'histoire, le « moment où sera réalisée la synthèse du maître et de l'esclave, cette synthèse qu'est l'homme intégral, le citoyen de l'État universel homogène » [2].

Par-delà leur férocité polémique, les critiques marxienne et nietzschéenne de ce finalisme providentialiste ont fait apparaître la philosophie hégélienne de l'histoire comme la figure achevée de toutes les philosophies de l'histoire en tant qu'elles sont la sécularisation continue des théodicées et des sotériologies. Hegel, plus destinalement encore que Goethe, donne corps à l'Église invisible de Jean en lui fournissant le concept dont elle est la réalisation, l'État. La fonction de celui-ci est d'épuiser dans l'ordre de l'Esprit objectif la religion du Logos. Il se trouve ainsi impliqué dans une métaphysique de l'Absolu qui le voue à une tâche gigantesque. Il lui faut dépasser pour les réaliser le droit abstrait et la moralité subjective d'une part, c'est-à-dire son propre en-deçà privatif tout comme son au-delà

1. *Ibid.*, § 324, add. ainsi que *Des manières de traiter scientifiquement du droit naturel*, ouvrage auquel renvoie Hegel lui-même.

2. A. Kojève, *Introduction à la lecture de Hegel*, Gallimard, 1959, p. 172.

moral, et d'autre part, et en parallèle, les tentatives inabouties d'accomplissement qu'en sont le catholicisme et son droit romain, et le protestantisme et son intériorité.

On reconnaît sans mal l'œuvre des grandes catégories intégratrices de la téléologisation du messianisme, portée au plus haut niveau de conceptualité. Le travail de la négativité investit l'histoire pour en faire le lieu d'une réalisation qui opère par incarnations successives et successivement niées, rendues caduques comme des peaux mortes. L'État est l'agent de cette réalisation qui réalise « l'Idée éthique ». La réalisation étatique consiste à faire passer de l'intérieur vers l'extérieur, à actualiser et transcrire dans l'Esprit objectif les réconciliations des religions positives ou des morales sans réalisation. La réalisation hégélienne est une conquête de l'extériorité par une Raison qui en épuise continuellement les ressources et ne peut avoir aucun au-delà de soi puisqu'elle est elle-même cette conquête et que celle-ci est tout à la fois « insatisfaite » et « irrésistible »[1]. L'extériorité est reconnue au sens où on reconnaît un territoire avant de l'approprier. Tant qu'elle demeure inappropriée au concept, elle n'a pas d'existence effective. La réalisation doit rendre chaque détermination adéquate à elle-même, en l'unissant d'abord à son autre par la médiation, puis en la produisant pour elle-même à la fin. Tout a à devenir *sich selbst*. Contrairement à ce que fera valoir la *Wirklichkeit* schellingienne, n'est effectif selon Hegel que ce qui, à travers son existence particulière, correspond à l'universalité du concept censé se réaliser en lui. Exister purement et simplement ne suffit pas pour atteindre au rapport de l'effectivité. Ainsi de l'existence des peuples sans État : « En ce qui concerne un peuple nomade ou d'une manière générale un peuple qui n'en est encore qu'à un niveau inférieur de civilisation, on peut se demander dans quelle mesure il peut être considéré comme un État. Le point de vue religieux (comme c'était le cas autrefois du peuple juif et des peuples mahométans) peut présenter une opposition plus considérable encore puisqu'il ne permet pas cette identité générale »[2]. Ainsi encore de toutes les formes de réflexion se justifiant à partir des libertés individuelles : puisque l'Esprit se conçoit et s'objective dans l'État, celui-ci apparaît nécessairement comme la forme objective de l'Esprit. Il conserve la liberté, ou plutôt les libertés, en les surmontant. Il en supprime en effet la fausse individualité et l'immédiateté en les subsumant sous son universalité conçue en et par soi. La vraie liberté advient donc socialement par la médiation étatique qui la réalise et la rend adéquate à la fonction que lui assigne l'universalité de l'intérêt commun. La vraie liberté se supprime en se réalisant ou se réalise en se supprimant puisqu'en abdiquant son

1. *Phénoménologie de l'esprit*, éd. cit., p. 85.
2. *Principes de la philosophie du droit*, éd. cit., § 331.

propre élan, ses «intérêts», elle les rend effectifs sous le mouvement de l'universel.

La pensée politique de Hegel, dans les propositions analytiques qu'en formule en particulier la *Philosophie du droit*, constitue une butée infranchissable. Elle marque en quelque sorte la fin de toutes les philosophies politiques qu'elle réalise. Mais en même temps, selon le double sens de la fin ou selon la ruse emportée par tout accomplissement, la politique disparaît dans la philosophie hégélienne de l'État, de la même façon que la pensée hégélienne du vrai comme processus immanent de constitution totale d'un système de déterminations logiques se voyait conduite à détemporaliser l'histoire. Si on tient en effet que la politique a à faire avec des volontés qui se fixent des buts à venir, qui adhèrent ou non à des normes, qui se représentent des idéaux, elle n'a plus d'objet dans l'État hégélien car, autrement, il ne serait plus la «réalisation de l'Idée éthique». Poser l'Idée de l'État comme séparée des volontés individuelles revient à faire droit à un formalisme politique qui est peut-être le fin mot de toute la philosophie politique moderne et qui est, chez Hegel, un formalisme de l'État: les corps intermédiaires, la «société» et ses instances critiques, ont rang d'éléments subordonnés de l'ordre universel de la moralité instituée et ne peuvent qu'être absorbés par lui[1].

Penseur de l'intensité de la pensée[2], Hegel intègre jusqu'à son terme la sécularisation du messianisme qu'il accomplit dans la forme de la philosophie de l'histoire et dont, avec l'État, il construit le concept. On peut au moins partiellement trouver dans la pensée schellingienne du politique le contre-point de cet accomplissement, ou son ébranlement, et par conséquent un certain maintien du messianique auquel elle fournit fragmentairement un substrat philosophique. Schelling retombe bien des fois dans l'ontologie traditionnelle de l'essence et de l'existence. Mais, en se dégageant de tout immanentisme dialectique, sa pensée du politique travaille quasiment à fronts renversés par rapport à l'ontologie politique hégélienne qu'elle ne peut certainement pas invalider, puisqu'au fond elle n'est pas invalidable, mais qu'elle parvient à déplacer et, ainsi, à faire bouger.

De façon à peu près continue au cours de sa longue carrière philosophique, Schelling dénonce l'inanité de toute croyance à la réalisation par l'État du Ciel sur la Terre qui épuiserait tendanciellement les contenus de la

1. Difficulté aperçue par M. Hess: si «le concept d'État [hégélien] coïncide avec celui de société humaine absolue», comment «penser la société humaine absolue en la fixant en un lieu et un temps déterminés» (*Socialisme et communisme* (1843), trad. *in* G. Bensussan, *Moses Hess, la philosophie, le socialisme*, PUF, 1985, p. 170).

2. Soit d'une «intensification du concept qui, à sa plus haute puissance, demeure concept, sans que par là fût donnée un passage à l'être-là *effectif*, à l'existence» (Schelling, *Philosophie de la Révélation*, I, tr. sous la dir. de J. F. Marquet et J. F. Courtine, PUF, 1989, p. 93).

sphère religieuse en les transposant dans l'Esprit objectif. Quelle que soit sa forme en effet, l'État est pensé par lui comme le lieu d'une transformation monstrueuse du moyen en fin. Ce coup de force, qui signale une malédiction et prouve en quelque sorte la chute, donne la clé de la « contradiction interne » du politico-étatique[1]. Il permet en outre de comprendre pourquoi l'État est l'instrument d'un asservissement qui arase la liberté individuelle, sur quoi insistent plutôt les textes de jeunesse, ou l'objectivité du procès historique, ce que met davantage en relief la dernière philosophie. Même s'il se donne comme la figure objective d'une volonté qui se veut en soi et pour soi, sous laquelle il travestit son autofinalisation, l'État, selon Schelling, se tient en fait purement dans l'extériorité formelle. Il peut être juste, mais d'une justice externe et factuelle. Il peut s'inscrire dans la longue durée historique, mais il ne cesse d'être travaillé par la précarité de son existence et la conscience funeste de sa nature éphèmère. Cela tient à ce qu'il a « sa fin dans un autre » : l'imperfection du politico-juridique n'est pas contingente, elle est constitutive[2] et l'illusion de l'État est de croire qu'il peut être à lui-même sa propre fin, ce qui lui ôte paradoxalement ses finalités propres. Il ne peut donc y avoir *un État de la Raison* mais seulement *des États de l'entendement* et de la nécessité. L'État n'est pas une « Idée », au sens d'une représentation de la raison portée par ses intentions pratiques, mais un ordre externe plus ou moins raisonnable et doté de la puissance coercitive. Les philosophies politiques de la raison, ou les philosophies de la raison politique, le droit naturel en particulier, aboutissent toutes au despotisme, celui de l'État commercial fermé de Fichte par exemple. La liberté s'y soumet à une forme extérieure, physico-mécanique, au lieu de faire valoir contre l'État son propre dynamisme de subversion. Schelling va même jusqu'à admettre, contre ses sympathies politiques les mieux affirmées, que « le caractère universel et l'adhésion qu'ont trouvés [les] doctrines [révolutionnaires] » sont justifiés par « l'effort de l'homme pour surmonter la pression de l'État »[3]. Il se refuse donc avec conséquence à faire d'une forme étatique quelconque, fût-elle la plus parfaite, « le but de l'histoire des hommes ». « En tant que communauté purement extérieure, purement factuelle, ...l'État ne peut pas être but...tout comme l'État le *plus parfait* ne constitue pas la fin de l'Histoire...Il y eut une époque où il était naturel et pardonnable de penser, comme fin de l'histoire, un idéal, et de

1. *Conférences de Stuutgart* in *Œuvres métaphysiques*, trad. J.F. Courtine-E. Martineau, Gallimard, 1980, p. 155 (*Schellings Werke*, éd. Schröter, VII, p. 461).

2. *Introduction à la philosophie de la mythologie*, trad. sous la direction de J.F. Courtine et J.F. Marquet, Gallimard, 1998, p. 510 et n. 3 p. 511 (*SW*, XI, 553); il n'est pas sûr pourtant, comme l'écrit Schelling, que « Kant ne voit pas l'imperfection de la Loi » et que, sur ce point, « son sens critique l'abandonne », on verra plus loin pourquoi.

3. *Ibid.*

chercher celui-ci dans l'État le plus parfait, dans l'État du droit accompli… C'est un faux présupposé que d'admettre, au sein de ce monde, un état qui, étant idéal, devrait nécessairement être aussi permanent et éternel, alors que nous voyons que ce monde, en tant que simple état, ne peut subsister. L'ordre actuel n'est pas un but, il est seulement là pour être dépassé »[1]. Dépassement non-dialectique, on l'aura compris, puisqu'il signifie qu'un surmontement est à l'œuvre dans les profondeurs d'un monde qui ne se laisse pas réduire à l'apparence de progressivité lisse qu'il présente à ceux qui croient y voir l'accomplissement d'un idéal ou l'idéalité en train de s'objectiver. Naguère « pardonnable », la logique dialectique semble avoir fait son temps pour le vieux Schelling. Son refus radical de la philosophie hégélienne de l'État est portée par une critique de très longue haleine de la dialectique, de ses modes et méthodes, où les anti-hégélianismes postérieurs vont puiser beaucoup de leurs motifs.

« Rien n'est plus concevable que le concept » et, par conséquent, « qui veut penser sur la pensée cesse par là même de penser »[2] : c'est de cette détermination négative de la question de savoir ce qu'il convient d'appeler pensée, que procède le déni schellingien de « l'immaturité » dialectique. Celle-ci néglige gravement « la réalité de la force », souligne Schelling qui rappelle que les Grecs, s'ils sont bien les pères de la dialectique, avaient néanmoins su aller au-delà d'un exercice simplement logique de la contradiction et en apercevoir l'enracinement ontologique, ce qui vaut peut-être pour les Anciens en général, si l'on se rapporte à la nature de cette « contradiction contrariante qui résiste à une résistance préalable » qu'indique la *tohakha* de l'hébreu[3]. L'irrésistibilité de la dialectique est l'indice le plus patent de son infiabilité. Schelling est à coup sûr, comme le vit Heidegger, un penseur qui « pense forces »[4] et qui exerce sa pensée comme ce qui se heurte à de l'insurmontable, comme cette épreuve même. Ses déterminations de concepts ne sont jamais fixes, elles tendent plutôt aux concepts, à l'affût de l'instant qui verra la chose venir d'elle-même à elle-même dans le

1. *Ibid.*, *Introduction…*, p. 508-509, *SW*, XI, 551-552. Schelling voit le monde comme un temps ou un « âge » plutôt que comme un lieu, ce qui est conforme à l'étymologie hébraïque de *olam*. Ceci est un point central de l'analyse schellingienne de la temporalité : le temps de ce monde-ci, de cet âge-ci du monde, est un temps arrêté, suspendu, une véritable *époché* du temps (voir, entre autres, *Philosophie de la Révélation*, III, PUF, 1994, p. 128-129).

2. *Introduction à la philosophie*, trad. M.C. Chailliol et P. David, Vrin 1996, p. 84 et p. 38

3. R. Draï, *La pensée juive et l'interrogation divine. Exégèse et épistémologie*, PUF, 1996, p. 312, qui rappelle que le mot est construit sur la racine *kh* qu'on retrouve dans *koah*, la force.

4. *Schelling.Le traité de 1809 sur l'essence de la liberté humaine*, trad. J.F. Courtine, Gallimard, 1977, p. 170 : « Schelling ne pense pas en terme de « concepts », il pense forces…il pense au sein du conflit des puissances pour lesquelles aucune possibilité de compromis ne peut jamais être trouvée grâce à un quelconque procédé conceptuel ».

temps de la pensée. Sa philosophie positive consiste en une pensée « effective » ou « objective », c'est-à-dire une pensée où le sujet pensant ne peut simplement se donner un objet qu'il viserait dans la maîtrise et l'adéquation, une pensée qui maintiendrait au contraire ce qui lui résiste dans sa résistance, sans le métamorphoser en devenir-autre d'elle-même. La contradiction n'est pas une catégorie logique mais *une différence purement temporelle*. En contredisant ce qui lui résiste, elle instruit de ce que la pensée se déploie contre des massifs de facticité qui lui sont extérieurs et antérieurs. Comme la liberté n'a de sens que comme ce qui pousse l'obstacle d'une nécessité, penser, c'est toujours faire l'épreuve et l'expérience d'une liberté confrontée au temps et à l'incertitude.

Pour Schelling, la temporalité est une détermination de l'être en tant qu'*inadéquat* au concept[1]. Est en effet temporelle toute chose qui n'a pas la parfaite possibilité de son être en elle-même, mais en un autre. Les différences temporelles ne peuvent être réduites à des distinctions logiques. La dialectique en revanche ne reçoit son sens qu'à partir d'une identité indivise où chaque point du flux temporel est également co-rapporté à tous les autres et où chaque dimension temporelle ne fait que participer à la négation déterminée de la totalité. Aussi n'a-t-elle pour contenu que de la pensée, c'est-à-dire elle-même. Elle ne se heurte qu'à ce qu'elle peut d'avance convertir dans sa propre monnaie logique. Elle a donc la facilité et la belle majesté des démonstrations géométriques. Elle peut déduire les propriétés de ses objets par la seule opération de sa pensée, laquelle, occupant tout l'espace entre l'objet et la détermination de ses propriétés, peut aisément les rendre homogènes l'un à l'autre par simple médiation, par la seule activité d'une conscience qui fait de l'intermédiation sa vérité et la vérité. Ce qui peut convenir pour la recherche des propriétés d'un triangle s'avère gravement défaillant lorsqu'il s'agit de l'État. La pensée dont la vocation la plus originelle est de se diriger vers ce qui lui est le plus extérieur ne peut plus alors se contenter d'avoir « seulement à nouveau la pensée même » pour résultat[2]. Toute retemporalisation du penser passera par une nécessaire désabsolutisation de la logique. Lorsque, dans les *Recherches sur l'essence de la liberté humaine*, le politico-étatique est défini comme « la violence qu'exerce en cette vie l'extérieur sur l'intérieur »[3], il ne peut s'agir d'une inversion de type logique qu'on pourrait inverser à son tour. La négation d'une négation ne nie jamais qu'en pensée, le marxisme fut contraint d'en faire l'implacable apprentissage. Elle ne sait

1. *SW*, VI, p. 158-159.

2. *Contribution à l'histoire de la philosophie moderne*, trad. J.F. Marquet, PUF, 1983, p. 160 (*SW*, X, 141).

3. *Œuvres métaphysiques*, éd.cit., p. 237 (*SW*, VII, 459-460).

pas, elle ne peut pas excéder les limites de la pure raison, alors que la pensée s'efforce d'approcher un quelque chose qui cherche confusément à sortir de ces limites. La violence de l'inversion étatique dit une réalité effective, celle de l'État, celle d'une finitude érigée en être-soi, celle d'une puissance exercée par du non-étant sur de l'étant.

En pensant le politique dans son opacité et sa pesanteur réelles et l'État dans son immédiate épaisseur oppressive, Schelling invente un certain nombre de catégories efficientes qui sont aux antipodes de l'idée hégélienne d'unité vivante. Il s'agit en effet pour lui d'élucider théoriquement ce fait impensable que les rapports inversés de l'existence et de ses conditions puissent être une unité effective, que « l'unité simplement extérieure » de l'État puisse tout ensemble être unité et fausseté, « fausse unité », et que cette « vie fausse » menée par l'extériorité du politique soit malgré tout « une vie propre » substantiellement existante. Ces éléments développés dans les *Recherches* et la philosophie dite médiane de Schelling, le « tout disjoint » par exemple, ou encore le « surmonté mais non anéanti », constituent les cadres d'une pensée non-dialectique que peut reprendre en charge, nous le verrons, la constellation notionnelle qu'indique le pli messianique et les écarts, les dyschronies, qu'il décrit. Ces cadres et ces catégories donnent à penser en profondeur la réalité effective d'une inversion et la positivité d'un monde à l'envers, ce monde-ci. Le tunnel que décrit Kafka dans ses *Considérations sur le péché, la souffrance, l'espoir et le vrai chemin*, dans lequel sont retenus les voyageurs de chemin de fer que nous sommes tous, fournit le symbole, au sens strict, de ce monde à l'envers arrêté dans son inversion, plongé dans les ténèbres kaléidoscropiques d'une lumière absente. La délivrance des voyageurs n'est ni assurée ni impossible. Le point de vue de la « mélancolie de la finitude », comme dit Schelling lui-même, correspond au messianisme actif et négatif développé dans ces pages de Kafka, à cette symbolique par où une situation, celle des hommes au cœur de l'être, est signifiée à la pensée.

En nouant les questions de la dialectique et de la consistance du politique autour de la temporalité, en proposant de penser l'opposition de l'absolu et du fini dans l'État en la référant à la consécution des choses et des êtres singuliers qui seuls connaissent la durée, en replaçant la libre décision dans l'existence réelle, l'effort schellingien rencontre la question de l'historicité elle-même. Le dernier Schelling va en effet tenter d'opposer au panlogicisme et à la philosophie de l'État une construction où théologie et philosophie se conjoignent pour envisager l'histoire comme étant positif et son mouvement comme inclôturable.

Si le temps est un facteur intensif et alogique, non-homogène à la raison, l'histoire est faite de passages non-idéels, de négations et de contractions, d'arrêts et de reprises, de « salut et de péril ». Autre de la pensée, les hommes ne peuvent y reconnaître simplement quelque chose qu'ils auraient *fait*. C'est cette étrangeté de bruit et de fureur qui constitue leur expérience de l'histoire et non, comme dans la phénoménologie historique de Hegel, la contemplation d'une objectivité dans laquelle ils pourraient se retrouver comme dans ce qu'ils auraient produit. La conscience se tient dans la différence d'avec ce qui la conditionne et qui est inconditionné, elle renvoie à une condition inconditionnée, elle ne peut régir sa propre histoire. Elle ne peut reconnaître comme siennes les péripéties du temps historique ni se ressaisir dans l'autocontemplation de la dynamique de leurs identifications. Ceci signifie qu'il y a une compacte épaisseur de l'agir collectif et seules les superstitions logiques croient pouvoir en appréhender les contenus en termes de légalité objective. « Là où tranche l'action », les idéalistes « voudraient tout arbitrer au moyens de concepts universels et pacifiques et représenter comme une pure et simple succession de pensées une histoire où l'on voit alterner scènes de guerre et de paix, joies et souffrances, salut et péril… »[1]. Ce sont ces scansions temporelles écrasées par le temps historique plat, ces temps du temps du *Qohelet*, que manquent les pensées de la processualité. En se représentant le temps comme une « concaténation à l'infini de causes et d'effets », véritable et monstrueuse *Ungedanke*[2], elles ne voient pas le caractère d'absolue nouveauté de tous les inattendus qui surviennent. Leur échappe l'entreconditionnement de l'action et du commencement, de l'actualisation par un sujet de la possibilité qu'arrive du neuf et de ce qui fait rupture dans la « concaténation ». Les conditions de possibilité d'une connaissance de l'histoire effective dégagées de l'illusion rationaliste sont ici énoncées. Le « connais-toi toi-même » de l'histoire humaine pourrait alors être autrement reçu que comme un « fonde-toi toi-même ». Immémoriale, imprépensable et donc d'une certaine façon *supra*-historique ou rapportée à une extra-historicité, l'histoire transit la conscience. Une force lointaine et immaîtrisable frappe la raison historique sans tout à fait l'empêcher de retrouver dans le monde les traces d'une provenance très ancienne, mémoire immémorable d'une relation originaire plus ancienne que toute origine, oubli qui précède le souvenir. L'usage kafkaien du paradigme édénique le rappelle : le Paradis n'a pas été détruit après qu'Adam et Ève en ont été chassés. Notre humaine destination s'est changée après la manducation de la pomme, mais pas celle du Paradis. Il demeure, comme un « lointain », peut-on lire dans les *Considérations*. Et c'est cela qui déterminerait et le progrès et l'histoire et le temps. Croire vraiment au

1. *Weltalter*, III, p. 583.
2. *Ib.*, II, 119 ; trad. Pascal David, éd. cit., p. 143.

premier, c'est croire qu'il n'a encore jamais eu lieu. Rien dans l'histoire n'est encore advenu puisque nous aspirons toujours à l'autre de toute histoire. À chaque instant écoulé correspond aussi quelque chose qui est hors du temps et le relance.

Ouverte sur cette contiguité avec le messianisme kafkaien, la détermination schellingienne du rapport de la politique et de l'histoire semble devoir déboucher sur une réappropriation pratique qui serait tout autre chose qu'un dépassement dialectique. Or la politique est hors d'état de la rendre effective car elle ne relève pas pour Schelling d'une action, au sens arendtien par exemple, mais d'une fabrication éphémère qui ne serait qu'un simple artefact rationnel et qui interdit de penser que les hommes sont de part en part définis par les urgences et les nécessités du politique. On a là une évidente aporie qui toutefois stimule plus qu'elle n'invite à rebrousser chemin, c'est son intérêt pour toute considération messianique du temps. Bien des pensées « faibles » de la politique ou plutôt des pensées d'une politique « faible » paraissent en prendre le relais.

MYTHOLOGIE DE LA RAISON ET UTOPIE NÉGATIVE

Puisque l'existence historique ne se déduit pas du concept, sa connaissance ne se confond pas avec celle de la conscience de l'effectivité. Celle-ci, la *Wirklichkeit*, est un réel saisi sur le vif de son effectuation historique, indépendant de la pensée et de la liberté. Il faut y voir avec Schelling « cette base matérielle qui est, dans la pensée, ce qui reste proprement impensé »[1] et à quoi doit être rendue l'expérience historique. Désenivrée, arrachée à l'élan de la raison, cette dernière est alors livrée à la « tristesse inhérente à toute vie finie ». Mais ce délaissement la dispose aussi, non sans risques, à l'accueil d'événements instantanés. La situation messianique place les hommes dans un être-au-monde surtendu entre l'insupportable de ce monde-ci, l'inaccessible du monde-qui-vient et l'indestructible de l'effort allant de l'un à l'autre, pour reprendre les trois catégories descriptives proposées par les *Cahiers in-octavo* de Kafka. Schelling montre que les hommes ne maîtrisent qu'imparfaitement la condition requise par toute existence pour devenir effective et personnelle. Ils sont dans l'écart entre eux-mêmes et ce qui demeure indéfectiblement indépendant de leur volonté, dans la tension entre la non-extériorité de l'absolu et l'historicité, entre l'éternité et la fragmentation temporelle. C'est cette relation indialectisable à l'effectivité qui fait de toute politique

1. *SW*, X, 151 ; *Contribution*..., éd. cit., p. 169.

une pratique tout à la fois nécessaire et désenchantée. Tristesse et finitude se montrent et dans la réalité du mal où le monde fait naufrage et dans l'urgence de la rédemption qui en offre l'unique surplomb, double détermination dont l'État peut être considéré à bien des égards comme le produit.

On aura noté qu'une mythologie travaille du dedans les représentations de l'histoire proposées par Schelling (mythologie de la chute, de l'État-malédiction, de l'immémoriale destinée), comme d'ailleurs par Kafka (mythologie de notre égarement dans le monde). La mythologie raconte une réalité qu'on ne peut comprendre qu'historiquement-effectivement, c'est-à-dire en la narrant comme une histoire. Elle n'est pas une métaphore paresseuse de la philosophie, elle prend bien plutôt congé de toutes les figures de l'abolition des écarts et de l'annulation des différences selon une universalité constructive : correspondance, réalisation, suppression, incarnation. Il faut prendre soin de préciser que cette mythologie qu'on dira « romantique », de même nature que celle qu'on discerne en acte dans la tradition messianique, ses textes et ses problèmes, ne se présente en aucune façon comme un système d'articulation d'unités mythiques, un ensemble ordonné de mythes. Ceux-ci – dont les philosophèmes peuvent parfois n'être pas très éloignés – ne sont pas isolables, repérables dans le découpage de leurs entités intelligibles. Il conviendrait ici de parler d'une mythologie sans mythes, d'une modalité de la pensée et de son exercice philosophique et non d'un édifice structural, un fil si l'on veut, et pas une matrice ou une grille. Il ne s'agit donc ni de revenir à une forme archaïque ni d'en faire un objet de pensée – mais de réfléchir de façon transcendantale l'expérience fondamentale de la temporalité. Dès ses textes de jeunesse, Schelling en quête d'un mode de philosopher où s'entrecroiseraient systématicité et narration, la nomme programmatiquement, et politiquement puisqu'elle est censée faire pièce à l'État-machine, « mythologie de la raison »[1]. Cette mythologie raisonnable se fixe le but de réinventer une forme socio-politique non-mécanique, « formatrice » et pas seulement « motrice », après que la force des mythologies et des religions « mythiques » est brisée. C'est en ce sens qu'elle se porte au-delà de tous les mythes et qu'elle vient après l'épuisement de toutes les mythologies. On a dit que cette question de l'enchantement, de son terme ou de sa durée, de sa destruction ou de sa répétition sans identité, constituait un enjeu et un

1. L'expression se trouve dans *Le plus ancien programme systématique de l'idéalisme allemand*, fragment découvert, édité et attribué à Schelling par Rosenzweig (*Materialien zu Schellings philosophischen Anfängen*, éd. M. Frank et G. Kurz, Francfort, 1975, p. 112 : « il nous faut une nouvelle mythologie, mais cette mythologie doit être au service des idées, elle doit devenir une mythologie de la raison »; ainsi « toute la métaphysique » finira par se ramener à « la morale » et à « l'action », p. 110).

centre du messianique, lequel, comme la mythologie post-mythologique, en réoriente les voies en brouillant le schéma général de la sécularisation.

Kant permet de comprendre comment s'opère la liaison entre le fondement pratique de la philosophie et la quête d'une mythologie de la raison. Il faut se souvenir que la doctrine du mal radical, construite au moyen des concepts de la philosophie pratique, devait, pour se laisser représenter, s'enter sur le récit mythologique de la chute dans sa modalité représentationnelle quasi-théâtrale, une *Vorstellungsart* susceptible de donner à voir le penchant propre à l'humanité de désobéir à la loi morale en suivant son désir égoïste. La facticité de la liberté de la volonté, rendant possible un mal inconnaissable par ses causes puisqu'il est le résultat d'un choix libre, est comme doublée par une facticité encore plus facticielle, si l'on peut dire, celle du mal que seule une histoire narrée dans les religions effectives, mais dans le christianisme de façon éminente, pouvait véritablement rapporter dans son caractère historique et temporel. Ce principe narratif ou scénographique, par où s'indique ce qui excède les compétences de la raison, n'oblige nullement à renoncer aux déductions logiques déterminées ou à s'abstenir de remonter jusqu'à l'origine rationnelle de ce qui demeure inconcevable à la raison. Mais il prévient tout mécanisme, tel que celui qui agit dans les conceptions analytiques et rationalistes des interactions causales substituées à la « faculté d'agir selon des fins » [1], mécanisme précisément comparable à celui de la machine étatique pour l'auteur du *Plus ancien programme*. Chez Kant, la religion, ou l'Écriture interprétée, peut éduquer une raison encore peu assurée mais bientôt prompte à « librement » redécouvrir d'elle-même les contenus d'une révélation qui ne ferait finalement que révéler la raison à elle-même, au lieu de révéler ce qui, sans révélation, n'aurait jamais pu être révélé [2], un événement que la raison ne pouvait pas prévoir et qui, sans révélation, n'aurait jamais pu affecter la conscience. Cette dernière y « ajoute » foi comme à une incertaine promesse de la raison. Pour Schelling, le mouvement de cette révélation et l'assentiment confiant qui l'accompagne se médiatisent par sa narration dans la conscience des hommes en leur infligeant le sentiment de leur finitude : « le mouvement qui engendre la mythologie [sur laquelle se fonde la révélation] est un mouvement subjectif dans la mesure où il se déroule dans

1. *Critique de la faculté de juger*, § 64, Vrin, p. 189 (Pléiade, II, p. 1160; AK, V, 370) – faculté qui consiste à passer du projet à l'action.

2. *Critique de la faculté de juger*, Pléiade, II, p. 1282, (Vrin, p. 274), AK, V, 472 : « ces concepts [du christianisme], puisqu'ils sont là maintenant, sont librement approuvés par la raison et admis comme des concepts qu'elle aurait pu et dû découvrir et introduire elle-même ».

la conscience des hommes, mais la conscience elle-même ne peut rien sur lui »[1].

Cette subjectivité simultanément affirmée et désemparée renvoie à un sans-raison qui occupe la place de ce qui précède la raison. Dissociée et libérée du principe de raison et l'excédant, la raison peut s'effectuer comme initiative et jaillissement imprévisible. La finitude une fois reconnue comme la seule forme possible de la conscience historique, les processus peuvent être théoriquement décrits et du coup déchiffrés comme des événements pris dans leur trame temporelle et la déchirant, tissés en tout cas dans leur multiplicité. Un élément primordial, alogique et irréductiblement extérieur à la puissance du rationnel est à la source inatteignable des mouvements qui traversent la conscience de l'historicité. La « mythologie de la raison » permet de figurer l'origine immémoriale des choses sur la scène de l'histoire. Son travail produit en effet un certain nombre de philosophèmes et de structures théoriques qui s'efforcent de cerner l'inadéquation de l'existence à sa vérité ou l'inversion de ce qui ne parvient jamais à se trouver soi-même, comme autant de figurations de la positivité du mal. Il faut souligner leur fécondité à rendre compte du messianique et de sa temporalité stratifiée. On en a relevé plusieurs, le tout disjoint, le surmonté non-anéanti, la vie fausse-propre, qui entrent en écho avec le souvenir du futur, l'espérance de la rédemption ou l'impatience rebondissante. Le « progrès antihistorique » en est un autre[2], particulièrement intéressant. Réelle-effective, l'histoire ressaisie dans son événementialité pure peut être antiprogressive, elle peut échapper à la série linéaire de ses pourquoi ? (par quelles causes sont produits tels ou tels effets historiques ?) et, ainsi, à son historicité rationnellement reconstruite. Elle est cette scène où l'impromptu peut à tout instant déjouer l'impénétrable de la représentation, où, antihistoriquement, à reculons, progresse l'ange de l'histoire.

En rapportant le politique à l'histoire dans sa révélation empirique et en le figurant comme le lieu vide d'un non-étant, la philosophie schellingienne se présente aussi comme une pensée de ce « royaume du néant » que conquiert le surmontement politique et qu'évoque l'*Introduction de Berlin* de 1841. L'efficience d'une inversion envisagée dans sa pleine positivité, l'incorporation forcée des singularités dans un mauvais universel, ou peut-être dans un universel tout court, semblent bien appeler quelque chose comme un *tikkoun*, une *restitutio*, une *apokatastasis*. La forme que lui confère Schelling en plantant ses échardes mythologiques dans la chair philosophique, c'est le procès d'autodissolution de la politique dans l'histoire de l'absolu. La politique n'est que pour être surmontée, mais,

1. *SW*, XII, 123.
2. *Système de l'idéalisme transcendantal*, *SW*, III, 593.

dans ce devoir-être-surmonté, elle est, d'un être disjoint qui retient de toute unité hâtive. Toute ontologie politique apparaîtra dès lors comme *ontologie de la vie fausse mais propre*. L'inauthentique authencité de l'être politique emporte une illusion transcendantale qui se déploie de façon si incoercible qu'il serait parfaitement vain de croire pouvoir la défaire par les lumières d'un désillusionnement et, du coup, elle donne lieu à une dynamique particulière, déterminable « selon des fins » et non « en vertu de causes », comme dit Kant, c'est-à-dire à un effort interminable de conversion de projets en actes, de réalisation indéterminée d'intentions. En effet, l'excès postulé par la politique est incomblable par la politique, dans la politique, ce qui implique l'incessant recommencement d'un ouvrage de réappropriation, commandé par la conscience de l'inversion de ce monde-ci. Cette ambivalence tient à ce que l'histoire de l'absolu se détermine de façon complexe et même contradictoire chez Schelling. En raison de la non-médiatisabilité de l'absolu et du fini, elle ne peut pas être produite politiquement. En raison de l'historicité du fini et de la réalité ontologique de la liberté et de l'existence effective de l'homme, elle appelle cependant une émancipation par rapport au présent, signalée par exemple dans l'équivalence de l'existant et du négatif posée dans une lettre à Weisse [1]. Cette émancipation peut être pensée ou au moins décrite dans la forme d'une utopie négative, soit d'une forme faible de la politique.

Cette utopie négative procède dans la pensée schellingienne de deux déterminations complémentaires du politique, qu'on peut dégager de ce qui précède.

Il n'y a pas, on l'aura compris, de philosophie politique schellingienne au sens où il y en a une chez Aristote, les théoriciens du droit naturel ou même dans la *Philosophie du droit* de Hegel, c'est-à-dire au sens où la question de la *politeia* envisagée comme la question du meilleur État possible en assure la légitimité théorique et où la *polis* fait nécessairement centre en disposant privativement, *apolis*, ses propres marges. Puisque la politique ne comprend pas la facticité ni l'historicité de l'expérience sociale quand bien même elle a pour objet *ce qui* s'y produit, seule une pensée négative de ce qu'elle n'est pas, au sens du *falsum index sui et veri* de Bloch, peut rendre compte, dans les élaborations conceptuelles qu'elle propose, de l'inintégration de ses questionnements à la positivité d'un pouvoir, de sa puissance de néant.

Cette intrinsèque inadéquation du politique à sa propre projectualité caractérise l'effet et l'index à la fois d'une tension temporelle, « épochale », entre la rédemption et le monde, l'absolu et l'histoire, l'éternité et le

1. Lettre du 3.11.1834 in *Aus Schellings Leben. In Briefen* éd. G.L. Plitt, Leipzig, Hirzel, 1870, III, p. 98.

présent. Du postulat de l'écart entre l'existence nécessaire et son sujet, qui traverse toute la pensée schellingienne, surgit l'expérience d'une altérité en marche, vectrice de l'ensemble des processus socio-politiques et advenante sous la corruption du présent, parfois dans le sentiment d'une imminence et d'une approche apocalyptique manifestée par l'histoire la plus immédiate. « Le monde entier paraît être au bout de son latin et tous les peuples sont dans un état d'expiration...comme dans les derniers jours du monde » écrit Schelling, et ceci renvoie au principe de tous les déchiffrements stratégiques des circonstances, des conjonctures et des rapports de forces car « ce monde n'est qu'une forme qui passe et le vrai monde est celui qui est devant nous »[1].

On retrouve là le sillage messianique des deux vections de la création opérées par le pli de ce monde-ci et du monde-qui-vient ainsi que l'aimantation des champs de forces politiques, historiques, éthiques selon cette bipolarité. Schelling établit certains modes transcriptifs de ces éléments issus de la tradition juive et ouvre à leur transmission et à leur réélaboration philosophiques. Lui-même n'y était pas tout à fait étranger. Il connaissait la Kabbale lourianique et certains aspects du *Zohar*. Les *Ages du monde* attestent la reprise de certains thèmes mystiques comme l'autocontraction divine, l'*ein-sof* ou l'*adam kadmon*. Les philosophies de la révélation et de la mythologie introduisent des pans entiers des spéculations hébraïque et juive sur les noms divins dans une conceptualité de la substance et de la conscience. Il y a certainement une vraie singularité dans cette mise en travail pour une pensée philosophique propre d'un héritage laissé en friche. La relation de Schelling avec Molitor, passeur du savoir kabbalique acquise auprès de rabbins orthodoxes, en témoigne de façon très explicite. Sans doute cette disposition peut-elle être rapportée à l'usage et à l'exercice schellingiens de la philosophie comme ce qui désespère toute définitive assignation de sens, ce qui s'interdit de faire œuvre et défait toute clôture de la signification en laissant voir l'infini renouvellement de la pensée. « Penser, c'est renoncer au savoir », peut-on lire dans les *Leçons d'Erlangen*[2]. La non-unification est l'indice de la fausseté des unités logiquement cimentées, la non-adéquation oriente vers la quête d'une autre rationalité que celle proposée par le modèle de la *Versöhnung*. En désenchantant le savoir qu'elle aura traversé car elle en dépend toujours, en désespérant les philosophies de l'histoire, en infligeant une cuisante blessure à la passion de l'unité, la pensée délie et accueille en arborescences innombrables les non-coïncidences, les failles et les multiplicités d'expérience de la *Wirklichkeit*. Savoir, ce serait toujours *croire* savoir, non

1. Lettre du 30/6/1851 et Lettre du 30/3/1850, in *Plitt*, éd. cit., p. 230 et p. 224.
2. *SW*, IX, 235 ; *Œuvres métaphysiques*, éd. cit., p. 295.

seulement croire savoir ce que l'on sait, mais aussi, plus gravement, aller jusqu'à croire savoir ce que c'est que savoir. En acceptant que ses objets demeurent dans une inadéquation mouvante à leur rationalité, la pensée schellingienne ne fait rien d'autre que rappeler leur pleine immersion temporelle : mélancolie et tristesse de la finitude que nulle philosophie ne pourra dépasser. En même temps, elle replace le savoir sous l'aimantation d'un non-savoir et l'attraction de son propre avenir. Ainsi, elle le recommence.

HISTOIRE INTERNE ET HISTOIRE EXTERNE

« Nous devrions cesser de vouloir unifier des choses contradictoires, droit et force, liberté et loi positive, raison pure et constitution étatique », écrit Schelling dans une recension reprise dans son *Allgemeine Übersicht*[1]. Ce suspens peut être autre chose qu'une simple réserve du jugement ou qu'une méthode par provision. C'est une entrecontamination délibérée des processus historiques et de la normativité des finalités, de la dialectique et des valeurs, de la révolution et de la logique, de l'éthique et du matérialisme, de la subversion et de la causalité, de l'expérience et du procès objectif, de l'imprévisibilité et du finalisme – que laisse s'effectuer anarchiquement la pensée messianique de Moses Hess, d'avance hantée par tous les spectres de Marx, ses idiomes et ses grammaires, par leur « hétérogénéité irréductible » et leur « intraductibilité interne »[2] éprouvées tout au long de l'œuvre.

Dans le vaste spectre embrassé par cette trajectoire, l'attention constante portée à l'élucidation des processus subjectifs d'appropriation du monde engage une pensée anticipante de l'émancipation. Pour Hess, le messianisme constitue une structure de l'expérience humaine si universelle que toute action et toute politique révolutionnaires s'éprouverait et se parlerait dans ses catégories. Une intuition absolue en résulte, exposée dans toute son extension sans jamais être fondée ou intégrée dans une systématique, dans un ensemble de relations qui, justement, la rendraient relative : l'indépassabilité objective et radicale de la dimension éthique dans toute action sur (le monde, la nature, l'histoire, les rapports sociaux). C'est cette intuition qui démarque Hess de l'analytique marxienne dont elle paraît souvent, comme en un pressentiment de son histoire à venir, désigner le point aveugle. Elle illustre par ailleurs l'un des effets les plus propres des

1. Cité d'après A. Hollerbach, *Der Rechtsgedanke bei Schelling*, V. Klostermann, Francfort, 1957, p. 121.

2. J. Derrida, *Les spectres de Marx*, Galilée, 1993, p. 63.

pensées messianiques, qui consiste à complexifier la distinction classique de l'éthique et de la politique, à lui ôter l'aspect d'une frontière tranquille et ordonnée.

On retiendra une idée-force. Elle est explicitement formulée dans *L'Histoire sacrée de l'Humanité* (1837) [1] et traverse sous différentes modulations de très nombreux textes ultérieurs. Il s'agit de la distinction structurelle entre *histoire interne* et *histoire externe*. L'histoire interne serait une histoire latente. Elle tracerait la ligne invisible des déterminations subjectives du monde social vécu. L'histoire externe la réaliserait, mais non pas au sens hégélien, en repoussant au loin la nuit du non-réalisé, mais au contraire comme par défaut, dans le vide de la distance prise avec l'histoire interne. Elle est l'histoire patente du monde réel. Depuis cette structure où l'on reconnaît évidemment une figure du pli messianique, la temporalité historique s'éprouve humainement comme inadéquation, tension, déchirure entre les deux histoires. Tout disjoint, ou plus exactement disjointement de toute totalité, elle s'ouvre sans cesse dans l'attente projective d'une autre histoire, la Nouvelle Jérusalem qui substituera l'amour intellectuel spinozien à la nécessité hégélienne, pour reprendre les mots du premier Hess. La condensation temporelle du présent porte en elle-même la germination secrète de l'avenir. L'écart entre les deux histoires constitue la double racine du politique, objet d'un désir utopique appelé par la conscience de l'histoire interne et d'une critique radicale emportée par l'inachèvement interne de l'histoire externe. La théorie messianique des deux histoires joue comme principe d'éclatement du positivisme historique alors dominant. Selon d'autres configurations, elle sera réinventée par Péguy lorsqu'il dénonce la substitution de « l'ombre dure » de l'histoire à l'événement et au perpétuellement inachevé ou encore retrouvée par Bloch lorsqu'il repère sous l'apparent continuum historique des non-contemporanéités et des alternances de séquences temporelles d'inégale densité. Il est également remarquable qu'on puisse découvrir dans la *Philosophie de la Révélation* une distinction opérative très voisine de celle de Hess, bien qu'inscrite dans une investigation du contenu historique du christianisme, dans une histoire à laquelle « le divin lui-même est mêlé ». S'efforçant d'articuler philosophie, rationalité et histoire, Schelling indique [2] qu'il est décisif de ne pas confondre « l'historicité ordinaire », savoir extérieur de « ce qui s'est passé », et « l'historicité suprême » ou « supérieure », ou encore « l'histoire proprement dite » qui reconduit à une connaissance qui serait de l'ordre d'une *Mitwissenschaft*, d'une co-naissance, par où est

1. *Philosophische und sozialistische Schriften (1837-1850)*, éd. A. Cornu et W. Mönke, Akademie-Verlag, Berlin, 1961, p. 8.

2. *SW*, XIII, 195; trad. cit., t. II, p. 41.

révélé, ouvert, ce qui fait événement au sein d'une continuité et ne lui donne sens que par cette brisure[1].

Chez Hess, le pli des deux histoires investit de nombreuses analyses politiques selon un geste qui consiste à séparer et à ouvrir les deux registres temporels d'une histoire diffractée. Ce geste, dans la pensée juive, désigne l'intelligence même d'une situation ou d'un état. Alors que l'étymologie latine fait plutôt signe vers un reliement entre des lignes lues, et la grecque vers un rassemblement, la *bina* hébraïque procède d'un écartement enfantant de l'entredeux dans le temps[2]. C'est ce même principe de l'écart signifiant qui est rendu opératif par les péricopes (*paracha*), tout à la fois sections du temps et sections de la Loi, coupures hebdomadaires de l'année liturgique en unités de lecture et de commentaire qui en scandent la durée textuelle, en permettent l'accomplissement et, pour l'homme pieux, en fécondent le sens. L'interne et l'externe hessiens autorisent également, par l'écart et la distance qu'ils esquissent, un accès potentiellement intelligible à quelque chose de l'histoire. Il se trouve que c'est ce même vocable, de l'intérieur et de l'extérieur, qui sert aussi à caractériser les deux niveaux d'activité tikkounique de rassemblement des étincelles. On peut lire dans le *Sefer Peri Ets Hayim* de Hayim Vital, le grand disciple d'Isaac Louria, le passage suivant : « Sachez que pour chaque monde il y a deux regards. L'un voit son extérieur, à savoir les lois universelles des mondes suivant leur forme extérieure. L'autre voit l'essence interne des mondes, à savoir le contenu des âmes humaines. Il s'en suit qu'il y a aussi deux niveaux d'activité, les œuvres et les prescriptions de la prière. Les œuvres sont là pour parfaire les mondes sous l'aspect de leur extérieur, mais la prière pour faire tenir le monde unique dans les autres et les emporter vers les hauteurs »[3].

Ce texte captivait Ernst Bloch qui le cite et le commente dans *L'esprit de l'utopie*. L'hypothèse d'une structuration fonctionnelle de l'histoire en fonction de « l'intervention alternée de deux spiritualités différentes » permet en effet de déduire la nécessité d'une *complémentarisation* de « l'allègement du fardeau » par « l'esprit », soit de l'élément « marxiste » par l'élément « religieux »[4], du matérialisme historique par la théologie, comme dira Benjamin dans l'allégorie de l'automate joueur d'échecs proposée dans sa première thèse sur le concept d'histoire. On voit bien la place inaugurale tenue par Hess dans la généalogie du marxisme messianique, en vertu de l'entrecontamination des genres qui traverse son œuvre.

1. P. David (*Schelling. De L'Absolu à l'histoire*, PUF, 1998, p. 112) rapporte la distinction schellingienne à celle de l'interne et de l'externe : « ...cette histoire intérieure et supérieure dont les incursions viennent trouer l'histoire extérieure... ».

2. Cf. *infra*, p. 156.

3. Voir le commentaire qu'en donne G. Scholem, *Les grands courants...*, éd. cit., p. 292.

4. *L'esprit de l'utopie*, éd. cit., p. 320.

L'idée d'un monde complémentaire « faisant tenir le monde unique » et d'une impossible homogénéité de l'histoire telle que l'emporte la double articulation interne et externe produit en outre chez lui quelques remarquables conséquences.

D'abord l'horizon ou la perspective d'un « sabbat de l'histoire »[1] qui, dans sa réception hessienne, doit davantage à la tradition philosophique de l'idéalisme allemand médiée par Jakob Boehme qu'à l'héritage juif, en dépit de sa résonance immédiate. Ce sabbat historique sera réalisé de façon non déterminée mais tendancielle. Hess en rapporte souvent les contenus à une unité constructible du genre humain, à la fois origine et fin des procès historiques, substituant ainsi un donné cyclique à un promis, une ontologie dialectique à une eschatologie, courant sans cesse le risque d'une retotalisation des temps historiques, y tombant trop souvent, il faut bien le dire. Analogue au sabbat qui clôt le cycle de la création, ce sabbat historique se présente comme un accomplissement, l'advention de ce qui est déposé dans les plis et les arcanes de l'histoire interne. Rappelons que l'interruption sabbatique, dans le judaïsme, correspond à un transfert fonctionnel de l'activité pragmatique des six jours dans l'ordre de la pensée réflexive. Elle permet le retour sur l'ouvrage de la semaine, de sorte que ce qui a été œuvré n'engloutisse pas son ouvrier et que ne soient pas inversées les places du sujet faisant et de l'objet fait, par où l'idolâtrie deviendrait effective. Le *chabbat* comme la *techouva*, de même racine, « soulignent la non-irréversibilité de la création. L'œuvre accomplie selon la Loi doit, selon la Loi, être interrompue à échéance régulière. Lorsque la loi a été transgressée, il ne doit pas en résulter une culpabilité...augmentant la somme totale de ce qui, dans l'univers, au lieu de se faire, se défait...Le monde n'est ni clos ni mu à sens unique »[2]. Le sabbat historique hessien indique l'altérité de l'avenir en montrant combien le présent est encore pris dans le passé. L'incommensurabilité des ères pré- et post-sabbatiques, séparées par l'instant du basculement messianique, donne son sens à l'émancipation humaine, laquelle ne peut commencer, selon Hess, que là où finit « la philosophie », soit les ontologies hégélianisantes de l'histoire. Si l'objectivité dialectique régule les processus historiques développés par l'Esprit absolu, l'action libre des hommes entame une métahistoire, débordant l'histoire externe, même si celle-ci peut bien être partiellement tributaire de causalités qui en font un lieu géométrique homogène.

Bien que contiguë à l'idée d'une philosophie de l'histoire, cette vision est voisine de nombreuses spéculations rabbiniques sur la succession des empires et des civilisations, leur fonction et leur place dans l'économie

1. *Rome et Jérusalem*, trad. A.M. Boyer, Albin Michel, 1981, p. 65.

2. Raphaël Draï, *op. cit.*, p. 405.

eschatologique de l'attente. L'interrogation porte alors très précisément sur la relation des temps historiques et de la fin des temps, de ce monde-ci et de l'après-des-jours. La traité *Sanhedrin* met ainsi en scène la querelle d'interprétation de deux sages. Yohanan distingue entre « époque messianique » et « monde futur », la première couvrant la transition entre les deux histoires, au cours de laquelle s'accomplissent les prophéties politiques et sociales, le second, postérieur, étant extérieur aux accomplissements de l'histoire et instaurant la possibilité d'une subjectivité désentravée. Pour Shmouel, l'époque messianique n'est pas une transition, mais proprement la fin des violences ouvrant une temporalité extra-historique où le politique n'aurait plus le pouvoir de contrarier l'éthique. Dans cette opposition entre le temps des oppressions et le temps de leur fin comme fin du politique, dans la distinction hessienne entre contrainte historique objective et action émancipatrice portée par l'histoire interne dans l'histoire externe, est mis centralement en jeu le thème de l'inadéquation du politique à son concept et de l'histoire à sa rationalité. La question politique proprement dite est déplacée vers la question du temps, accentuée selon ses rythmes et sa temporalité propres. La critique des téléologies dialectiques est supportée par celle des unitotalités historiques closes et horizontalement empilées. L'histoire apparaît au contraire comme une maison qui a plus d'escaliers que de chambres (Börne) et ses portes étroites sont toujours entrouvertes sur de l'imprévisible. « Le Messie peut venir à tout moment car il n'a pas de temps spécifique dans le monde », écrit le Maharal de Prague qui ajoute : « Sa qualité propre est telle qu'elle n'est liée ni à la nature, ni à la matière et qu'il n'est donc pas soumis au temps » [1]. Cette détemporalisation-surtemporalisation du temps du monde, qu'on voyait à l'œuvre dans l'intervention prophétique, implique cependant une stratification singulière du temps historique lui-même, telle que Hess en propose une possible figuration avec sa théorie d'une histoire interne/externe.

Une autre conséquence notable de cette dernière se tient dans la caractérisation hessienne du communisme comme « éthique pratique » [2]. On peut remarquer que c'est par cette expression qu'on traduit généralement les notions de *moussar* ou de *derekh erets*. Le recueil des *Pirké Abot* en souligne l'entreconditionnement avec la Loi elle-même : sans Torah, pas d'éthique pratique, et sans éthique pratique, pas de Torah. C'est dire combien l'éthique pratique, dans la tradition juive, n'est pas de circonstance. Elle tend en effet toujours à l'actualisation de la structure de l'Alliance, soit à la maintenance du monde dont le *Grund*, ou le *yessod* hébraïque, n'est ni ontologique ni cosmologique, mais *justiciel*. La

1. Cité d'après B. Gross, *Que la lumière soit*, Albin Michel, 1995, p. 296.
2. *Socialisme et communisme*, éd. cit., p. 164.

définition hessienne du communisme obéit également au double lien du matériel et du justiciel. Le communisme est un mouvement réel porté par une société déchirée par les antagonismes de classe : il est pratique. Mais, bien que lié à la structure matérielle des rapports de production, il n'est pas unidimensionnellement assigné à l'existence des classes : il est une éthique en acte qui excède la sphère sociale, il détient une extériorité qui explique sa force de subversion du social. On sait que c'est ce dispositif anthropologique et militant que la tradition marxiste a dénoncé comme un leurre idéologique en prétendant traiter et régler scientifiquement la « question morale » par le refus de toute signification éthique immanente à l'histoire – ce qui n'a jamais empêché les pratiques politiques révolutionnaires d'être conformées par l'interpellation éthique des sujets de ces pratiques. Dans ses conflits avec Marx, Hess rappelle par avance que l'articulation éthique du politique surdétermine toute théorie des pratiques de l'émancipation humaine. Tout comme l'histoire interne annonce secrètement mais dès maintenant un sabbat de l'histoire externe, le communisme comme éthique pratique inscrit de l'avenir dans le présent ou, plus justement, de l'imminent dans l'immédiat. Le coq de l'apologue talmudique, lorsqu'il perçoit dans la nuit le frémissement de l'aube qui vient, pourrait bien être un blason de l'intelligence messianique de l'histoire.

Mais la chouette de Minerve n'offre-t-elle pas plus de garanties philosophiques en laissant au temps le temps de venir ? Une pensée de l'attente aurorale n'est-elle pas sans cesse exposée au risque de prendre trop tôt son vol ? Autrement dit : si le savoir vient après les objets qu'il détermine, comment penser rigoureusement la nature ou l'essence d'une attente, d'une espérance ? Ne faut-il pas plutôt considérer que la représentation de l'effet précède la cause et qu'elle en serait de fait le principe déterminant ?

On pourrait retrouver le tracé discontinu de cet effort dans l'histoire de la philosophie. Il irait de Kant au tout dernier Sartre qui essaie de répéter un peu sommairement la troisième question kantienne en la transformant en réponse post-hégélienne.

De Kant, on reprendra ici le thème de la « distance », ou plus précisément de l'*écart*, de la faille, de la cassure (*Kluft*), explicitement associé à celui du « maximum » dans un passage bien connu de la *Dialectique transcendantale*. « Bien que cette situation [celle envisagée par Platon, où les peines seraient devenues superflues] ne puisse jamais se réaliser, l'Idée est pourtant entièrement juste qui établit (le) maximum comme le modèle nécessaire pour rapprocher toujours davantage, par référence à lui, la constitution légale des hommes de la plus grande perfection possible. Car quel doit être le degré le plus élevé auquel l'humanité doit s'arrêter, et corrélativement quelle ampleur doit avoir la distance (*Kluft*) qui demeure nécessairement entre l'Idée et sa mise en œuvre, personne ne peut ni ne doit le déterminer, précisément parce qu'il s'agit de la liberté et que celle-ci peut dépasser toute limite qui lui est assignée »[1]. L'écart est donc structurellement corrélé par Kant à la notion de « maximum » et c'est cette corrélation sur fond de non-correspondance qui permet de comprendre l'Idée en tant qu'elle garantit la liberté. L'Idée établit le maximum comme la référence motrice qui va me permettre d'approximer sans cesse « la plus grande perfection possible », c'est-à-dire de cheminer tout au long de l'écart, de le jouxter en me dirigeant vers une fin. L'écart kantien que l'Idée me fait parcourir est préservation de la liberté puisque « personne » ne peut ni ne doit en déterminer l'ampleur et la nature, sauf arbitraire absolu dont ladite détermination serait le signe assuré. Il en est aussi bien le support en tant qu'il signale un dépassement, au sens topologique de franchissement, du monde sensible. L'Idée doit donc entrer dans un rapport singulier, emporté par ce dépassement, avec sa « mise en œuvre », avec son exécution. Si l'écart présente une différence entre ce qui est et ce qui peut ou pourrait être, l'Idée présente, elle, un maximum, c'est-à-dire non pas une perfection, mais ce qui nous en permet l'approche. Que peut-on tirer de ces distinctions entre l'écart et la différence, le maximum et la perfection ? D'abord que ce qui est n'est *jamais* le maximum. Ce que l'Idée expose, entre le maximum et la perfection, est un possible, mais un possible finalisé par une perfection, laquelle, inconnaissable, peut pourtant, par le truchement de l'Idée, se manifester de quelque façon à l'entendement pur. Ensuite, dès lors que cette manifestation, ses modalités extensives et l'universalité qu'elle comporte engagent toute la sphère pratique, on voit que la liberté elle-même se tient pour Kant dans l'écart et, plus précisément alors, dans ce que Kant détermine lui-même comme inadéquation entre l'Idée et sa réalité empirique[2]. Or l'Idée, et l'inadéquation qu'elle supporte, est la condition nécessaire de l'usage pratique de la raison. Sa « mise en œuvre » se trouve ainsi commandée par une action contraignante de la volonté, par ce que *L'idéal de la raison pure* nomme très significativement une « *force pratique* »[3], une force qui ne créé certes pas mais fonde la possibilité qu'une action soit orientée vers « la perfection ». L'Idée de la raison pure, considérée sous cet aspect de prise dans ses fonctions pratiques, appellerait évidemment la description et l'analyse d'articulations diverses, avec le devoir par exemple, ce qu'on laissera ici de côté.

1. *Critique de la raison pure*, Pléiade, I, p. 1029 ; AK, III, 248.

2. « Comme concept d'un maximum, l'Idée ne peut *in concreto* jamais être donnée d'une manière qui lui soit adéquate » (*ibid.*, Pléiade, I, p. 1036 ; AK., III, 254).

3. « Force pratique » détenue par les « idéaux », déterminés par l'Idée, et qui sert de fondement à la possibilité de perfection de certaines actions (Pléiade, I, p. 1194 ; AK, III, 384).

En tout état de cause, partant de cette « force pratique », plusieurs notions constellées autour des postulats de la raison pratique, la sainteté par exemple, et, de façon plus déterminante encore, la question de l'espérance, peuvent engager ou relayer notre réflexion. De cette constellation, le dernier Sartre semble avoir aperçu, même de façon fugitive, la profondeur messianique. « Je ne pense pas que [l']espoir soit une illusion lyrique », explique-t-il, « il est dans la nature même de l'action. C'est-à-dire que l'action étant en même temps espérance ne peut pas être dans son principe vouée à l'échec absolu et sûr. Ça ne veut pas dire qu'elle doit réaliser la fin nécessairement, mais elle doit se présenter dans une réalisation de la fin, posée comme future. Et il y a dans l'espoir même une sorte de nécessité »[1]. Se présenter dans une réalisation à venir de la fin impliquerait toutefois que de cette fin nulle approche n'est possible et que le futur lui-même demeure dans son absolue inconnaissabilité. Dans l'ouverture même qu'ils signifient, les mots de Sartre empruntent encore aux catégories des ontologies de l'histoire. Or l'espoir ne peut être autrement envisagé, philosophiquement, que comme un état hors l'être qui constituerait, selon l'analyse rosenzweigienne du « royaume », une modalité d'apparition de ce qui n'est pas là, soit ce « là » lui-même où est ce qui n'est pas, la « présence » très singulière de ce qui ne peut pas être présent. Cette idée de l'espoir s'écarte autant du progrès kantien courbé par le bois humain dont il est fait que d'une quelconque nécessité, subrepticement réintroduite par Sartre, quand bien même elle peut y trouver ses impulsions. Le sujet espérant est tout à la fois libre et fini, capable de toujours franchir la limite assignée mais incapable d'abolir l'écart et la distance indéterminables qui sépare être et devoir-être. Bref, il est un sujet et son espérance qualifie aussi bien sa subjectivité ou, comme dit Sartre, son action s'évasant vers les possibles futurs.

1. *L'espoir maintenant*, entretiens de 1980 avec B. Lévy, Verdier, Lagrasse, 1991, p. 25.

CHAPITRE IV

LA PATIENCE ET L'ESPOIR

Dès lors que la non-coïncidence de soi à soi et l'inadéquation du temps de la politique à la rationalité de l'histoire caractérisent définitionnellement la temporalité humaine et la longue durée des règnes et des empires, elle peuvent être regardées comme les cadres conceptuels du messianisme tel que la tradition du prophétisme juif en indique pour sa part les torsions, les écarts et les enchevêtrements. L'espérance (que nous ne distinguerons pas essentiellement de l'espoir, sauf sous tel ou tel aspect précis que nous mentionnerons le moment venu) forme l'un des noms essentiels de la dyschronie messianique car elle dit tout à la fois l'infigurabilité de l'avenir et la persistance indémentie de son investissement par le présent. On peut douter à cet égard de la validité des périodisations proposées par les représentations trop strictement sociologiques des séquences historiques découpées par la sécularisation : au règne de la transcendance verticale où un principe extérieur au monde ancrait le temps légitime dans le passé aurait succédé la mise en mouvement du temps sous la forme de l'histoire et le basculement dans la dimension de l'avenir laïcisé par les transcendances horizontales; à présent, les idéologies de la fin des idéologies auraient pris le relais des idéologies du futur, déplaçant à nouveau le temps, mais vers le pur présent, sans origine transcendante ni avenir prédictible. Le primat du *passé* aurait ainsi longtemps pesé sur le passé religieux de l'histoire des hommes, celui du *futur* marquait naguère le temps laïc, désormais révolu, et dans l'époque de l'individualisme et de la massification, primerait le *présent* absolu. Il ne s'agit pas de mettre en cause les motifs explicatifs ainsi rendus disponibles, et si peu d'ailleurs qu'on y a recouru pour amorcer l'analyse de la sécularisation. Mais leur limite théorique tient à l'impossibilité de comprendre l'organicité dynamique des temps qu'ils comportent et ne savent traiter que sériellement. Le rappel des représentations hébraïques de l'avant des devanciers et de l'après des générations, la description des contenus du messianisme juif et de l'habitation prophétique des temps, la mise au jour, à partir du pli, de catégories non-homogènes, clivées parce qu'elles sont temporelles, ont justement pour but de montrer l'entrelacs des temps historiques et des déterminations phénoménologiques des trois dimensions de la temporalité vécue. La question de l'espérance surgit dans ce cheminement comme l'étape où le regard porté sur le messianisme se tourne, de la communauté rationnelle, générique et universelle des sujets en relation, vers le lien interhumain.

L'ATTENTE ET LA PATIENCE

Comment entrer dans la considération de ce messianisme de la socialité et de la rencontre où je n'aurais plus seulement à faire à autrui comme à une partie du monde ? En se reportant à ce qu'on a d'emblée caractérisé comme la messianité même du temps humain et qui forme peut-être la condition temporelle du messianisme historique. Si la temporalité se détermine essentiellement comme ce qui ne peut avoir sa possibilité d'être qu'en un autre, c'est le temps humain tout entier qu'on doit envisager comme altérité foncière apparaissante si l'on veut prendre au sérieux les questions qu'il adresse à la subjectivité. Il est, structurellement en quelque sorte, ce qui ne peut jamais conjuguer le même et l'autre, ni sous leur rassemblement en contradiction ni, par conséquent, selon la dialectique d'une relève, ni non plus selon la synchronie d'une coprésence. Levinas a pensé le temps à partir de l'altérité radicale qui est la sienne. C'est l'avenir qui permet d'en témoigner de façon éminente, un avenir qui atteste une non-contiguité absolue avec le présent : « L'extériorité de l'avenir est totalement différente de l'extériorité spatiale par le fait précisément que l'avenir est absolument surprenant. L'anticipation de l'avenir, la projection de l'avenir, accréditée comme l'essentiel du temps par toutes les théories de Bergson à Sartre, ne sont que le présent de l'avenir et non l'avenir authentique ; l'avenir c'est ce qui n'est pas saisi, ce qui tombe sur nous et s'empare de nous. L'avenir, c'est l'autre »[1]. C'est l'autre du présent, bien sûr, mais c'est du coup et par là même la relation avec l'autre. Le temps lui-même n'est rien d'autre que l'événement de cette relation, ce que soulignait Rosenzweig dans *La pensée nouvelle*, en présentant celle-ci comme « pensée parlante » : « Avoir besoin de temps signifie ne rien pouvoir anticiper, être contraint de tout

1. *Le temps et l'autre*, (1948), PUF, Quadrige, p. 64.

attendre, dépendre de l'autre… La pensée nouvelle a besoin de l'autre ou, ce qui revient au même, elle prend au sérieux le temps »[1]. Comment en effet parler sérieusement de temps hors du rapport à autrui ? Comment concevoir une durée qui serait la durée d'un sujet seul ? Sa mesure, si l'on peut parler d'une mesure vécue qui n'aurait rien à voir avec les simultanéités nombrées et juxtaposées sur une ligne, c'est l'insaisissable, le diffèrement, l'absence, l'irrécupérable, par où le temps marque ses coups et laisse peser son inquantifiable poids d'altérité. Sous cet aspect, la messianité du temps est l'unique « mesure » de sa « morsure ». Les ratés et les rendez-vous manqués avec l'autre attendu ainsi que le renouvellement de l'attente, comme l'indiquent l'accompli et l'inaccompli de la grammaire hébraïque, en font « *was geschieht* », ce qui passe et se passe sans jamais être le contenant ou le cours des faits qui se passent, « la chose » dans laquelle se meuvent les choses[2], une pure sortie de soi qui n'est rien d'étant. Le messie, c'est l'altérité du temps dans son passage et ses scansions, ses ekstases si l'on veut.

La structure lévinassienne du dire sans dit ou de la thématisation sans thème est homologue au messianisme sans messie de la tradition. Elle qualifie en l'occurrence une relation à l'infini, à l'incontenable, au différent, c'est-à-dire une pensée du temps moins comme limitation de l'être que comme ouverture à l'inthématisable. Le temps est « attente sans visée d'attendu »[3]. L'expression lévinassienne est une modulation singulière et originale de l'inadéquation du temps à lui-même pensée par Schelling. Elle fait ressortir combien le temps est une façon de se rapporter à l'autre, ou à l'infini, sans *jamais* pouvoir l'approprier, le prendre ou le comprendre ; une façon de s'y rapporter cependant *dans* le même, *dans* le fini. Le jamais de la finitude est une absence qui n'est pas pure absence, un pas-là qui serait aussi bien le toujours du dans, soit le toujours du temps, de sa durée. Et ce toujours du temps n'est rien d'autre que son désaccordement, son écart intime, la « disproportion » qui lui fait lieu entre « le désir et ce qui est désiré »[4] puisqu'il se tient dans le jamais *et* dans le dans. Pour Levinas, c'est justement dans cette disproportion de la temporalité elle-même que se discerne ce qui vient faire rupture dans l'*ego cogito*, dans la visée intentionnelle de la conscience ou dans l'égalité noético-noématique, et l'on comprend pourquoi sa pensée de la responsabilité éthique est avant

1. *GS*, éd.cit, 3, p. 152 ; trad. M. de Launay in *Les cahiers de la nuit surveillée*, 1, p. 52-53.

2. On a indiqué plus haut (p. 56) la formule de Rosenzweig que nous rappelons ici. T. Boman, écrivait dans son étude mentionnée *supra* (*op.cit.*, p. 120) que pour les anciens Sémites « le temps est identique à son contenu », il est pour eux « le concept de ce qui se passe » (« *Die Zeit ist der Begriff des Geschehens* »).

3. *La mort et le temps*, cours de 1975-76, éd. J. Rolland, in *L'Herne. Emmanuel Levinas*, 1991, p. 21-74 (p. 32).

4. *Ibid.*, p. 71.

tout une pensée du temps et de son laps irrécupérable. Dire que le temps est toujours par-delà la conscience et les identifications ou qu'il indique une relation avec de l'intenable revient à dire qu'il n'y a pas de juste « chronie » du temps : le temps n'est temporel que dans ses excès et défauts, ses écarts et ses ratés, qui ne sont rien que sa familière quotidienneté, son inquiétante routine aussi.

Puisque je ne peux jamais viser ce qui est attendu dans ses contenus propres et que par ailleurs ce jamais fait la durée même du temps, l'insaisissable impliqué par ce jamais qui dure emporte une patience. La temporalité du temps lui-même est cette patience de l'insaisissable. On peut aussi bien l'entendre au sens de Levinas, c'est-à-dire comme une passivité assumée face à ce que je ne peux pas assumer, qu'au sens de l'impatiente patience messianique décrite par Rosenzweig. Et en effet, c'est tout un. La phénoménologie de la défection de tout phénomène que tissent les termes de la description lévinassienne renvoie précisément à la messianité du temps envisagée comme attente plus ancienne et plus vive que tout attendu et que toute venue. L'endurance de cette attente est patience du temps et impatience de l'instant. « Recevoir le coup du temps et encore attendre »[1], c'est « mener une vie d'espérance », ce qui n'est pas tout à fait la même chose qu'espérer en une venue, comme le remarque Rosenzweig en déterminant le messianisme juif comme ce *beharren*, cet entêtement qui consiste à éprouver temporellement ce qui persiste à rester dans son au-dehors comme non-venant. Il y a donc une attente qui sait qu'elle attend ce qui ne peut pas être à la mesure d'une pensée ou d'un sens pleinement possédable et qui espère contre toute attente. Cette endurance de la démesure qui espère contre soi, c'est l'*impatiente patience du temps*, sa messianité[2]. Mais il est d'autres impatiences et d'autres patiences que messianiques dont il faut d'abord esquisser les contours.

Il y a par exemple l'impatience que la tradition juive associe à l'idolâtrie. Elle tend toujours à trop vite réconcilier, en les confondant, les horizons de l'histoire et les attendus qu'elle en vise. Elle imagine prématurément les formes unifiées de cette réconciliation. L'infini s'abîme vers la finitude d'une image fixe, d'une identité travestie. Philosophiquement, toutes les figures de l'adéquation relèveraient peut-être d'une impatience de ce type, en tant qu'elles comblent une absence irréductible, un écart, dans des structures de mise en présence médiée par une systématicité

1. *Ibid.*, p. 73 : « Recevoir le coup du temps et encore attendre, recevoir sans recevoir, sans assumer, endurer ce qui reste encore en-dehors dans sa transcendance et cependant en être affecté. Attendre dans sa transcendance ce qui n'est pas un *ce*, un terme, un attendu ».

2. Cf. Talmud, *Sanh.*, 97b : « Si l'égide de la rigueur empêche (le Messie) de venir, pourquoi persistons-nous à l'attendre ? Pour recevoir le prix de cette espérance… ».

expressive. L'identité du concept et de l'objet exprimerait alors et sa propre intelligibilité et celle d'une identité rationnelle-réelle de la société et de l'État, de l'histoire et de ses déchirures, du temps avec les temps qu'il contient. Au contraire, les pensées messianiques soupçonnent toujours la fausseté des processus d'identification et de leurs systèmes d'équivalences. Que ceux-ci se manifestent comme rapports logiques ou comme rapports sociaux, ils se présentent comme la rationalisation plénière de l'état de choses existant dans une figure de légitimation. L'expérience de la souffrance ou de la violence dans l'histoire est le signe le plus patent de la non-conciliation, du non-identique, et de leur entêtement patient à défier la clôture du monde. Ces choses ainsi laissées sans secours demandent encore à être accueillies dans leur altérité chaotique, c'est-à-dire à être libérées de la violence de l'identique et d'une impatience qui les a trop vite rivées à leur propre écrasement sous la puissance des forces d'identification : c'est cela que Benjamin appelle l'achèvement d'une souffrance qu'il faudrait « inachever » et Kafka le combat contre un monde qu'il faudrait « seconder ». Mais le vice de l'impatience ne fait pas de toute patience une vertu.

Car il est aussi une autre patience que celle, impatiente, du temps disproportionné. C'est encore celle de Hegel. Penseur de la longueur du temps mesuré à son concept et de la patience de son « long chemin »[1] laborieux, le philosophe fait l'éloge du persévérant travail de pénétration du savoir par l'esprit. Patience du concept qui devra nécessairement s'arrêter à chaque station d'un cheminement grave et constant. À chaque halte de ce parcours, il lui faudra même séjourner jusqu'au bout. Chaque moment est en effet une totalité individuelle pleinement signifiante qui tire sa signification de l'ensemble du chemin parcouru. Chaque étape doit être considérée comme un tout car la totalité du chemin, cette longue patience, est immanente à chacune de ses figures particulières. La patience hégélienne est l'endurance de la totalité. La longue marche de l'esprit ne peut sauter par-dessus ses temps, expressivement nécessaires l'un après l'autre à la totalisation du tout. Sans possibilité de rupture autre que déchirante ou défaillante, une trame s'ourdit ainsi, de plus en plus étroite, de conciliations en contradictions surmontées, de réconciliations en harmonies réétablies. De cette patience de l'esprit du monde procède la considération hégélienne de l'histoire universelle. « L'esprit du monde a eu la patience de parcourir ces formes dans la longue extension du temps et de prendre sur soi d'assumer l'énorme travail de l'histoire universelle [dans laquelle il a en chaque forme développé jusqu'à la figure toute la teneur dont elle était susceptible], et parce qu'au prix d'un non moindre travail (l'esprit du

1. *Préface à Phénoménologie de l'esprit*, p. 44 (trad. Lefebvre, éd. cit.).

monde) a pu atteindre à la conscience quant à soi-même »[1]. Cette voie la plus longue et la plus lente, cette patience, est du coup la voie la plus droite et la plus courte pour parvenir à la production du contenu total de soi-même. En soi, tout est accompli, tout est possédé ou contenu. Il n'y a d'attente que de l'incarnation en un être-pour-soi. Rien ne peut donc arriver que dans et par l'automouvement du concept, l'élévation de ce qui est en soi à la conscience de soi, moyennant les médiations du cheminement. L'attente préfigure ses attendus. La patience de l'esprit n'est attente qu'au sens de cette épreuve continuée du négatif, passion du surmontement, travail, lente conquête. On comprend qu'on ait pu revendiquer une autre patience, celle du « refus du concept »[2], qui requiert un séjour dans la temporalité où l'attente est toujours excédée par ce qui arrive, un inattendu, un inattendable, qui toujours déjoue l'adéquation de la fin et des moyens et la coïncidence des effets actualisés et de leur cause potentielle. Hegel ne laisse d'ailleurs aucune place à une vraie pensée de l'impatience radicale où il ne voit rien que mauvaise patience, comme il y a un mauvais infini. Loin que l'impatience de chaque instant puisse d'elle-même se convertir en patience du renouvellement de chaque instant, elle demanderait tout simplement « l'impossible, savoir d'atteindre le but sans les moyens »[3], négatif sans relève et pur envers de la finitude ontologique.

La pensée hégélienne du temps, on s'en est déjà aperçu à propos de la philosophie de la raison dans l'histoire et dans la politique, est proprement une *ontologie du présent*, ce qui est sans doute le cas, comme le voit Heidegger, de toute la tradition depuis Aristote – laquelle présuppose qu'il appartiendrait à l'homme de révéler le temps dans le primat du présent, d'en percevoir l'avant et l'après à partir du nombre d'un mouvement, de rapporter celui-ci au mouvement absolument constant de la révolution céleste et de finalement déterminer le temps selon ce nombre nombré. Mais la pensée hégélienne du temps comporte en outre une *phénoménologie du maintenant* qui la complexifie, l'enrichit et en fait peut-être même la première philosophie qui se soit rigoureusement efforcée de relier une conception générale de l'histoire à une doctrine déterminée du temps. En assurant toute une série de passages entre temps naturel abstrait et temps historique concret, entre négativité du maintenant et dépassement de cette négativité en histoire, entre le temps et son surmontement par la conscience, la pensée hégélienne, par les liaisons qu'elle élabore dans son analytique de l'histoire, travaille à des points d'ajointement qui sont aussi

1. *Ibid.*, p. 46.

2. Levinas, *Autrement qu'être ou au-delà de l'essence*, La Haye, M. Nijhoff, 1974, p. 163.

3. *Pénoménologie*, éd. cit., p. 46.

ceux où se portent les pensées messianiques de l'historicité et de la temporalité vécue, mais en contrepoint les unes des autres. Il faut donc y revenir.

Selon une expression récurrente et hautement significative de Hegel, l'esprit est temps, *der Geist ist Zeit*. Le temps réel, c'est donc le temps de l'esprit, et si le passé en fournit le sens ontologique, le présent en assure le rassemblement en unité. On peut partir d'une formule célèbre de la Préface à la *Phénoménologie de l'esprit* qui constitue une définition du temps et résume la thèse axiale de l'ouvrage : le temps, écrit Hegel, c'est le concept existant lui-même[1], le concept étant-là, c'est-à-dire le concept dans son existence immédiate et empirique. Le concept renvoie donc au temps. Le temps n'est rien d'autre que la réflexion, dans la continuité déroulée du temps, de l'essence intérieure de la totalité en une série de moments du développement du concept, de l'Idée. Autrement dit, le temps, et aussi bien le temps historique, réfléchirait l'essence du tout, il en serait l'existence, l'être-là. Dans sa remarquable condensation philosophique, cette définition du temps semble ramener à plusieurs des aspects pointés par la pensée de la messianité du temps. Qu'est-ce en effet que l'existence du concept ? C'est le temps. Mais que signifie : le temps, c'est l'existence du concept ? Pour que ces propositions puissent faire sens, il faut que le temps soit incessament considéré dans sa continuité et son homogénéité d'une part, dans sa perpétuelle contemporanéité à soi d'autre part, ceci étant la condition de possibilité de cela.

Quand Hegel montre que le temps est la réflexion d'une essence dans l'existence, il ne faut pas méconnaître que cette essence n'est pour lui rien d'immobile, elle n'est pas quelque chose de stable, une hypostase qui aurait à se projeter dans la mobilité du temps, par où l'on retrouverait bien vite le modèle platonicien. L'esprit *est* le temps, il n'a certainement pas à y « tomber », comme l'avance le paragraphe 82 de *Sein und Zeit*, car le temps ne saurait se comprendre comme le réceptacle des phénomènes, à la manière que Hegel qualifie de kantienne. Il reste que l'autoprésentation du concept est mise en demeure de s'identifier à une nécessité externe qui prendrait en compte le temps comme existence du concept. Il y a donc un dans-le-temps de l'esprit et un problème hégélien de ce dans, plutôt bien aperçu par Heidegger. Le temps exprime en effet la mobilité infinie du devenir. Il extériorise une négativité infinie qui advient dans le monde comme histoire. L'essence qu'il réfléchit dans l'être-là est le développement dialectique de l'Idée, une continuité de moments successifs qui se réfléchit elle-même dans la continuité homogène du temps. La philosophie hégélienne du temps est une philosophie des moments, ce qui exclut qu'elle

1. *Phénoménologie*, éd. cit., p. 56.

puisse être une philosophie *du* moment, qu'il s'agisse du moment opportun, *kairos*, rythmique, *êt*, ou moins encore de l'instant par où s'ouvre de l'éternel. Les moments du tout se dépassent et se relèvent les uns dans les autres. Hegel en conjoint les deux sens logique et chronologique en les recoupant dans l'unité de la continuité et de l'homogénéité du temps dont ils seraient la mesure. Le moment est à la fois moment d'un développement, d'une continuité, et moment du temps comme présent égal à soi, « maintenant »[1] indivisible et immédiatement positif. Le concept étant-là qualifie le temps dans l'unité substantielle et immanente de tous les moments, il nomme la co-incidence du développement de l'Idée et du déroulement de la chronologie telle qu'elle se rassemble dans l'unité de son être. Comme la continuité des moments est une continuité réflexive, le temps apparaît comme l'élément homogène *dans lequel* se manifeste la continuité dialectique du processus de développement de l'Idée : c'est « la suite des maintenant...formalisée à l'extrême et inexorablement nivelée »[2] dont parle Heidegger. Uniformément commandé par le passage de l'être au non-être et le dépassement du non-être en être, ce « temps nivelé »[3] faisait déjà l'objet de la critique circonstanciée de Schelling expliquant que ce ne sont pas les choses qui sont dans le temps, mais le temps qui est dans les choses, ou de Rosenzweig voyant dans le *Geschehen* du temps le temps lui même, son histoire et son événement. Même dans certaines formulations hégéliennes qui paraissent proches, parce que d'ailleurs elles le sont pour partie, il y va de tout autre chose que d'un se-passer. Il y va d'un *Werden*, d'un devenir dont le temps présente la pensée comme son unité négative.

On peut lire par exemple dans l'*Encyclopédie* : « Dans le temps, comme on dit, tout naît et tout passe...Mais ce n'est pas dans le temps que tout naît et passe, c'est le temps lui-même qui est ce devenir »[4]. Ce temps-devenir est l'intuition du sens de l'être comme mobilité. Comme Cronos l'Ouranide avaleur d'enfants, sa continuité qualifie la temporalité en la détruisant. Autodéploiement du mouvement des moments de la pensée, le devenir hégélien est intemporel. Partir de l'éternité de l'Idée et de l'intemporalité du processus logique oblige d'admettre que, pour concevoir l'histoire, il faille abolir le temps ou tout au moins s'y soustraire en pensée. La force de la pensée hégélienne est certainement d'inviter à ne pas confondre l'histoire effective et les structures de l'historicité, la suite empirique des événements et les conditions transcendantales de leur effectuation. C'est

1. *Leçons de Iéna*, 1805-1806 in *Gesammelte Werke*, éd. cit., vol. 8, p. 11 (trad. C. Bouton in *Philosophie*, n°49, 1996, p. 3-18, parfois modifiée).

2. *Sein und Zeit*, éd. Niemeyer, p. 432.

3. *Ibid.*, p. 435.

4. *Encyclopédie des sciences philosophiques*, § 258.

aussi sa limite. Car si les structures de l'historicité sont intemporelles, on aura sans doute à faire à une philosophie de l'histoire dont on voit bien qu'elle est en même temps une philosophie du devenir, sous la condition que ce dernier est lui-même intemporel, mais certainement pas à une philosophie du temps et moins encore de l'événement qui ne peut être prépensé, de ce qui arrive et dont la réalité prévient la possibilité. La dialecticité du temps, dans le jeu de sa positivité et de sa négativité, dans son se-dépasser, offre en quelque sorte l'opposé synthétique de sa messianité, du se-passer du temps. Devenir, réflexion et médiation relèvent indéfiniment le *Geschehen* du temps, soit sa temporalité même. Si le temps est « l'unité négative de l'être-hors-de-soi », « l'être qui, tandis qu'il est, n'est pas et tandis qu'il n'est pas, est »[1] ou encore « l'être étant-là qui immédiatement n'est pas, et le non-être étant-là qui tout aussi immédiatement est »[2], si le temps est tenu dans l'idée dialectique d'une continuité successive, il est la perpétuité d'un dépassement, d'un se-dépasser-soi-même.

La temporalisation hégélienne n'est rien d'autre que le travail de la négativité indéfiniment requis par le fonctionnement du système, l'acte de la différenciation dialectique continue, la pure médiation qui ne cesse de se convertir en immédiateté. Le temps, c'est-à-dire le concept, ne serait que la « contradiction » où sont tenus ensemble les « moments disparaissants »[3]. Cette dimension spectrale de la disparition inspirera à Hegel de beaux développements sur l'inquiétude absolue suscitée par l'anéantissement de la différence dans le temps et la consomption de toutes les déterminations, par l'autophagie de Cronos, si les enfants du temps sont le temps même, et l'on peut mesurer à quel point la téléologie rationnelle hégélienne n'est pas vulgairement objective. Elle engage sans doute l'histoire d'une subjectivité et c'est cette sienne insistance qui oblige la messianité à s'y mesurer. Il reste la question même que se pose Hegel dans les leçons de Iéna et qu'on peut strictement lui retourner en l'inversant : ne dénigre-t-on pas bien davantage le temps temporel, si l'on ose dire, en arasant la disjonction du passé, du présent et de l'avenir pour en faire l'expression d'une belle unité structurelle ou en déterminant la négativité, par-delà son inquiétude pourtant prise en vue, comme l'infini posé dans l'objectivité – qu'en le pensant dans ses crises, ses scissions et ses discords, dans l'inadéquation à son être ?

Le temps hégélien est donc ce cycle éternel c'est-à-dire absolument présent et substantiel, par lequel le présent se dépasse dans le temps achevé qu'est le passé autant que l'avenir comme non-être se dépasse en présent. Le maintenant fait l'unité de ces dépassements, pure médiation, comme le

1. *Ibid.*
2. *Leçons sur la philosophie de la nature de Iéna*, 1805-1806, éd. cit., p. 10.
3. *Ibid.*

temps lui-même en fin de compte, c'est-à-dire le concept au travail. La phénoménologie du maintenant conforte ainsi l'ontologie du présent unitaire pour assurer le primat conceptuel-temporel de celui-ci, lequel renverrait à la métaphysique de la présence et de la représentation selon Heidegger. En tout état de cause, c'est certainement en tant qu'elle « emboîte le pas à l'entente courante du temps » et qu'elle « suit donc le concept traditionnel de temps » que la « détermination hégélienne » constitue « le développement conceptuel le plus radical » de la compréhension commune du temps[1]. C'est en tant que telle qu'elle correspond le mieux à « l'entente courante » du temps telle que l'illustre l'historiographie. Elle permet en effet de se représenter de la façon la plus efficace un temps périodisable, une continuité découpable selon la succession totale des totalités ou des sous-totalités dialectiques. Les moments de l'Idée, ici, existent comme autant de périodes historiques qui sont, quant à elles, autant de modes de l'être-là du concept, de l'existence de l'Idée. On retrouve les questions abordées à propos de la philosophie hégélienne de l'histoire. La succession des peuples et des esprits des peuples sur la scène de l'histoire représente la saisie temporelle, par le concept, du mouvement intemporel de l'Idée. Telle serait au fond la structure sensée de l'histoire : si l'on ne veut pas se contenter de la représenter comme une accumulation d'anecdotes, il faut bien qu'elle se dispose selon un sens. Certes ce sens ne serait pas établi une fois pour toutes en fonction d'une universalité abstraite et ineffective. Mais on voit mal comment il pourrait ne pas retotaliser un passé dans un présent (la présence de ce qui n'est plus là) et ne pas envisager l'avenir comme sa réalisation ou son autoréalisation dans une unification possible des fins (la présence de ce qui serait déterminé à être là). La fin de l'histoire n'est donc pas une question aussi inconsistante qu'on dit parfois, même si elle peut virer aussi en mot vide. Elle n'en est certainement pas l'arrêt pas plus qu'elle n'est la visée consciente d'un but final. Mais elle est bel et bien impliquée par l'achèvement du savoir absolu, par la recherche de la liberté pour l'esprit puisque le système est un système de la liberté, par la doctrine du temps dans son ensemble. Par où reviennent les thèmes de la raison dans l'histoire et, en contrepoint, ceux de l'irruption d'un extra-rationnel, le neuf, l'imprévisible, l'inattendu. Une certaine circularité close du savoir apparaît très nettement dans les modèles du développement organique, de la providence ou de la théodicée, en particulier dans les *Leçons sur la philosophie de l'histoire*.

Si l'homogénéité du temps va de pair avec sa continuité comme existence en totalité, sa contemporanéité à soi, soit son deuxième trait

1. *Sein und Zeit*, éd. cit., § 82, p. 431.

hégélien, en constitue la structure. En effet, dans chacune de ses déterminations concrètes, dans chaque moment, le concept qui les traverse tous est présent à soi-même. Cette coprésence fait sa patience et cette patience, sans attente, le fait temps. Comment s'articule cette contemporanéité du temps hégélien?

1) Le temps, et aussi bien l'histoire ou le temps historique, est l'existence de la totalité. 2) Le rapport de la totalité à cette existence est immédiat. 3) Le rapport est donc lui-même l'expression immédiate d'une essence: les éléments de la totalité coexistent dans un même présent, ils sont contemporains les uns aux autres.

Dans la totalité hégélienne, c'est-à-dire dans l'histoire universelle, chaque détermination, une institution politique, une forme artistique, une religion, ne sera donc jamais que la présence du concept à soi-même dans tel ou tel moment. Cette coprésence des éléments dans le tout et les uns aux autres constitue le temps historique hégélien comme présence totale du concept dans toutes les déterminations de son existence. Cette structure permet de comprendre pourquoi il convient de se soustraire au temps pour penser l'histoire. La patience hégélienne est le résultat de cette soustraction que l'impatience, en revanche, voudrait s'épargner en sautant par-dessus *son* temps, c'est-à-dire sa détermination historique, pour tendre vers le temps lui-même. Ce qui en toute rigueur est impossible, de cette impossibilité qui, justement, caractérise l'impatience. La patience hégélienne est une patience du présent, mais d'un présent du concept, réflechissant sur soi et constituant l'horizon absolu de la raison et de la politique. Celles-ci sont les « organes du présent », selon l'expression schellingienne, ce qui signifie qu'elles signalent la co-originarité foncière du réel et du rationnel, l'intégration de l'ensemble de leurs dimensions dans le maintenant. L'avenir est le moment du négatif dans le présent, comme disent les leçons d'Iéna, soit du non-présent représenté dont l'être vrai est d'être maintenant, du non-être qui se dépasse en être lorsqu'il advient et fait disparaître l'être auquel il s'opposait. Aussi, lorsque nous pensons l'avenir, explique Hegel en 1805-1806, nous transférons sur lui l'être du présent: c'est en ce sens que l'essence de l'avenir, c'est le maintenant[1]. Rosenzweig opérera une remarquable dénaturation de ces propositions, comme il le fera dans l'*Étoile de la rédemption* pour les déterminations dialectiques du point, de la ligne et de l'espace de l'*Encyclopédie*. Il pratique en effet sur ces textes et ces concepts un continu dérèglement du sens des emprunts contractés auprès de Hegel. S'agissant de l'avenir, la pensée messianique rosenzweigienne, on le verra, transporte dans le présent l'avenir anticipé, l'avenir qui est là comme

1. Éd. cit., p. 11.

n'étant pas encore là, en disjoignant l'unité immédiate hégélienne de la différence et de son surmontement. C'est une tout autre expérience du présent, de l'instant et du maintenant qui s'en dégage : l'instant comme origine incessamment renouvelée de l'avenir, l'essence du maintenant dans cet instant comme l'avenir même. Cette expérience emporte une relation à la temporalité structurée par un immédiat aller-à-l'encontre de l'avenir, sens même du présent (*Gegenwart*). Elle destitue du coup le concept même d'expérience tel qu'il est construit dans la *Phénoménologie de l'esprit*, cette propriété de la conscience ou ce mouvement au cours duquel l'immédiat devient à soi-même un autre avant de retourner à soi en supprimant cet être-autre-que-soi.

L'ontologie du présent avec la phénoménologie du maintenant, la « patience du concept » avec « le concept étant-là », instaurent ensemble une entente du présent comme présence absolue qui empêche et invalide non seulement l'attente, mais même l'incertitude d'une anticipation. La chouette de Minerve a pris depuis longtemps son vol, elle a même regagné ses pénates lorsque le coq talmudique entonne son chant matinal. Tout savoir portant sur le futur n'est que « le dépassement étant de l'être déterminé comme dépassement non-étant »[1]. On comprend pourquoi Hegel éprouve toujours un certain embarras théorique, comme le remarquait en son temps Louis Althusser, lorsqu'il est confronté à la question des « grands hommes ». Ceux-ci ne sauraient en effet percevoir et moins encore connaître ce qui vient. Ils peuvent toutefois, et c'est ce qui en fait de grands hommes, pressentir l'avenir en gestation invisible dans le présent, deviner l'essence à venir en train de naître dans l'aliénation de l'essence actuelle. Il y a un écart entre le concept et l'être-là, cet écart est le temps. Une limite symptomâle semble ici s'indiquer où la synchronie au présent du temps pourrait être relevée ou relayée par son extase en un autre, par l'éclatement de l'unitotalité de l'unité et de la différence médiée par le temps. Le temps vécu serait-il autre chose qu'un medium ?

La décision temporelle

La retraversée de la doctrine hégélienne permet de revenir à la détermination lévinassienne du temps comme « attente sans visée d'attendu » et de mieux percevoir le contraste de la messianité et de la dialecticité et ce qu'il met en jeu. Le se-passer du temps (*Geschehen*) comporte une multiplicité d'événements dont le lien n'est pas un se-depasser les uns les autres.

1. *Ibid.*

Le rapport de l'attente et de l'arrivant non-attendu fait du temps l'empilement de temporalités disjointes et non-coïncidentes, mais surtout irrattrap ables, par où s'engagerait une pensée éthique de la temporalité. On a vu en effet que le temps hégélien, pure médiation, se déployait lui aussi dans une non-coïncidence, mais celle-ci se récupère toujours dans son dépassement en présent. Les temps du temps ne se rassemblent pas en coprésence de la totalité de leurs déterminations. Leur disjonctions, le battement de leurs rythmes dissonants, font qu'ils peuvent s'interrompre les uns les autres et se dérouler non pas sur un plan proprement chronologique, mais selon un ressaisissement qu'on pourrait dire avec Schelling généalogique, c'est-à-dire traversant des plans différents et feuilletés. Il est remarquable que le projet schellingien d'entente des temps, tel qu'il prend corps dans les *Âges du monde*, procède d'un point de vue radicalement différent de celui que détermine la théorie hégélienne. Il s'agirait en effet de s'en remettre très délibérément à l'expérience humaine du temps : sous la condition de cette confiance accordée, non à l'« entente commune », mais à la « conscience intime », on aurait alors quelque chance d'en comprendre philosophiquement l'effectivité. Cette présupposition anthropomorphique, qui fait songer aux modes de pensée de la Kabbale lourianique, en particulier dans ses comparaisons entre l'Adam biblique et l'Adam cosmo-ontologique, n'est nullement arbitraire. Elle s'ancre dans l'idée que l'homme « contient le temps à l'état d'enveloppement », ce qui lui permet d'entrer fort simplement dans des rapports aussi subtils que complexes avec le passé et l'avenir. « Dans quelles merveilleuses correspondances, dans quels intimes nœuds de relations ne se voit-il pas souvent transposé par ce lien intime, lorsqu'un instant présent lui semble s'être déjà produit il y a fort longtemps, ou quand il a l'impression d'avoir été témoin d'un événement ayant eu lieu dans un lointain passé »[1]. Cette généalogie est intime, superlative de l'intériorité humaine en même temps qu'elle est au principe d'une narration de l'histoire de l'absolu, selon les *Âges*. Le « système des temps » que retrouve Schelling en est l'épreuve vécue et non l'architecture dialectique, une expérience retranscrite sous la dictée du temps lui-même et non une construction inventée. Il obéit à la double entrée sur le fini et sur l'infini, le temporel et l'éternel, laquelle oblige à remonter jusqu'à un commencement absolu, jusqu'à un premier noyau de la nuit des temps, qu'il ne faut pas confondre avec le premier terme d'une série logique puisque l'homme lui-même contient toute la série « à l'état d'enveloppement ».

1. *Les âges du monde*, éd. cit., p. 134.

On ne retiendra ici de l'ample doctrine schellingienne des temps que certains aspects, partiels, qui pourront nourrir encore une pensée du temps messianique, en particulier tout ce qui se rapporte à l'organicité dynamique du temps. « Un organisme réside, profondément enfoui, dans le temps, et cela jusqu'en ses plus infimes divisions »[1], explique Schelling lorsqu'il engage sa pensée du temps sur la voie d'un jeu de forces qui pousse et tempère, épand et refrène, propulse et résiste. Issu de ce conflit de pressions opposées, le temps s'engendre sans cesse, il mûrit dans ses profondeurs, ainsi que l'offraient à penser la conception et l'étymologie hébraïques. D'une part, le temps apparaît scandé par les « temps » du *Qohelet*, cette « éternelle alternance d'avènement et d'effacement »[2], cette apparente léthargie de la durée indifférente. Mais d'autre part, cette apparente durée est brisée par ce qui la rythme car « à chaque instant surgit le temps, et en vérité le temps *en entier*, le temps dans lequel passé, présent et avenir sont dynamiquement dissociés et par là du même coup conjoints »[3]. À chaque instant, il naît des temps, comme dit encore Schelling, à chaque instant, donc, le temps tout entier éclot en une sorte d'éternité immédiate à partir de quoi le temps se laisse seulement penser, au lieu que l'éternité soit saisie à partir du temps, comme dans les représentations qui en font un présent dilaté à l'infini sur ses deux extrémités. Le temps humain est comme la réplique du « grand temps » des âges du monde, sa répétition restreinte : à chaque instant se rejoue de façon fulgurante la dissociation du temps et de l'éternité. De même que le Sans-fin d'Isaac Louria donnait lieu à l'espace en se contractant, de même la scission d'un principe actif depuis la simple indifférenciation donne lieu au temps en une façon d'éternité rétractée. L'instant humain, qui est bien autre chose que l'unité minimale de mesure du temps, reproduit cette sorte de *tsimtsoum* temporel, de crise incessante, de différenciation, de résistance et de tension, d'expansion et de contraction, d'où naissent à tout moment les temps. L'insistante métaphore schellingienne du fond obscur qui s'ouvre par fulgurances à l'existence est toute différente de celle du germe développé en fruit qu'on lit chez Hegel.

La différence effective des temps n'est pas de l'ordre de leur délimitation au sein d'une évolution, elle se fait dans un surmontement de tous les instants, qui pose les temps du dedans de l'organicité dynamique. Non seulement, comme pour Bergson, le présent se dédouble en perception et en souvenir toujours-déjà contemporain, mais, bien plus, l'homme confronté à sa propre temporalité est sans cesse et simultanément aux prises avec ses trois dimensions mêlées qui n'ont rien de la « mélodie » bergsonienne, car

1. *Ibid.*, p. 146.
2. *Ibid.*, p. 106.
3. *Ibid.*, p. 93.

c'est l'instant qui est leur point d'orgue et d'emmêlement : « le temps est en chaque instant le temps tout entier, à savoir passé, présent et avenir, et ne commence pas à partir du passé, ni de ses confins, mais du centre, et reste égal en chaque instant à l'éternité »[1]. L'homme tout entier est pétri de temps, et son corps en témoigne, comme le vit Proust, il en est l'œuvre. « Je suis moi-même le temps »[2] et ce temps que je suis touche sans cesse affectivement à soi, sans intentionnalité. Aux prises avec lui comme avec son existence la plus propre, de même structure extatique, il oblige en effet, contre toutes les représentations qui en font un « simple mécanisme de nos pensées », un « rien », à « tout voir d'emblée en vie et en acte », forme et essence, apparence et réalité, mais surtout décision et action, engagement et destin. Ainsi l'homme « apprend de ses propres faits et gestes le caractère essentiel du temps »[3], car celui-ci l'arrache à soi en l'exposant à ce qui le détermine immémorialement. Les expériences qu'il en fait sont indissociablement subjectives, puisqu'elles habitent familièrement ses peines et ses joies, et objectives, puisqu'elles sont la réalité effective, et terrible pour qui ne prendrait pas « au sérieux » le temps, du surmontement de l'éternité à chaque instant. Ce « grandiose système des temps »[4], et parce qu'il « répète » le grand temps du monde d'avant le monde et parce qu'il expose l'homme au-delà de lui-même dans toutes les structures de sa subjectivité, consonne avec les pensées qui font simultanément intervenir le pli des deux éons et leurs trouées historiques avec l'excès temporel qui, dans le sujet, renvoie à une altérité qui en serait le principe externe, à une mesure qui n'est pas à sa mesure.

Par opposition à la conception mécanique et spatiale du temps, la conception dynamique schellingienne peut en effet d'emblée nouer différenciation qualitative des temps et « considérations éthiques » liées à cette différenciation – ce qu'on retiendra ici de façon éminente. Cela tient à ce que l'organicité signifie que les temps ne nous sont pas donnés, dès lors qu'on les pense avec tout le sérieux requis, c'est-à-dire temporellement. Ils ne sont pas à disposition, ils ont a advenir, ce que leur arraisonnement à la linéarité ne pouvait laisser soupçonner. Cette advention « s'éprouve pratiquement dans le procès de toute vie ». Cette « expérience spirituelle »[5] fait accéder au temps par les structures d'existence qu'elle ouvre.

1. *Ibid.*, p. 98.

2. M. Merleau-Ponty (souvent si proche de Schelling), *Phénoménologie de la perception*, Gallimard, p. 481 : le « corps propre » effectuerait alors le synchronisme qui fait que les temps se fondent dans une même expérience de la temporalité.

3. *Âges...*, éd. cit., p. 146.

4. *Ibid.*

5. *Ibid.*, p. 124.

Qu'est-ce, par exemple, qu'un présent éprouvé pratiquement, c'est-à-dire effectivement différencié du passé, un présent qui ne soit pas simplement représenté comme une partie d'un écoulement constant ? Ce présent véritable, *Gegen-wart*, n'est possible que sur le fond d'une opposition effective au passé, *Ent-gegen-setzung*, d'un contre. Ainsi, qui ne cesse d'accorder sursis au passé et refuse de trancher n'a pas de présent décidé. De même, celui dont le présent n'est qu'un passé toujours-déjà passé n'a pas de passé, il y vit de façon inauthentique, car seule la survenue d'une vie inattendue est un présent. « L'homme qui n'est pas capable de se séparer de lui-même, de se détacher de tout ce qui lui est advenu et de s'y opposer activement, n'a pas de passé, ou bien plutôt il n'en sort jamais, il vit constamment en lui… La conscience d'avoir quelque chose derrière soi… de l'avoir posé comme passé est pour l'homme bienfaisante et salutaire… c'est à cette condition seulement qu'il peut se proposer aussi quelque chose. Seul l'homme qui a la force de s'élever au-dessus de lui-même est capable de se doter d'un véritable passé, seul il jouit d'un véritable présent comme il est seul encore à affronter un authentique avenir. Ces considérations éthiques suffisent à montrer que passé, présent et avenir ne sont pas de simple concepts de relation au sein d'un seul et même temps » [1]. Ce long extrait des *Âges* indique bien le nœud de temporalité où s'emmêlent éthique et intelligence des temps. Si passé et présent se différencient par l'incessante scission qui les tranchent, le rapport au futur s'institue autrement, mais cependant aussi dans le contre. Le mot allemand, *Gegenwart*, dit beaucoup de la nature du présent, de sa tension interne ou de sa tendance vers une pure futurition[2]. C'est en effet à partir de ce qui vient à l'encontre, donc de l'avenir que le présent se nomme. Le futur serait comme la torsion la plus intime du présent, sa crise interne la plus dynamisante, et, Schelling le dit expressément[3], l'allié le plus fidèle du temps. C'est bien cette immanence du futur dans le présent agonique, cette inscription du non-encore-là dans le là, qui constitue le coefficient le plus précis du messianique et de ses figures.

La scission des temps répète leur origine immémoriale. Dans l'ordre de la temporalité humaine, elle pose donc pratiquement et expérienciellement la question de l'acte, de la volonté, du commencement : le « pouvoir de recommencer, comme à nouveaux frais, sa vie éthique au milieu même de temps à la faveur d'une décision radicale » serait en quelque sorte un propre de l'homme[4]. Les termes et les cadres en sont temporalisés avec la plus

1. *Ibid.*, p. 260.

2. Cf. les claires indications de P. David dans sa Postface à la traduction des *Âges*, éd. cit., p. 338-339.

3. *Âges*, p. 104.

4. *Œuvres métaphysiques*, éd. cit., p. 280.

grande rigueur dans les *Âges*. Ceci signifie pour l'essentiel qu'ils sont rapportés à un ne-pas-se-connaître qui assigne l'humain à une origine perdue et dont la perte seule autorise qu'il puisse véritablement commencer. Cet acte et cette volonté qui, après avoir été menés à l'extériorité, sombrent immédiatement dans l'intemporel et l'immémorial emportent un excès du passé sur toute réappropriation comme sur toute parousie. Mais cet excès n'est pas de l'ordre d'une défaillance réparable. Il est au fondement de la liberté éthique, fondement lui-même fondé dans ce qu'il ne peut ni connaître ni se remémorer. « La décision qui, peu importe comment, doit constituer un commencement ne doit pas revenir à la conscience, elle ne doit pas être rappelée – ce qui revient presque à dire révoquée. Celui qui, en prenant une décision, se réserve le droit de la rappeler au jour, celui-là ne commence jamais »[1]. L'indécision ou l'incapacité de trancher de celui qui croit pouvoir refuser le « ne-pas-revenir-à-la conscience » s'apparente ainsi à un déni de la parole donnée. La fidélité à l'engagement souscrit s'ancre dans le commencement d'une décision mais ne se commence qu'à condition de ne pas être soi-même à son propre commencement. Ce revenir-à-la conscience du commencement reconduirait à la réflexivité d'un re-commencement incessant, en ruinerait la dimension décisionnelle et révoquerait finalement la possibilité même de la promesse en en faisant une promesse de soi à soi, sans destinataire et sans témoin, perpétuellement en quête d'autofondation. Le «rappel au jour» de l'immémorial, outre qu'il n'a pas de sens dans le système des temps schellingien, ne ferait que rapporter une parole donnée à un autre au même de la conscience de soi.

C'est parce que le temps *est* l'humain qu'il emporte d'emblée, dans la considération même de ses structures, la considération d'autrui, selon la constellation du temps et de l'autre relevée par Rosenzweig dans *La nouvelle pensée*. Un kabbaliste de Safed, Moïse Cordovero, expliquait au XVIe siècle que pécher était toujours pécher contre le prochain, que nul ne se nuisait seulement à soi, et ceci à raison même de ce que l'humain ne pouvait s'appartenir ou alors seulement dans la désappartenance signifiée par un dans-l'humain plutôt insaisissable, une nuit invisible impossible à ramener au jour, une extériorité incontenable dans la claire lumière du soi connaissant et se connaissant. «En chaque homme il y a quelque chose de son prochain. C'est pourquoi quiconque pèche lèse non seulement soi-même, mais aussi cette partie de soi-même qui appartient à l'autre», écrit Cordovero, qui voit dans cette structure de l'autre en chacun le motif le plus évident du commandement d'aimer son prochain comme soi-même : il est effectivement dans le soi[2]. Une formule qu'on peut lire dans le cours de

1. *Âges*, p. 213.
2. Cité d'après Scholem, *Les grands courants...*, éd. cit., p. 297.

1975-76 de Levinas semble ramasser les éclats brisés de toutes les déterminations rencontrées jusqu'ici. Elle se propose comme une définition du temps suscitée par la méditation de l'idée de l'Infini cartésienne : « Le temps serait l'éclatement du *plus* de l'Infini dans le *moins* » d'un sujet[1]. Le temps est l'endurance de l'Infini par le fini qu'il affecte, la façon diachronique d'une patience dont l'humain fait l'épreuve et où se défait tout contenu contenable. Inadéquation et incommensurabilité du plus et du moins, de l'intérieur et de l'extérieur ; altération de la subjectivité par la considération éthique où elle est toujours-déjà temporellement plongée ; éclatement ou extase de la structure humaine d'existence ; endurance du temps selon l'organicité dynamique de ses dimensions, cette impatiente patience qui bute sur ses limites – tous ces traits se rassemblent dans la détermination du temps comme rapport à ce qui ne peut être rapporté à soi, rapport/non-rapport pourrait-on dire à la manière lévinassienne, rapport avec ce qui n'est pas là, un arrivant, attendu mais qui déjouera toute attente, espéré mais dont l'arrivée risque fort d'excéder ou de défaire toute espérance positive. Le présent présentifié dans la pure possibilité d'un commencement ne peut être renvoyé vers la métaphysique de la présence car il recèle un acte, une existence, une naissance. Il est le mode de temporalisation requis par la décision qui tranche dans l'instant avec l'inamovible du temps[2], sans que ce mode soit une relation avec d'autres instants qui précèdent ou qui suivent.

L'ESPÉRANCE ET LA NOSTALGIE

On a déjà rencontré les déclinaisons kantiennes de ce rapport/non-rapport de la temporalité : soit comme *distance*, écart, de l'idée à son effectuation, infranchissable en théorie et cependant franchissable par le fait de la liberté, soit comme *distorsion* du droit, écart encore, entre régulation négative et passion de l'immédiateté, soit enfin comme *inajointement* entre la triple synthèse du temps et le commencement de l'éternité dans l'instant, entre physique et morale, comme dit Kant (mais peut-être est-ce là un impensé vrai de sa philosophie qui oblige la deuxième *Critique* à transgresser les règles fixées par la première, notamment en ce qui concerne la temporalité et son rapport à la causalité). On a indiqué en

1. *Cahier de l'Herne*, éd. cit., p. 73.

2. Voir J. Rolland, *Parcours de l'autrement*, PUF, 2000, p. 296 : « ce qui compte [pour Levinas], avant toute détermination du présent ou du passé en tant que dimensions du temps, c'est l'être-rivé et la possibilité d'une dé-rive. C'est là que le temps lui-même trouve sa temporalisation, sa durée ou sa diachronie ».

passant comment, pour le dernier Sartre par exemple, l'espoir pouvait quasiment se déduire avec nécessité de cette série de décalements. Sans doute ceux-ci ne laissent pas d'être problématiques. De la critique hégélienne de l'infinie perfectibilité comme imperfection sans fin, de son refus de l'éternisation et de la temporisation kantiennes, au sarcasme de Heine contre un Kant effrayé de sa propre audace théorique et ressuscitant pratiquement Dieu pour ne pas désespérer son valet, on a pu en effet considérer que l'immortalité philosophique postulée par la raison pure pratique n'était que l'inatteignable terme d'une poursuite inconsistante. Nous n'entrerons pas dans la discussion technique de ces points, encore qu'on pourrait en reprendre utilement la considération sous l'aspect de la double série kantienne du temps de la connexion des phénomènes entre eux d'une part, temps de la non-liberté, et d'un temps de la libre décision d'autre part, d'une problématique temporalité pratique qui en serait distincte (par où se retrouverait la violation d'une Critique par la suivante). Cette difficulté, dont bien d'autres suivent assurément, n'est-elle pas cependant préférable, grâce à tout ce qu'elle laisse ouvert, au réalisme cosmologique et au pathos de la perfection panlogique? Comme l'a bien vu Ernst Bloch[1], il y a dans l'exercice kantien de la philosophie « la conscience d'un danger » de « qui pénétre profondément dans l'obscur », ce qui apparaît encore plus nettement, s'agissant en particulier du temps et de l'instant, vers la fin de la vie de Kant, dans le chantier de l'*Opus postumum.* Kant est un philosophe qui laisse voir les interruptions et les insuffisances, ses usages stratégiques, de type derridien par exemple, en sont l'illustration. On comprend que Levinas ait pu y trouver de quoi faire pièce à l'angoisse heideggérienne et Bloch y déceler un tout autre rationalisme que celui du sujet connaissant. Il importe assez peu que le premier en ait sans doute forcé la lecture et que le second, selon une perspective qui ne nous semble d'ailleurs nullement illégitime, ait pu voir dans la chose en soi ce qui partout n'est pas encore et pousse utopiquement au cœur du présent phénoménal.

Le maintien kantien d'une coappartenance des opposés dans leur conflit inconciliable autorise ce type de réélaboration qu'on trouve aussi dans les notions schellingiennes déjà relevées de surmonté non-anéanti ou de vie fausse-propre, par exemple. Il en permet la reprise au bénéfice d'une pensée d'une « figure du monde qui n'existe pas mais qui doit exister », comme dit Bloch. Les analyses philosophiques de l'espoir ou de l'espérance[2] ne sont pas si nombreuses et il est plutôt convenu de n'y voir rien

1. « Kant et Hegel ou l'intériorité dépassant l'encyclopédie du monde » in *L'esprit de l'utopie*, éd. cit., p. 212-228.

2. Nous utiliserons indistinctement, comme le fait l'usage commun, les deux notions en y incluant le plus souvent et l'aspect expérienciel (la « vertu théologale » en quelque sorte) et le

qu'une « représentation subjective », comme dit Hegel après Spinoza. Pourquoi cette relative rareté? Parce que le savoir par concepts est historialement organisé autour de la connaissance de ce qui est, de l'être en tant qu'être, et que l'espoir est évidemment frappé de l'inconstance ontologique qu'y décelait Spinoza. L'espéré n'est pas, par définition, même pas dans son immédiate futurition. Si j'estime raisonnablement certain qu'il sera, je n'espère plus. Je n'espère pas en effet lorsque j'attends le bus. Peut-être commencè-je à espérer sa venue si elle est rendue improbable par une cause contingente quelconque : j'espère alors qu'il viendra tout de même. L'espérance oblige donc à une interruption de l'ontologie comme ontochronie. L'espérance kantienne qualifie un état hors l'être que la philosophie pratique fait valoir tant bien que mal contre la philosophie théorique. Remarquons d'emblée que la même situation « étrange » caractérise le hors-temps, l'être-hors-temps, de l'instantané platonicien[1] qui semble retrouver l'éclair dans lequel s'entrevoit le Bien dans la *République*. Étrangeté que retrouvera Kant, on l'a dit, en distinguant *Augenblick*, l'instant où le temps s'ouvre en tous sens, et *Zeitpunkt*, point-du-temps interconnecté au suivant et au précédent. L'instant absolu temporalise le temps en tant qu'il n'est pas relatif à d'autres instants.

L'éthique subjective de Kant est la métaphysique d'un monde coupé de Dieu. Mais, à la différence de l'hégélianisme, elle maintient dans la conscience l'idée selon laquelle notre destination dépasse ce monde-ci. Et c'est le temps (de la destination, de l'espacement du concept et de l'être-là) qui donne sens à ce dépassement ou à cette vocation. C'est certainement à ce titre que le messianique peut tenter de trouver appui chez Kant. C'est pour cette même raison qu'il n'est pas inconsidéré de solliciter l'un des plus grands philosophes de la finitude pour aborder l'idée d'un espoir qui irait au-delà de l'être. Bien au contraire, tout le propos critique suit du constat bien connu dressé par la préface à la première édition de la *Critique de la raison pure* : la raison se trouve dans une situation singulière, traversée qu'elle est par une tension déchirante entre la finitude de son pouvoir de connaître et l'infinité de son désir de connaître, entre la puissance de ses questions et l'accablement de l'illimitation. Sa finitude, c'est celle des limites de l'expérience possible. L'usage de son pouvoir de connaître a

jugement de probabilité, et la dynamique mobile et la « tension de l'âme ». On ne les modulera que lorsqu'il pourra être utile d'avoir à différencier entre un affect, l'espérance, et son objet, l'espoir.

1. *Parménide*, 156 d : « cette situation étrange dans laquelle on se trouve alors qu'on change d'état… c'est l'instantané, … le point de départ du changement vers l'un ou l'autre état… L'instantané, cette étrange entité dans l'entre-deux du mouvement et du repos, … dans le temps, il n'est nullement ». Sur l'opposition de l'*exaiphnès* et du *nun*, voir J.L. Vieillard-Baron, *Le problème du temps*, Vrin, 1995, p. 86 *sq.*

priori est limité dans le domaine théorique par une intuition qui n'est ni active ni créatrice ni originaire, comme l'est l'entendement divin, puisqu'elle reçoit ses objets de l'expérience. La limite de la raison kantienne, au sens où notre esprit est fini, n'empêche pas cependant qu'elle soit franchie, comme si les distances infranchissables avaient toujours à être franchies par une liberté qui n'est pas libre au point de pouvoir s'en abstenir –c'est sa « merveille ». Il faut convoquer ici [1] la distinction établie par les *Prolégomènes* entre limite et borne, *Grenze* et *Schranke*. Tirant un certain nombre de conclusions de la première Critique et des aventures dialectiques de la raison pure, Kant indique qu'il faut faire la différence entre les limitations purement négatives « qui affecte(nt) une quantité », telles qu'elles bornent les sciences de la nature et les mathématiques, et les limites qui, en délimitant un domaine, présupposent « un espace au-dehors » [2]. Le savoir scientifique est borné bien qu'il connaisse une extension illimitée. La raison est limitée dans son pouvoir de connaître par les frontières tracées par l'expérience, mais cette limite ne borne pas son regard, elle pense au-delà. Cette transgression de la limite à quoi « l'usage transcendant » de la raison l'incite sans cesse est donc interne et originaire. La raison n'est pas trompée par les sens ou l'imagination lorsqu'elle se porte au-delà de ses limites, comme le posent toutes les philosophies avant Kant. La distinction de la borne et de la limite inscrivent l'homme dans une double dimension finie et infinie. Elle marque ainsi la philosophie kantienne comme philosophie des limites *et* comme philosophie de l'exigence pratique d'une réalisation morale. La finitude ne va pas sans infinité, sous peine de contradiction logique : en orientant ma pensée vers l'infini au-dehors, vers « l'inconnu », « je ne le saisis pas il est vrai par ce qu'il est en soi, mais du moins par ce qu'il est pour moi, c'est-à-dire à l'égard du monde dont je suis une partie » [3].

L'ouverture que promet la limite par la clôture même qu'elle trace n'a de signification qu'au-delà de la connaissance finie du monde sensible, c'est-à-dire dans l'usage pratique ou moral de la raison. La limite de la connaissance théorique est levée pratiquemment. On peut donc dire, en laissant de côté les difficultés philosophiques considérables de ce passage à la limite par sa levée, que le rationalisme de la raison pratique transcende le

1. Comme le fait C. Bouton dans un texte limpide sur ce point, « "Que m'est-il permis d'espérer" : le problème de la finitude du temps chez Kant et Heidegger » in *Archives de Philosophie* 62, janvier-mars 1999, p. 48-69.

2. *Prolégomènes à toute métaphysique future...*, § 57, trad. Gibelin, Vrin, 1957, p. 140, trad. Guillermit, Vrin, 1996, p. 131, AK, IV, 352.

3. *Ibid.* On peut remarquer que la tradition juive élucide l'un des noms divins, *maqom*, espace, en expliquant que Dieu est cet espace au-dehors de l'homme qui, de tous côtés, l'entoure.

rationalisme de la connaissance dans les limites de l'expérience. L'idée de l'immortalité de l'âme, par exemple, est rigoureusement indémontrable, mais dès lors qu'est posée sa valeur pratique inconditionnée, elle va pouvoir revêtir, dans l'usage pratique de la raison, un sens déterminé. C'est ce rationalisme des postulats dont Bloch faisait mérite à Kant et qu'il opposait au rationalisme du sujet connaissant, c'est lui qui est à la source des impératifs moraux. La loi morale exige de la volonté qu'elle lui soit conforme, qu'elle cherche à la réaliser. Si aucun être fini raisonnable ne peut atteindre ce but, cette « sainteté » s'impose pourtant à tous en tant qu'impératif moral. Le messianique consistera en un certain type de temporalisation de ces requisits : *le « comme si » moral est un « pas-encore »*[1]. Le postulat pratique de l'immortalité de l'âme va ainsi rendre possible la visée du souverain bien par la volonté, en lui inventant en quelque sorte une durée infinie. Mais cette invention, si l'on maintient ce terme, n'est pas une illusion que la raison pourrait tranquillement dissiper, elle est au contraire interne à la raison pure, irréductible, comme la liberté et l'existence de Dieu. Tel est le sens de l'éternité signifiée par le postulat de l'immortalité de l'âme, non pas une vie dont nous serions gratifiés après la mort, mais une espérance.

La troisième question kantienne où s'exprime l'intérêt de la raison, « que m'est-il permis d'espérer ? » justement, n'est ni spéculative comme la première (« que puis-je savoir » ?) ni, non plus, purement pratique comme la deuxième (« que puis-je faire » ?). Elle est à la loi morale ce que la loi de nature est à la connaissance théorique, elle est dans l'excès de la raison, laquelle, en prenant uniquement pour motif l'objectivité naturelle, n'est pas en mesure de reconnaître le lien entre la loi pragmatique – l'espérance et ce qu'elle espère, l'espoir de bonheur qui en est le mobile empirique – et la loi morale –l'effort pour s'en rendre digne, effort infini, tâche sans terme. L'espoir et le savoir s'opposent selon leurs temporalités les plus intimes et les modalités qu'ils disposent chacun dans son ordre. L'un, le savoir, a pour objet l'être une fois qu'il est, l'être en tant qu'il est; ses procédures le conduisent en effet à la conclusion que « quelque chose est puisque quelque chose arrive ». L'autre, l'espoir, « aboutit à cette conclusion que quelque chose est (qui détermine le dernier but possible) puisque quelque chose doit arriver »[2]. La temporalité particulière postulée par l'exigence de la loi morale ne peut donc se soutenir des représentations métaphysiques de la

1. E. Bloch, *op. cit.*, p. 217, souligné par moi – remarquons en passant que c'est à cette structure même qu'obéit la forme des commandements inscrits dans le Décalogue : l'injonction est une promesse, l'impératif un futur : « (un jour viendra où) tu ne tueras point », par exemple.

2. *Critique de la raison pure*, Pléiade, I, 1366, AK, III, 522.

permanence invariable de l'être du temps. Elle n'a en effet rien à voir avec le temps des phénomènes régis par les lois de la causalité empirique et figuré par sa représentation linéaire et spatiale. Or c'est cette temporalité qui seule autorise que l'espoir puisse seulement être pensé. Sa durée doit être infinie, non-répétitive et toujours neuve puisque l'infini lointain de l'idéal n'exclut jamais ce mode d'immédiate proximité qu'est l'espoir. Il faut alors se décider en faveur d'un certain Kant contre un autre, « admettre une *temporalité pratique originaire* et…penser la raison pratique comme raison pure temporelle »[1]. Il faut donc temporaliser la pensée du temps comme forme de l'intuition et sortir de l'analogie de la ligne, sous peine de ne rien comprendre à la temporalité de la liberté, de la décision et du commandement d'avoir à progresser sans cesse vers le Bien – ce que tentera Kant dans *La fin de toutes choses*, on l'a vu, et dans quelques autres textes plus tardifs, l'*Opus postumum* en particulier.

La recherche des réponses possibles à la troisième question engage donc l'exigence pratique d'une temporalité propre à la volonté et rigoureusement distincte du règne mécanique du temps des phénomènes. Cette temporalité pratique originaire est concomittante d'une pensée de l'infinité d'un temps orienté vers l'avenir qui, de quelque façon, va toujours avec la finitude du temps, sans que l'un soit jamais la « doublure » ou la parallèle de l'autre. Il n'y a qu'un seul et même temps. Inhérent au postulat de l'immortalité de l'âme, l'espoir en indique le pli infini, existentiel et comme l'exercice même de la liberté dans le temps, sa destination après ma mort. Loin d'être une « doublure idéelle de l'activité » condamnée à « ne pas faire »[2], l'espérance « doit plutôt se comprendre comme une disposition permanente, en vertu de laquelle j'agis dans ma vie même et en ce sens avant ma mort » en « anticipant l'avenir dans le présent »[3]. Ainsi, la philosophie kantienne de la finitude espérantielle, de part en part temporelle, parvient à faire voir une conjonction de sens échappant à toute saisie par une connaissance dans le temps de ce monde-ci. L'espoir ne guérit d'aucune façon l'angoisse et ne dément pas l'existence comme être-à-la-mort, pas plus qu'il n'aurait l'improbable assurance d'accéder à la perfection. Il n'est pas en effet l'attente d'un bien moral qui ne serait qu'au ciel. C'est la raison expressément avancée par Kant pour montrer qu'il consiste bel et bien à « faire », c'est-à-dire à mettre en mouvement une activité pratique et non pas à anticiper passivement une récompense ou une

1. J. Rogozinski, *Le don de la Loi. Kant et l'énigme de l'éthique*, PUF, 1999, p. 59.

2. Les pages consacrées par Jankélévitch à l'espérance, « impuissante et dérisoirement inefficace », dans *L'irréversible et la nostalgie* (éd. cit., p. 155 *sq.*, ici, p. 171) sont peu convaincantes et on leur opposera la lecture de l'espérance kantienne proposée par P. Ricœur in *Le conflit des interprétations*, Seuil, 1969.

3. C. Bouton, art. cit., p. 65.

satisfaction. « Ceux qui croient qu'ils n'ont qu'à attendre les mains dans les poches ce bien moral comme un bien céleste », ceux-là n'espèrent pas[1].

Premièrement, tout espoir tend au bien qu'est le bonheur. Tout se passe comme si la troisième question kantienne, dans ce qu'elle problématise, ne présupposait que la seule acception hébraïque de *tikvah*, qui ne contient en effet que l'attente du bonheur, alors qu'*elpis* y ajoute l'appréhension du malheur et joue donc déjà sur l'association de la crainte à l'espoir, voire de celui-ci à une illusion pernicieuse, à un mal, et même au « pire des maux » comme dans la lecture nietzschéenne d'Hésiode[2]. Les quelques vers de la *Théogonie*, à peine explicités dans *Les travaux et les jours*, s'il n'est pas niable qu'ils s'offrent d'emblée à l'interprétation convenue qui en est généralement proposée, paraissent cependant recéler davantage de questions que d'adages définitifs. On peut interroger autrement leur contenu, si elliptique qu'il confine au mutisme ou au propos crypté. L'espérance est maintenue in extremis dans la jarre de Pandore d'où s'échappent les autres maux, sur l'injonction de Zeus. Elle ressemble donc à un mal, elle en est un, ou, plus exactement, elle est dispensée avec les maux, mise dans le même sac. Mais elle reste « dans sa maison indestructible », comme dit Hésiode, alors que les autres êtres ailés s'envolent pour frapper les hommes. Si elle est un mal, elle est un mal contenu. Elle est dans le « don du tout » que signifie l'envoi de Pandore, elle est expédiée avec tout le reste. Mais dans ce tout donné, elle maintient une réserve, un retrait, une retenue du dernier instant. Le reste de l'espérance, qui, dans le registre théogonique grec, se déploie sur des successions de sens tout autres que dans la dramaturgie prophétique, peut être compris dans l'ambivalence qui lui est propre, c'est-à-dire à partir de l'empêchement qui l'assigne au fond de sa jarre. L'espoir pourra évidemment ajouter le mal aux maux, ou tout au moins contribuer à l'économie et à l'équilibre du mal généralisé, si sa destination consiste à se propager *post festum*, ce que ne dit pas le texte. Mais il peut aussi bien revêtir un autre statut, si l'on considère qu'il est destiné à demeurer « en deçà des bords de la jarre sans jamais s'échapper au dehors ». Le reste, s'il n'a nulle force d'empêcher les maux d'exercer leur emprise, maintient l'énigme de sa rétention. Si on choisit d'être plus attentif, dans les vers d'Hésiode, à l'interruption de la propagation, à la mise en suspens de l'échappée belle des maux, qu'à la substance maligne de l'espérance, on pourrait aller jusqu'à dire qu'*elpis* est un *pharmakon*, une substance

1. *La religion dans les limites de la simple raison*, Pléiade, III, p. 192; AK., VI, 161.

2. *Humain, trop humain*, § 71 : « Un seul mal ne s'était pas encore échappé de la boîte. Pandore, sur l'ordre de Zeus, ferma le couvercle et il resta dedans... Ainsi [Zeus] donne-t-il toujours l'espérance à l'humanité : elle est en vérité le pire des maux puisqu'elle prolonge la torture des hommes ».

indéfinissable, poison parmi les poisons, remède peut-être, si..., lorsque..., ce que ne dit pas davantage le texte, bien sûr. Revenons à l'espoir kantien.

Si tout espoir tend au bien qu'est le bonheur, celui-ci n'est pas, il est à venir, et son obtention, si elle est possible, ne peut avoir la sécurité d'une certitude portant sur le réel. Elle requiert un effort, elle est fonction de l'action présente des sujets et de l'action future des générations. L'espoir stimule très fortement le « faire » et oblige à ne pas demeurer « les mains dans les poches ». On peut même considérer qu'il est capable sous certaines conditions d'éliminer la crainte et rien n'oblige à estimer que l'un ne va pas sans l'autre selon une solidarité mal démontrée. Casuistiquement, on pourrait dénombrer un grand nombre de situations concrètes où la non-obtention du bien espéré n'emporte nulle espèce de crainte. Selon une tradition philosophique qui a ses letttres de noblesse, de Sénèque à Spinoza, la sagesse est censée ne craindre ni n'espérer rien. Cette sagesse est ennemie du temps dont les oscillations, entre appréhension et exaltation, manifesteraient l'asservissement des hommes à tout ce qui, se tenant sous sa loi, en dépend. Pour le sage, la condition de la liberté consistera alors à s'en dégager par un effort continué, ce qui ne manquera assurément pas d'affermir son âme mais en l'enfermant dans une responsabilité pour soi seul et, du coup, périlleuse. On touche là à une différence essentielle entre la raison supputatrice, qui pèse la crainte et l'espoir selon le bénéfice ou la nuisance qu'ils vont procurer au sujet, et l'indiscernement temporalisé de soi emporté par l'espérance proprement dite. La première procède d'une évaluation supposée objectivement possible entre les choses qui dépendent de moi et celles qui n'en dépendent pas, dont le préalable garantirait contre l'illusion constitutivement attachée à l'espoir qui procède du désir, de la représentation et de la réalisation imaginaire. Elle repose donc, on le voit bien, sur mon seul attachement à moi-même qui me conduit à estimer les chances ou les risques liés à ce que je regarde comme étant en mon pouvoir ou pas. Là, le temps se referme sur la conscience évaluante et conditionnante. Or, d'une part, on doit considérer que les choses qui dépendent de moi sont certainement celles qui me sont le plus extérieures et qui m'importent le moins et, donc, que celles qui me sont intimes, où mon existence se joue, sont précisément celles qui m'échappent car il ne dépend pas de moi d'être ce que je suis. Il y a donc une illusion de l'évaluation objective et calculante qui vicie d'emblée les sagesses qui s'estiment trop vite affranchies des conditions psychologiques ou anthropologiques qu'elles constituent elles-mêmes en matrice générale. Pour prendre le plein sens de l'espérance messianique dont il est ici question, il faut commencer par se dégager de toute psychologisation. C'est en effet le subjectivisme insu des sagesses de l'évaluation maîtrisée objectivement qu'il faut écarter.

L'attente sans visée d'attendu en fournit la formule et le programme. L'espérance réouvre le temps replié du sujet craignant ou espérant pour soi seul car elle traverse toutes les réprésentations imaginaires et les désirs subjectifs [1]. Elle ne porte principiellement que sur ce qui ne dépend pas de mes forces propres. Elle n'est donc qu'à condition d'être sans conditions et, ainsi, de s'offrir au temps. Elle s'apparente dans sa gratuité et sa confiance d'attente à un don consenti à l'imprévisible.

On a déjà indiqué comment le messianisme degageait la perspective d'une sagesse *avec* le temps, soit d'une alliance conclue dans la finitude avec des significations qui l'excèdent, dans le présent avec le futur. L'espoir fait confiance à la fécondité du temps et de ses engendrements, ce qui ne l'empêche nullement de désespérer de soi, mais hors tout ressentiment contre le temps, pour renouer au contraire avec une confiance au-delà de l'être. Le temps espérantiel kantien, grâce sans doute aux difficultés que soulève son statut nouménal au sein d'une philosophie qui semble par ailleurs ne laisser place qu'au temps phénoménal de l'Esthétique transcendantale, atteste la profonde contrariété interne *effective* du temps dont l'être est toujours en un autre, selon le mot de Schelling. Dans sa conceptualité propre, il signifie que ce qui ne désavoue pas forcément l'être fini n'est pas nécessairement la pure et simple sanction de sa mortalité, laquelle obligerait à se penser à partir du temps plutôt qu'à envisager le temps lui-même depuis la mort. Limité par la mort, l'avenir n'est pas borné par elle. Transcendance et sagesse du *laken* messianique : nous sommes mortels, et pourtant nous espérons, nous sommes finis, et pourtant nous avons rapport à l'infini sur un mode qui n'est ni cognitif ni expérimental. Nous désespérons, et pourtant nous espérons encore [2]. De même que la patience requiert une réserve d'impatience, sauf à se tarir en attentisme quiet, de même l'espoir doit-il déjouer sans cesse le désespoir qui le guette en le rappelant à l'être. C'est pourquoi il ne peut qu'activer le présent. Mais d'où tire-t-il sa force d'interruption de tous les contenus ontologiques, si l'on tient d'une part que rien ne l'apparie par nécessité conceptuelle à la crainte et que, d'autre part, il commande du coup une action dans la vie même ?

1. C'est la différence relevée en son temps par G. Marcel entre « j'espère » (inconditionnellement) et « j'espère que » (représentativement), *Homo viator*, Aubier-Montaigne, 1944, p. 43.

2. Ce registre est bien décrit par Péguy qui y voit le « mystère » de l'« histoire » d'Israël : « La méconnaissance des prophètes par Israël *et pourtant* la conduite d'Israël par les prophètes, c'est toute l'histoire d'Israël » (*Notre jeunesse*, Pléiade, III, p. 56 –souligné par moi). Ce qui est remarquable, c'est que Péguy associe subtilement le mystère du *laken* à une sorte d'invention du temps propre à Israël (« Rome apporta le lieu, Israël ayant apporté le temps ») et consubstantielle à « l'horreur » que lui aurait inspiré « le glaive », « les préfets », « l'habitacle » (*Clio*, *ibid.*, p. 1157). Il en retrouve les effets jusque dans la « philosophie à plusieurs temps » de Bergson (*Note sur M. Bergson...*, *ibid.*, p. 1271).

Laissons-nous encore instruire par le regard et le geste de l'ange de l'histoire, par sa marche en recul vers l'avenir. L'espoir entretient une relation ténue mais puissante et singulière avec le passé, mais dans ce qu'il ne fut point, et avec la nostalgie, mais dans la souffrance des possibilités manquées. Il se souvient du Bien, c'est même ce qui le qualifie à en croire Goethe[1]. Comment entendre ce souvenir du Bien? Pourquoi cette mémoire serait-elle nostalgique?

Il faut ici distinguer. Il y a une nostalgie purement réactive qui, du passé, ne regrette que la passéité, la quoddité, comme dit Jankélévitch, « c'est-à-dire le fait indéterminé du passé en général ». Cette « nostalgie passéiste » ne rend le regretté regrettable que parce qu'elle le regrette[2]. Elle se fixe ainsi sur un temps défunt. Lorsqu'elle regrette ce qui fut fait, elle le regrette dans son être qui fut en tant qu'être, dans sa substantialité éteinte mais peut-être réactivable, à condition qu'une bonne volonté restauratrice vienne s'ajouter à la déploration nostalgique. En se tournant vers l'effectivité d'un moment du passé, vers l'être de son avoir-été et de son n'être-plus, la nostalgie passéiste croit ou feint de croire en effet qu'il lui suffirait de refaire ce qui fut fait pour abolir l'irréversibilité de son avoir-été-défait. Mais les restaurations ne reviennent au passé qu'en imagination. Elle peuvent bien refaire et transformer l'avenir en revenir. Mais elles ne peuvent guère faire que ce qui a été défait ne l'ait pas été. Le revenir est encore un avenir. L'aspiration rétrospective de cette nostalgie passéiste vise la positivité constituée de valeurs, d'institutions, d'œuvres, d'autres choses encore, dont la perte attise la souffrance d'un inconjurable irréversible. Le pathos qui l'accompagne peut à l'occasion fournir quelques motifs à la critique résolue du présent existant, mais le plus souvent « ceux dont le seul vœu est le retour au passé, qui ne veulent se surpasser quand tout (même le mal) se surpasse, ...ne montrent, par leurs éloges impuissants du passé comme par leur vitupération débile du présent, que leur impuissance à agir en celui-ci »[3]. Plus encore que la stérilisation du présent, la rétrogradation nostalgique ferme l'accès à la fécondité du temps, c'est-à-dire à l'avenir immédiat. Elle semble le vouer à la stase et à la stagnation. Le passéiste, immobile et l'œil rivé sur le décédé du temps, se met hors d'état d'apercevoir ou seulement de percevoir le neuf de ses engendrements, les événements du présent. Il n'y trouve qu'immobilité itérative. Le passéiste est un attentiste. Est-ce à dire que toute nostalgie doit être abandonnée à la

1. « Qui ne se souvient pas du Bien n'espère pas », propos recueilli par Hoffmannsthal dans son *Livre des amis*, Maren Sell, 1990, p. 53.

2. *Op. cit.*, p. 357 et p. 271.

3. *Âges...*, éd. cit., p. 260.

vindicte des Monsieur Homais du progrès ininterrompu ? Ne détient-elle pas une puissance projective insoupçonnée ?

C'est d'une autre nostalgie qu'il s'agit alors, celle que Goethe nomme authentique ou vraie : « Il n'y a pas de passé sur lequel on pourrait nostalgiquement se retourner (*zurücksehnen*), il n'y a qu'un éternellement nouveau formé des éléments élargis du passé et la vraie nostalgie doit toujours être productive, créer à neuf un meilleur… »[1]. Alors que la nostalgie passéiste abandonne le présent au mirage de son avenir, la nostalgie productive voudrait élargir le passé, c'est-à-dire mettre le présent à la hauteur des espoirs décus autant que du souvenir qui le transfigurera aux yeux des générations à venir. Elle espère pour le passé et se souvient pour le futur. Elle est sans commune mesure avec le désir qui la suscite ou l'intention qui la nourrit. On se demandera peut-être en quoi elle est encore nostalgie. Elle l'est à coup sûr comme « algie » pour tout ce qui ne fut point et qui aurait pu être, douleur de l'impossible réparation, tristesse et mélancolie de la finitude du présent et de l'irrémédiable du passé. Son principe est sûrement ce *Gemüth* dont parle Schelling, ce « cœur », ce sentiment intime ou encore cette conscience du passé le plus enfoui et le plus insondable qui sommeille obscurément en chaque homme, ténébreuse et vigile. Ce « principe de remémoration en nous » qu'est le *Gemüth* schellingien établit un lien subtil à ce qui échappe nécessairement à toute connaissance, à toute réappropriation par la mémoire, et anime pourtant le plus ancien jusqu'à en faire un temps « merveilleusement vivant »[2]. Parce qu'il est comme l'habitacle de la pensée qui a « renoncé » au savoir, le « cœur » peut donner accès à un bouleversement du temps par où le plus inconnaissable est le plus vivant. De ce passé qui, ressuscité, s'ouvre à elle dans l'émerveillement, la nostalgie éprouve aussi la douleur, et de façon d'autant plus intense et vive que le *nostos* est impossible en tant qu'effectif, bien qu'il ne cesse d'inspirer l'avenir et de nourrir l'espoir pour autant qu'il se laisse stimuler par le *kaïnon ti*, la pure nouveauté. La nostalgie productive l'est d'un pays où nous ne nâquimes point, comme dit Levinas du désir métaphysique. Non pas suscitée par le regret substantiel de ce que fut l'instant que le souvenir rapporte ou la patrie perdue qui persévère intérieurement en dépit de mon éloignement, mais par la blessure de leur être même. C'est par là qu'elle communique avec le temps espérantiel de type kantien, tendu vers la réalisation de la sainteté, dans une fidélité foncière à ses propres larmes. Elle ne regrette rien de la positivité du passé et des œuvres où il s'incarne et qui pèsent encore sur les vivants, elle est cette « flèche vers l'autre rive »

1. Lettre à Friedrich von Müller (1823), cit. *in* Goethe, *Erfahrung der Geschichte*, Insel Verlag, Francfort, 1982, p. 308.

2. *Âges…*, p. 222-223.

dont parle Zarathoustra[1]. Ni le remords ni le repentir ne l'orientent, mais un souci inquiet du présent, la conscience d'un extrême péril qui menace la tradition et sa transmission, dès lors que chaque instant qui passe se croit délié de l'entièreté du passé alors qu'il est proprement signifié par lui. Élargir le passé, comme dit Goethe, c'est lui donner voix au présent afin que sa bouche ne clame pas dans le vide, comme dit Benjamin. Entre l'irrémédiable de la perte et sa rédemption possible par l'espérance, toutes nos aspirations pour l'avenir sont portées par une nuit des temps, un éternellement nouveau. Elles en sont comme l'écho et il s'agit moins d'ailleurs de « créer à neuf » que de « réveiller les morts et rassembler les vaincus ».

Au tout début de l'adresse à la république de Genève qui ouvre le *Discours sur l'inégalité*, Rousseau, qu'on peut considérer comme la figure littéraire et philosophique inaugurale d'une nostalgie moderne, et politique, décrit le pays où il aurait voulu « vivre et mourir libre ». Il oppose « la république de nouvelle institution » où il n'aurait « point voulu habiter » à celle qu'il aurait recherché, une « république dont l'ancienneté se perdît en quelque sorte dans la nuit des temps ». Il ne s'agit ni d'un modèle revendiqué ni d'un vœu de répétition historique : la « nuit des temps » ne saurait occuper cet emploi et ce sont en revanche les républiques de nouvelle institution qui sont exposées à la tentation d'instrumentaliser le passé en le rejouant, pour y quêter les formes de leur légitimation. Genève est tout à la fois le pays où naquit vraiment Jean-Jacques et le lieu géométrique et affectif où la nostalgie d'un avenir républicain trouve à s'investir. La république rousseauiste est rétroprojective car elle est commandée par le principe remémoratif du « cœur ». On pourrait dire que Rousseau autobiographise le *Gemüth*, en quelque sorte, et qu'il parvient ainsi à conférer au récit de sa propre vie la force d'une critique de l'ordre existant. Augustin avant lui, Proust après, ont fait quelque chose de semblable avec la perte et la retrouvaille du temps. L'ouverture pratique et morale à un autre passé que celui de son être positif prime déjà sur la connaissance théorique de ce dernier, telle que l'historiographie en construit l'objet. La narration de soi oblige l'histoire universelle à s'oublier, non pas en la contraignant à l'effacement amnésique, mais en la soumettant au relief de la singularité, en ne laissant pas passer ses iniquités.

Contrairement à ce que pose l'autre nostalgie, la passéiste, ce n'est pas la perte (du sens ou des valeurs par exemple) qui est à déplorer ou qu'il faudrait retrouver en comblant le vide présent par l'aspiration de pleines doses de passé substantialisé. Ce sont au contraire l'excès de sens et la

1. *Ainsi parlait Zarathoustra*, Aubier-Bilingue, trad. G. Bianquis (modifiée), 1968, Prologue, 4, p. 56, « *Pfeile der Sehnsucht nach dem andern Ufer* ».

pesanteur des significations produites par les savoirs positifs du passé historique qui écrasent toute possibilité d'élargissement ou de délivrance. Il faudrait libérer le passé du sens qui l'asservit en le réduisant à un objet explicable. Rousseau le soupçonne fortement lorsqu'il critique la « philosophie moderne » dans la *Profession de foi du vicaire savoyard*, Benjamin le formule dans ses thèses sur le concept d'histoire. La nostalgie productive engage un rapport au passé qui serait d'infinie possibilisation, de réinvestissement de tout le passé dans l'absolu de chaque événement. Le principe de remémoration ne consiste pas à prescrire la récupération d'un souvenir auparavant soustrait, il le contrarie bien plutôt. Il désigne en effet en chaque homme une modalité essentielle de sa temporalité, une relation fondamentale à l'immémorial, l'infini dédale des voies et passages que lui ouvre le « cœur » vers le profond jadis.

Ce qui est perdu l'est sans remède et seule la nostalgie close d'Ulysse fait retour à Ithaque, comme le peint Jankélévitch. Mais si le passé est bien le royaume de l'impossible, l'irrémédiable peut être sauvé de son enfermement dans l'explication positive, remémoré dans son éclat d'aujourd'hui. Le perdu de la nostalgie, les choses perdues, le sont assurément à tout jamais. Pourtant, le perdu *devait*-il être perdu *puisqu'*il a été perdu ? Ou bien aurait-il pu ne pas se perdre ? Le péril est-il dans la perte elle-même ou, bien plutôt, dans son effacement mémoriel ? L'espérance rédime les choses passées en les délivrant du carcan de la nécessité inéluctable de leur perte, qui serait comme la perte de la perte. Tel est le sens profond de l'injonction prophétique d'avoir à ne plus se souvenir des choses passées : ne plus considérer la mémoire comme une chronique étale, une réserve sans limite où puiserait le rite, un ininterrompu « revenir-à-la-conscience » qui empêcherait très radicalement, à sa racine même, la moindre décision. Plutôt que reproductive, la mémoire doit être conversive, comme le *vav* qui peut inverser les temps grammaticaux de l'hébreu. Il y a un oubli qui ne fait sens comme remémoration pour aujourd'hui qu'à en saisir la signification en-deçà de toute distinction entre les antonymes de la mémoire et de l'oubli. Oublier, sous certaines conditions, c'est faire creux et faire relief, dégager l'événement de la nécessité plate et monocorde d'un enregistrement sans fin des jours anciens. Comme un pochoir, l'oubli en obturant certaines zones, fait apparaître sur celles qu'il laisse découvertes une forme, la forme d'un impérieux présent à quoi appelle la voix du prophète. Si ce qui est perdu l'est à tout jamais, quelque chose de cette perte, par cet à-tout-jamais, entre dans le présent. Réinstallée dans le temps, la perte elle-même, arrachée à l'engloutissement dans sa propre nécessité, rencontre l'infime chance d'une retrouvaille et le don d'un nouvel instant. Telle est la chance messianique du temps que décrit le Talmud : soudain, d'une soudaineté si absolue qu'elle peut inquiéter, l'objet perdu est retrouvé sans qu'on l'ait cherché, à moins que ce ne soit le scorpion qui pointe son aiguillon venimeux. Le « souvenir de l'oubli » et sa double détente dont parle Augustin au livre X des *Confessions* demeurent commandés par la mégarde qui nous redonne au temps, par la perte et la disparition, c'est-à-dire, selon la signification stricte de l'étymologie hébraïque, par le monde, *olam*, lequel n'est pas un « lieu »[1], mais un « âge ». L'espérance gratifie le temps qu'est le monde. Mais de quel bien son oublieuse mémoire est-elle la nostalgie ? De quelle sagesse peut-elle bien témoigner, qui ne soit pas vain ballottement entre l'espoir d'obtenir et la crainte de perdre ?

Le souvenir du bien

Le messianisme semble à coup sûr une folie aux yeux du sage stoïcien ou spinozien. Il est une passion du temps, attente, remémoration et espérance, alors que le sage voudrait se défaire de ses contraintes. Ne recèle-t-il pas cependant, comme la tradition juive le donne à penser, une sagesse moins aristocratique, presque plébéienne, qui verrait dans l'alliance avec le temps, avec ses contre-temps et donc aussi contre le temps, une éthique pratique, le commandement d'une relation à l'autre qui serait la seule façon de prendre au sérieux le temps ?

Au fond, la perspective laissée ouverte par Kant permet une reprise de ce thème sous une conceptualité particulière. Au sein de la subjectivité et du phénomène, il y a un espoir a priori qui n'est pas un démenti infligé à la finitude et au temps, mais au contraire une modalité de l'humain, c'est-à-dire une modalité proprement humaine de la finitude, du temps et du néant. L'entre-deux de l'espoir, comme le « dans » qui n'est jamais présence (autre-dans-le-même, infini-dans-le-fini), comme l'immanence au présent de la futurition, sont des biais ou des structures théoriques par où la texture messianique du temps se laisse décrire.

Le temps est attente. Mais cette attente n'est pas l'égrènement des heures, des minutes et des secondes. La pluralité feuilletée des temps ne constitue pas un autre temps que celui, homogène, des montres et des horloges. Le temps socialement mesuré permet le partage d'une commune installation des hommes dans la prévisibilité organisée du déroulement saisonnier des travaux et des jours, la vie économique, sociale, politique, les cycles de l'histoire. Mais ce temps régulier n'a lui-même cours qu'à raison de ce qu'il a pour office de conjurer, le soupçon d'une moindre

1. Voir *Midrach Rabba* sur Genèse, 68.

mesurabilité, la destructuration par l'aléa, le dérèglement par l'événement. L'attente sans visée d'attendu forme la substructure messianique, l'intimité et la secrète pulsation du temps social, de ses successions prévisibles et de ses processions rassurantes. Le pli indique la double articulation d'un seul et même temps en savoir et en espoir, il est la ligne de démarcation autour de laquelle les déplacements de la subjectivité temporalisent les temps. Ainsi l'attente ne se sait pas comme telle, ou alors elle se transforme en accès à ce qui peut être contenu dans un savoir, *hora certa,* pronostic, évaluation ou anticipation raisonnable. Si ce que j'attends est appropriable à mon attente, si je sais d'avance l'heure et le lieu, je m'installe dans le décompte nécessaire au continuum collectif. Si en revanche ce qui m'arrive excède et défait toute attente, si l'arrivant vient imprévisiblement à l'encontre, alors la mesure du temps est interrompue. Le temps compté ne compte plus, il est aboli ou simplement suspendu comme organe de comptage. De nombreuses modalités de l'expérience messianique du temps, amoureuse, poétique, éthique, subversive, attestent cette perte de la mesure. On ne voit plus passer le temps, comme on dit, c'est-à-dire qu'on ne le saisit plus dans son passage quantifié, on est soi-même saisi par la pure temporalisation. Mais comme le temps quantitatif continue d'être comptabilisé par des mécaniques automates, il est, lui, toujours récupérable au sens où je pourrais me réinstaller dans ses mesures et ses règles. Il est toujours un temps sans moi, c'est-à-dire sans ma temporalisation de sujet, le présent de mon absence à toute temporalisation pourrait-on dire, inauthentique si l'on veut puisque je peux m'en absenter puis y faire retour, ce que je ne peux guère avec le temps que je suis moi-même. La nostalgie ne se souvient jamais que des interruptions et des dérèglements de ce temps qui n'a besoin d'aucun sujet, elle voudrait retrouver ce temps intercalaire où logerait une bienheureuse subjectivité. De même, l'espérance fait-elle, de ces césures et de ces merveilles, du bien, mais elle les déplace dans le temps pour qu'il advienne à nouveau comme un temps avec moi, même si je n'y suis plus, *un futur du temps avec moi*, une chance donnée au temps et à la subjectivité que leur alliance soit reconduite et vivifiée.

La messianité du temps du sujet n'est pas équivalente à une « phénoménologie de la conscience intime du temps » et de la pure subjectivité, même si elle n'y est pas étrangère. Car elle n'indique le temps de la temporalisation et de la subjectivation que selon son pli, c'est-à-dire dans sa relation avec le temps de l'histoire commune des hommes. C'est la raison pour laquelle elle est nouée à la question éthique. Le messianisme, en arrachant le temps aux formes du savoir qu'on peut prendre de lui, inscrit l'horizon d'une utopie éthique dans la patience et l'impatience de l'attente. Cette utopie ne peut pas se totaliser dans une dialectique historique qui accoucherait de sa figure effective et topique. Car alors la futurition serait une catégorie de l'ontologie et l'événement une instance de la science de l'histoire, l'atome de sa matière. Le non-lieu se ferait lieu, c'est-à-dire espace creusé dans l'être historial, et se faisant lieu, s'intervertirait de façon implacable. Le temps serait ainsi encerclé dans la totalité qui lui donnerait sens ou dans la calculabité qui le préviendrait toujours (tendance qui eut ses représentants et ses lettres de noblesse dans la tradition juive elle-même, peu économe en calculateurs-de-fin-des-temps de tous poils). L'utopie peut donc être manie, souvent pointilleuse, parfois tératologique, du lieu de la réalisation, au détriment du bien dont elle ne se souvient plus. Détachée du souci éthique, elle risque alors de se confondre avec la pure chimère d'un oubli du monde dans son statut « olamique », et de s'exposer alors à ses retours et revanches.

Dans un petit texte de *Difficile Liberté*, Levinas appelle utopie un vouloir injuste qui choisirait l'allégresse du salut solitaire contre la patiente action éthique [1], ce qui correspond très exactement à la posture qualifiée de mystique par Rosenzweig, un tête-à-tête avec Dieu oublieux du monde et de son sauvetage. Il ne faut pourtant pas se méprendre sur cette condamnation sévère et un peu convenue de l'utopie. Ainsi, les dernières pages d'*Autrement qu'être* s'exposent-elles « imprudemment » au reproche d'utopisme et en soutiennent philosophiquement la charge. C'est que l'utopie comme non-lieu anarchique de la subjectivité est d'un tout autre ordre que la tendance au faire-lieu dans l'histoire et dans le futur. S'il fallait le ranger dans l'un des trois courants du messianisme juif distingués par Scholem, Levinas, qui s'y rapporte à partir du Talmud et non de la Kabbale ou du Zohar, se retrouverait sans aucun doute dans la première de ces tendances, celle qui accorde centralité à la Loi, se méfie des mouvements transgressifs et antinoméens et s'hérisse devant l'apocalyptique populaire. Mais cette réserve, d'ailleurs dominante dans la tradition, n'empêche nullement qu'une pensée articulée autour du non-lieu de la subjectivité puisse expressément se retrouver dans la qualification utopique. Le non-lieu est un contre-temps. La subjectivité ne saurait se tenir dans une temporalité adéquatement sienne. Ce que Levinas nomme sa messianité est attaché à sa vocation propre de subjectivité, c'est-à-dire à cette inadéquation, à cette impossibilité de se dérober, d'échapper à l'extériorité avant même sa manifestation. La non-coïncidence de la réponse du sujet avec l'appel qu'elle devance emporte une ubiquité de l'autre et de moi ainsi qu'une diachronie de la parole. L'utopie messianique telle que Levinas en dégage la signification pour la temporalité du sujet institue celui-ci à la

1. « Le lieu et l'utopie » in *op.cit.*, p. 133-137.

place d'un messie ayant à répondre ou d'un élu ayant à le faire venir. Mais cette institution est substitution et cette place est toujours déplacée. Délogé de son abri dans l'être et poussé dans l'excédence et la transcendance d'un infini, le sujet, en répondant avant l'appel, en vient à dire ce dont un autre pourra seulement répondre. Son temps est désaccordé par un bien qui n'est pas le même que l'être car il est en effet «ce qui n'entre dans aucun présent», selon le tout dernier mot d'*Autrement qu'être*, ce qui défait la conjonction d'une présence et le rassemblement d'une représentation.

De quoi se souvient le souvenir du bien lorsqu'il espère? Il ne se remémore pas ce qu'il fut, il n'appelle pas au revenir de son avoir-été. Le bien en effet n'est nullement l'essence de ce qui est[1], il est autrement que l'être et que le temps accordés, ce qui les fait sortir de leurs gonds en ayant toujours à venir. Le souvenir qu'on peut s'en former n'a par conséquent aucun contour ontologique. Tel est d'ailleurs le sens du messianisme sans messie. L'attente attend un invisible. Rendez-vous sans date et sans lieu, point de rencontre dont le centre est partout et la circonférence nulle part. Nous sommes sous le surplomb de cet invisible. Selon une interprétation talmudique, le mot qui désigne la couronne du sommet de l'arbre séfirotique (*keter*) dériverait du verbe attendre (*katar*). L'infime où se touchent quasiment l'infini qui fait émaner son influx et les créatures qu'il irradie serait donc un point ombilical où Dieu lui-même attend. Notre attente et celle de l'invisible attendent de se rencontrer. L'espérance est ténue, il lui faut se surmonter elle-même, c'est-à-dire espérer l'inespéré, attendre contre toute attente et au-delà de toute visée d'attendu. C'est ce que rappelle la tradition, dans une grande proximité avec la formule lévinassienne. Tout comme le pardon n'a guère de sens à s'accorder à ce qui est pardonnable, c'est-à-dire d'avance absous, en-deçà de tout pardon, l'espoir ne peut espérer l'espérable, mais seulement l'inespéré, voire ce qui aura été traversé du plus grand désespoir. «Le Messie fils de David ne viendra qu'au moment où on aura désespéré de sa venue»[2]. L'adage talmudique rend témoignage de l'incommensurabilité absolue de l'espérance et de ses représentations. Le désespoir dont il est ici question est le passage mondain où se défait la visée d'attendu, où se distend l'intentionnalité persévérante du désir de messie. Donnée après le désespoir, ce qu'on a appelé plus haut la venance rend l'espérance à sa dynamique. Celle-ci démarque l'espoir messianique de toute attente confiante et raisonna-

1. Cf. Augustin, *Confessions*, X, XXI: «Le souvenir du bonheur est-il comparable au souvenir de Carthage? Non... Au souvenir des nombres? Non...Au souvenir de l'éloquence? Non...Au souvenir de la joie? Peut-être car...la joie est une chose dont personne ne peut se dire sans expérience, nous la retrouvons dans notre mémoire et la reconnaissons... ».

2. *Talmud, Sanhedrin*, 97 a.

blement optimiste d'une issue ou d'un résultat qu'on escompte heureux, cette *Zuversicht* dont Bloch fait l'exact contrepoint du principe *Hoffnung*[1]. La prévision confiante, celle du progressiste par exemple, se situe à distance du temps historique pour mieux en déceler les effets de péréquation providentielle : considérés de loin, les déchirements et les tragédies trouvent à se compenser dans la ligne d'horizon d'une harmonie d'ensemble où les détails, c'est-à-dire les souffrances singulières, s'effacent dans le paysage. Contrairement au mirage de l'optimisme et à ses trompeuses consolations, l'espérance messianique trouve toujours de quoi désespérer. Pas plus que le doute cartésien n'est sceptique, elle n'est « optimiste ». C'est qu'elle procède d'une expérience intime du temps dans lequel elle est immergée – et il n'est pas illégitime d'un certain point de vue de lui faire grief de ne pas prendre le recul nécessaire. Dans sa fidélité existentielle et toujours possiblement désespérée à elle-même, elle est méthodique et hyperbolique, toujours démise de sa substantialité. Elle espère encore quand il ne reste rien à espérer et le « reste » des Prophètes tient sans doute aussi à ce rien espérantiel, à ce néant qui la désamorce sans jamais l'abolir, comme dans le vers racinien d'Atalide : « mon unique espérance est dans mon désespoir »[2]. S'il espère un salut là où est un péril, l'espoir messianique voit aussi poindre un péril quand tout paraît sauvé : le désespoir est le nom le plus propre des fausses espérances.

On peut d'ailleurs rapprocher la parole talmudique du « désespoir » de l'injonction prophétique d'Isaïe, « ne vous souvenez plus ». L'une et l'autre signifient que l'excession d'une démesure constitue à un moment donné la façon la plus vive de vider la positivité dévorante du réel, du présent, de ce monde-ci. Le désespoir du traité *Sanhedrin* ne doit donc pas s'entendre comme un « inespoir » (G. Marcel), l'envers négatif de l'espérance ou son retournement, il la creuse au contraire, et l'exaspère jusqu'à la désespérer. Il n'est pas du tout ce mal qui aboutit sur la mort toute nue, voire l'impossibilité même de la mort, dont parle Kierkegaard, puisqu'il dégage un chemin pour la venue après l'exhaustion de tous les autres. Ce « désespoir » va au-delà de tous les espoirs. Il relève de l'« entêtement » noté par Rosenzweig : il ne déprécie jamais ce qui ne peut *encore* être atteint et échappe ainsi à toutes les nuances du ressentiment contre le temps qui sera au centre de l'attention nietzschéenne. Il exacerbe les attentes prévoyantes et les calculs à vue afin que soit déblayé l'espace d'une espérance qui aura salutairement et préalablement désespéré les vaines consolations qui risquent d'empêcher la venue. Ce « désespoir » est en fin de compte à

1. Voir en particulier « Kann Hoffnung enttäuscht werden? » in *Verfremdungen V*, Francfort, 1962, p. 211 *sq*.

2. *Bajazet*, acte I, scène IV.

l'espoir de routine ce que l'oubli des jours passés est à la mémoire ressassante. Les deux gestes font violence à l'attente du simple attendu ou à la répétition fixe du passé. Dès lors que la conscience de l'attendant ou du commémorant contient ce qui du passé ou de l'avenir revient à elle, elle retient quelque chose d'un flux messianique et l'oblige à se couler dans l'homogénéité du temps et l'identité subjective d'une conscience de soi. La voix prophétique et talmudique appelle au bouleversement des contenus substantiels du temps et des affects afin que soit régénérée la possibilité de l'acte ou la venue impromptue à l'instant du « désespoir » et de l'« oubli ». Au fond ceux-ci ne relèvent ni de la privation ni du manque ou du manqué, ce qui est supposé lorsqu'on apparie leurs notions à celles d'espoir et de mémoire, à la façon du plus et du moins. Le désespoir et l'oubli vont au-devant de l'espoir déçu ou du souvenir passif.

Ils participent de ce qu'on pourrait appeler, en songeant à un passage du *Banquet*, la métabolisation du temps en tant qu'elle en féconde la dynamique messianique. Platon explique que la réminiscence ne peut se ressouvenir qu'à s'oublier elle-même, qu'à renoncer à tout tenir dans sa réserve. Se renouveler sans cesse par « ce qui se perd », l'oubli, et par « ce qui vient à l'existence », la naissance d'un nouveau, serait la condition de « la sauvegarde de tout ce qui est mortel », le corps, les manières d'être et le caractère, la connaissance. Le neuf revivifie l'ancien et le fait autre. Cette altération est la condition pour que les hommes puissent sans cesse se redonner ce qui s'est évadé du ressouvenir c'est-à-dire pour être des hommes en n'étant jamais identiques à eux-mêmes. Cette sauvegarde des mortels est en même temps le « moyen » de leur participation à l'immortel. L'oubli fonde la modalité la plus propre de notre rapport à notre chair, à nos désirs et à nos craintes, ainsi qu'à la vérité, ce qui est décisif ici. Celle-ci en effet, ou plus exactement sa connaissance, procède de ce que Platon nomme la perpétuelle « évasion (*exodos*) de la connaissance » qui permet le « remplacement de la connaissance qui s'en va par un souvenir tout neuf » et qui « sauvegarde si bien la connaissance qu'on la juge être la même »[1]. On dira de façon homologue que le « désespoir » talmudique sauvegarde l'espoir en l'évasant, si l'on peut dire, en le forçant à l'exode vers l'impossibilité de la venue, laquelle formerait dans le temps la condition de la venue, l'instant de l'effraction. On songe également ici à la sagesse du fragment 18 d'Héraclite : « Si tu n'espères pas l'inespéré, tu ne le trouveras pas. Il est dur à trouver et inaccessible »[2]. Sagesse si peu grecque, ou plutôt si peu philosophique (Héraclite, comme le savaient parfaitement Platon et Aristote, représente le carrefour où tout est encore possible, même l'impossibilité de

1. *Banquet*, 207d-208b, Pléiade, I, p. 742-743.
2. *Les écoles présocratiques*, trad. J.P. Dumont, Folio-Gallimard, p. 70.

la philosophie) qu'elle paraît consonner avec l'aphorisme talmudique. Là aussi une condition est donnée : pour accéder à l'inaccessible et pour trouver l'inespéré, il faut le surcroît et l'excès sur toute attente, contre toute attente, il faut que tout espoir soit précédé par ce qu'il est hors d'état d'atteindre. Alors l'inatteignable pourra être trouvé [1], mais sans garantie. L'espérance de l'inespéré est une condition négative, la parole d'Héraclite l'indique, et non pas suffisante de sa rencontre. En fait, il faudrait y entendre plutôt la description du caractère absolument imprévu, comme pour l'objet retrouvé du Talmud, et soudain, comme le scorpion, du surgissement d'une venue. Le nœud éthique de l'attente messianique rassemble en un questionnement incessant l'incontenable dans la pensée, l'inanticipable, et l'espérance espérant malgré tout et bien qu'elle ne puisse jamais être à la hauteur de l'inespéré. Comment attendre encore en désespoir de cause ? Suffit-il alors de ne pas anticiper, contenir ou prévoir pour qu'advienne l'inanticipable, l'incontenable et l'imprévisible ? Qu'est-ce qui fait venir le messie, qu'est-ce qui le retient ? Comment laisser son temps transpercer le temps ?

La tradition semble bien souvent suggérer que le messie est toujours-déjà disposé à venir, c'est-à-dire qu'il est toujours-déjà *là*, venu, espérant lui aussi. Un célèbre apologue talmudique en dresse le portrait en mendiant qui attend aux portes de Rome et qui ne prend même pas le temps de soigner ses plaies ou de changer ses pansements : de peur que..., au cas où..., on ne sait jamais ! Le renversement des rôles et des affects est saisissant. Il y a donc aussi un inespéré du messie : que les appelants soient enfin capables de se porter à la hauteur de leur appel, qu'ils se souviennent enfin du bien où s'enracine leur espoir, qu'ils le pratiquent pour en ouvrir immédiatement le temps, qu'ils oublient le souvenir du mal. Car autrement, si c'est le mal qui se souvient dans le « souviens-toi » des hommes, il n'y a plus de place pour l'espérance et le seul ressentiment aura conquis l'espace entier de la mémoire. L'appelé est prêt. Déjà venu, il ne demande qu'à répondre et à faire d'une venue immémoriale la soudaineté d'un présent, une venance. De quelque façon, les appelants n'appellent pas, leur appel contient d'avance l'objet qu'il désire, il retient l'existant en lui-même. Leur espoir n'est encore rien que la joie imaginaire d'un espéré dont l'inconstance fait une tristesse craintive (Spinoza), une prière exaucée avant toute prière puisqu'elle n'appelle qu'au maintien de ce monde-ci (Rosenzweig). Les

1. Voir le beau commentaire du fragment proposé par J.L. Chrétien in *L'inoubliable et l'inespéré*, Desclée de Brouwer, p. 149 *sq.*, qui conclut : « On peut le trouver [l'inespéré] et l'obstacle principal n'est pas de son côté mais du nôtre, dans notre absence d'espoir, dans notre renoncement, dans notre repli sur nos préoccupations habituelles, où nous ne cherchons que ce que nous savons d'avance pouvoir trouver sans changer ».

nombreux apologues où le messie est interrogé sur le temps de sa venue, mentionnent une réponse récurrente : tout de suite, immédiatement, à la seconde même, mais à condition que (nous l'attendions sans condition). Dans une lettre du 5 février 1917, Rosenzweig rapporte l'un d'eux et le commente si précisément qu'on se permettra d'en citer de longs extraits : « Toute action devrait être agie comme si le destin de l'éternité en dépendait. Car on ne peut jamais savoir *si* il n'en dépend pas. Je ne sais pas si tu connais la légende talmudique suivante : un rabbin rencontre le prophète Élie à l'entrée d'une grotte et lui demande où est le Messie. — « À l'intérieur de la grotte ». Il y pénètre et y trouve le Messie assis. Il demande alors : « Quand vas-tu venir, Seigneur ? ». Le Messie répond : Aujourd'hui. Le rabbin s'en va joyeusement et attend jusqu'au soir. Comme le Messie ne vient toujours pas, le rabbin dit à Élie : le Messie a menti, il a dit qu'il viendrait aujourd'hui. Élie lui répond : il voulait dire « aujourd'hui si vous écoutiez ma voix » [Ps. 95, v. 7]... C'est par la confusion entre l'aujourd'hui qui ne veut être que passerelle vers demain et l'autre aujourd'hui qui est tremplin vers l'éternité que peut s'expliquer tout ce qui est apparemment contradictoire... Nul jour ne porte écrit sur son front s'il est cet aujourd'hui-ci ou celui-là. « On ne sait jamais »... Israël doit *aussi* se frayer un passage d'aujourd'hui à demain et à après-demain afin que tout instant ait un aujourd'hui qui puisse susciter l'« aujourd'hui » de la légende »[1].

Deux ordres de remarques sont appelés par ces passages, qui concernent d'une part la temporalité messianique de l'aujourd'hui et d'autre part l'hypercondition éthique de la venue.

L'aujourd'hui messianique est un instant-tremplin. Aussi faut-il dire avec Rosenzweig : on ne sait jamais, on ne peut pas savoir à quel aujourd'hui on a à faire car chaque aujourd'hui excède tout savoir et tout espoir su, il suspend tout jugement qui se voudrait sans appel, tout acte qui se donnerait pour irréversible[2]. Il y va toujours d'un renoncement qui aura préalablement transité par ce à quoi il renonce et qui, ce faisant, finit par se renoncer lui-même. Une pensée au-delà de l'apprentissage du savoir, un espoir au-delà de l'expérience du désespoir, une mémoire au-delà de son salut par l'oubli, une attente contre toute attente. Chaque jour nouveau se présente à nous sans annoncer sa couleur ou sa teneur. S'il en allait autrement, la sauvegarde par l'exode, le renouvellement, verraient leur

1. *Gesammelte Schriften*, éd. cit., I, 1, p. 345.

2. Cf. les analyses de R. Draï relatives au *oulaï* (peut-être) et au *mi yodeya ?* (qui sait?) prophétiques, *op. cit.*, p. 175. Voir aussi Péguy, *Clio*, Pléiade, III, p. 1116 : « cette rage de vouloir faire, d'espérer, de compter faire de l'éternel avec du temporel (qui sait?), en y mettant beaucoup de temps ».

dynamique atrophiée et chaque aujourd'hui ne serait que la simple répétition ajournée d'un cycle. L'action, du coup, n'aurait d'autre contenu que la traversée quotidienne et sans cesse recommencée de la « passerelle » d'aujourd'hui à demain. Pour être proprement active, propulsive, il lui faut au contraire agir « comme si » l'éternité elle-même dépendait de sa capacité à faire le « saut », à recommencer l'histoire et à la réorienter. Chacun de ces « sauts » est une petite origine qui renouvelle, un prime-saut (*Ursprung*) qui engage des « exigences pour le temps » [1]. L'aujourd'hui absolu ou messianique est, au sens le plus fort, *Augen-blick*, cet « in-stant » qui peut « dévoiler du neuf à l'œil chaque fois qu'il s'ouvre » [2]. Entre l'instant présent et l'accomplissement, le délai est toujours nul mais, en attendant, reconduit à neuf [3]. L'aujourd'hui messianique est un maintenant – ou – jamais. Il est donc qualitativement différent du futur linéaire car il n'est pas l'anticipation ou le calcul d'une réalisation historique de vœux ou de promesses. Le messianique ne désigne à proprement parler ni un état ni une époque ni même une communauté à venir, mais la teneur infime d'une action ou d'un événement porteur d'*éternisation* [4]. Maintenant-ou-jamais : le messie ne peut venir qu'aujourd'hui car il est par lui-même la levée des prières qui ne peuvent plus attendre, ce que sait bien le mendiant de Rome toujours sur le qui-vive. La formule renvoie au contraste, déjà indiqué, de l'impatience du n'en-pas-démordre et de la patience de l'espérance renouvelée : « la venue du Messie est déjà pour « aujourd'hui », mais pourtant il n'est pas encore venu. Ce n'est pas encore le bon « Aujourd'hui » » [5].

À cette temporalité du maintenant-ou-jamais (« aujourd'hui ») vient s'intriquer la condition éthique d'une entente, d'un souvenir, d'un écho inconditionnels (« si vous écoutiez ma voix »). Cette condition n'est pas historique ou externe et, sous cet aspect, l'histoire apparaît toujours-déjà finie puisque la venue est instantanée c'est-à-dire inconditionnelle, si l'on entend par conditions l'ensemble des déterminations régies par les mécanismes historiques. Le temps historique ne pourra jamais être suffisamment objectif pour interdire sa propre interruption tout comme il ne pourra jamais à lui seul produire les circonstances de la venue. La temporalité messianique de l'interruption dans l'instant et l'hypercondition éthique du souvenir du bien s'entreconditionnent au plus haut point : le temps et la

1. *L'Étoile de la Rédemption*, éd. cit., p. 339.
2. *Ibid.*, p. 342.
3. *Ibid.*, p. 388.
4. *Ibid.*, p. 305.
5. *GS*, 3, p. 91.

morale sont investis par les mêmes enjeux et les mêmes affects, ce qu'a montré de façon très radicale la pensée de Levinas.

Le traité *Sanhedrin* expose contradictoirement et dialogalement ce thème, comme il le faisait autour de Shmouel et Yohanan à propos de la nature et du contenu des temps messianiques. Selon Eliezer, la seule condition de la venue, c'est l'effectuation scrupuleuse des commandements, l'effort vers le bien, le perfectionnement intérieur de la conscience morale. Pour Yehochoua au contraire, seul un événement concret et extérieur, indépendant de la piété pratique, pourra assurer l'effectivité de la condition morale. Le Talmud met ainsi en débat le « double regard » du monde et la typologie des activités éthico-pratiques selon la distinction des « œuvres » et de la « prière » indiqués par le Zohar. Mais leur tension est plus remarquable que leur éventuelle complémentarité. Les positions des deux rabbins sont très radicales. Eliezer affirme expréssément que, sans la réalisation de la condition éthique, sans l'écoute de la voix venue de l'autre rive, *le Messie ne viendra pas*. Yehochoua explique en revanche que même ou surtout si le monde est plongé dans le mal et le péché, *le Messie viendra* le rédimer, car autrement la trancendance de Dieu se trouverait révoquée et l'espérance abolie. La venue ne saurait être soumise purement et simplement à la bonne conduite morale des hommes et Yehochoua semble trouver la position d'Eliezer déjà un peu trop « sécularisée ». Deux voies paraissent ici se dessiner, celle de l'éthique pratique avec Eliezer, celle d'une possible dérive transgressive de type sabbatéen avec Yehochoua, puisqu'il faudrait que le mal soit exacerbé et l'espoir exaspéré jusqu'au désespoir pour que la venue vienne épuiser la positivité historique et mondaine du péché. En tout état de cause, l'interruption effectuera un prime-saut hors de la continuité proprement historique, elle surgira dans l'instantanéité d'un aujourd'hui propulsif, que la venue soit suscitée par l'entente éthique de l'altérité ou par la rupture catastrophique de la catastrophe de ce monde-ci.

Levinas a vu dans cette intrication du temps historique et du temps éthique, du cataclysme des mondes et de l'expérience de la temporalité vécue, bref de ce que nous avons repéré comme pli, « la situation messianique » par excellence. Le messianique relie ou repense ensemble, de façon inédite et souvent surprenante, ce que la tradition philosophique a analytiquement désuni dans le rapport différentiel sujet-objet ou volonté-vérité après qu'elle a manqué le moment de sa réalisation, comme l'analyse Adorno. Il suggère la possibilité d'une reliaison : le jour où l'universalité de la forme ne se donnera plus nécessairement dans le dépassement et la déliaison de la particularité et de la singularité, le jour où, au contraire,

« l'universalité préservera de l'anonymat, le Messie viendra »[1]. La distinction de l'universel et du particulier caractériserait ainsi une situation qu'on pourrait dire prémessianique. D'où la structure messianique de la philosophie en tant qu'elle s'efforce vers la relève de cette situation, sa résorption par la dialectique et la totalité. Quant au messianisme proprement dit, il est en quelque sorte la façon juive d'aborder la question de l'universel, non pas sous les catégories de l'ontothéologie, mais selon son incessante surdétermination par la *justice* qui forme ultimement et foncièrement son contenu le plus propre. La situation messianique, comme dit Levinas, verrait ainsi l'idéalité des droits, l'universalité du concept ou la rationalité des médiations « luire » dans un visage, et non plus s'exhausser au-dessus de lui en annulant la singularité de son unicité subjective. Le messianique signifie dès lors l'éthique car il engage « une vocation personnelle des hommes »[2].

Cette relation de signifiance, toutefois, n'est pas une équation. Sous le régime du « comme si », elle temporalise et instantanéise le rapport/non-rapport à l'autre : « être Moi, c'est être Messie », appelé à répondre et toujours sur la brèche, comme si l'éternité dépendait de cette responsabilité sans recueil de la pensée en intellectualité intériorisée, comme si la venue y était suspendue. Puisque nul ne peut savoir si tel n'est pas le cas, « chacun doit agir comme s'il était le Messie »[3]. Le souvenir du bien, incertain, stimule la certitude de l'action, de son urgence. Il n'est donc pas de l'ordre de l'*Er-Innerung* sur quoi se clôt la la *Phénoménologie de l'esprit*, car cette forme ultime et sublime d'une substance récapitule au contraire toutes les étapes de l'esprit enfin revenu chez soi. La réminiscence hégélienne, ce conservatoire de toute expérience, voudrait ne rien perdre de ce qu'aura traversé la conscience subjective dans la procession dialectique qui la fait accéder au savoir absolu. À la sauvegarde par « évasion », elle substitue une grandiose récollection intériorisante par où tout le passé s'assimile au présent actuel. Le souvenir du bien serait plutôt *inspiration* au sens lévinassien, possession du sujet par ce qui l'altère immémorialement et l'assigne à répondre inconditionnellement à l'hypercondition d'une voix. Le comme-si messianique relate et relance à chaque instant l'immédiate urgence de cette réponse. Il faut donc se garder de le confondre avec une quelconque et quiète « philosophie du comme si » à la Vaihinger[4], car il ne

1. *Difficile liberté*, « Textes messianiques », éd. cit., p. 117-118.
2. *Ibid.*, p. 118.
3. *Ibid.*, p. 120.
4. *Die Philosophie des Als-Ob* (1911), Leipzig, 1927 (10e éd.). Étant donné son statut ontologique très imprécis, le comme-si fictionnel de Vaihinger ne fait que sous-effectuer l'effectivité, si l'on ose dire, et c'est la raison pour laquelle il débouche sur un progressisme sans risque et bien-pensant. Le comme-si messianique tend au contraire à une incessante

repose nullement sur une conception instrumentale et nihiliste du discours, bien au contraire il en guette les promesses. Il n'emporte pas davantage une esthétisation de mauvais aloi du messianisme, comme Jacob Taubes en fait injustement le reproche à Adorno[1]. Le comme-si est l'indice temporel, vacillant mais tenace, d'une chance toujours redonnée à la venance disruptrice, dans le cours historique des causes et des buts qui fait le pont entre les temps et les égalise indéfiniment. Cette structure hypothético-pragmatique du comme-si, fréquente dans le commentaire rabbinique[2], impose d'agir comme si l'action à agir immédiatement devait à elle seule rassembler toutes les actions possibles et en épuiser l'immensité. Elle situe une précédence par rapport à toute évalutation stratégique à laquelle elle fournirait à la fois sa profondeur d'effectuation et sa condition. Le comme-si empêche toute différenciation hiérarchisante entre les multiples « à-faire » dont aucun des caractères singuliers ne pourrait plus dès lors se transformer en aspect secondaire ou en fonction inutile. Tout accomplissement est à la fois infime et vital et le moindre d'entre ces accomplissements par l'action reçoit ainsi la marque du maintenant, c'est-à-dire de l'aujourd'hui possiblement « absolu-messianique ». Telle action, dans tel maintenant, advient à chaque fois comme un événement dans lequel les trois dimensions du temps s'abolissent dans leur simultanéité : elles se détruisent en tant qu'incompatibles, se réalisent instantanément dans cette annulation par le faire puis se redisposent et se redistribuent jusqu'à ce que « le messie arrive ». Le comme-si messianique tire l'éternité postulée par l'impératif catégorique[3] vers sa nécessaire instantanéisation. Je peux bien agir de telle sorte que la maxime de ma volonté fournisse la base d'une législation universelle et éternelle. Il faut encore que cette éternité s'implique dans un maintenant : « de telle sorte que » obligerait alors à un immédiat « faire comme si ». L'universalisation de la maxime serait alors

sureffectuation du sujet (« comme si j'étais le messie ») et de l'aujourd'hui (« comme si tout instant était instant d'éternité »), confrontés aux requêtes du temps et de l'histoire.

1. *La théologie politique de Paul*, Seuil, 1999, p. 112-113. « La question de l'effectivité ou de l'ineffectivité de la rédemption » n'est pas aussi indifférente, dans la dernière phrase, incriminée, du dernier texte des *Minima moralia*, que l'affirme Taubes sans précaution. Elle ne signifie que *pour la philosophie*, laquelle, justement, est indéfiniment vouée à contempler les choses telles qu'elles se donnent dans la lumière de la rédemption. On peut estimer que le point de vue exposé par Benjamin dans son *Fragment théologico-politique* est moins radicalement opposé à celui d'Adorno qu'il n'en situe l'énonciation selon une autre perspective, celle de l'hétérogénéité du messianisme et de l'histoire, soit *pour la politique*.

2. Cf. par exemple *Sifre Deut.*, § 58 : « Sauvegardez dans la pratique toutes les lois que je vous présente en ce jour : elles vous seront précieuses comme si vous les aviez reçues aujourd'hui même au Sinaï, elles seront dans votre bouche comme si vous les aviez entendues à l'instant même... ».

3. Rosenzweig y voyait « la loi de la Loi », c'est-à-dire le cadre général et contrariant du comme-si (*GS*, I, 2, p. 789).

moins l'effacement du maintenant de l'accomplissement, comme c'est le risque avec le *als-ob* de Vaihinger, que l'exigence de faire dès à présent, tout de suite, l'expérience impérieuse d'une urgence incontournable, imparable. Quelque chose ne peut pas simplement se contenter d'être dans le temps anticipable et prévisible d'un déroulement calculable : à ce quelque chose, à ce temps qui passe infiniment le temps, à cet aujourd'hui, le faire-comme-si donne sa chance.

Le conflit d'Eliezer et de Yehochoua touchait déjà à toutes ces questions. Le messianisme s'y signifiait clairement comme ce qui peut arriver à tout instant, ou bien sous la réserve d'une obéissance aux commandements ou, à l'inverse, d'une désobéissance généralisée. Ce qui montre à nouveau que l'histoire n'est pas toute dans l'histoire. Plus exactement, elle est autant détotalisation de segments apparemment clos, éclatement de séquences temporelles qui semblent réglées d'avance, que totalisation en moments, périodes et civilisations successives, site d'un « progrès antihistorique » selon le mot de Schelling. Elle signifie en fonction de ce qui n'est pas elle, dépôt intime qui en scanderait secrètement les rythmes immanents ou instance externe qui en creuserait l'épaisseur ontologique. Utopiques ou uchroniques seraient alors les non-lieux messianiques de l'histoire, l'extériorité de leur être-au-delà. C'est en ce sens que l'éthique lévinassienne doit endurer le reproche convenu d'utopisme : il ne s'agit pas d'opposer l'ineffectif d'un sans-lieu à l'effectivité rationnelle de l'existant topique, mais de caractériser une tension propre à l'humain, non pas à l'Homme dans l'universalité de son concept, mais à ce qui en lui échappe à toute saisie dans le temps de sa conscience ou de sa mémoire. Dans son effectivité propre, l'humain n'est pas au rendez-vous avec soi-même dans un présent qui lui ferait pleinement accueil, il ne se constitue que dans un rapport à un non-lieu et à un non-temps, écart, débordement, laps-attente et espérance. Comme sa responsabilité est antérieure à toute origine dans un présent assumé, le temps de l'humain est irreprésentable, tout à la fois *avant* tout ce qui peut trouver en moi son principe et *après* tout ce qui s'accomplit à mon seul horizon immémorial et messianique. L'irreprésentable n'est donc ni ineffectif pur ni représentation en puissance. L'utopie éthique du messianisme n'est pas l'attente d'un lieu à venir pour les sans-lieux. C'est sa sécularisation en progressisme, marxiste, sioniste, libéral, qui dans son optimisme historique pose que l'utopie d'aujourd'hui, c'est la réalité de demain. L'attendu serait ainsi toujours précontenu dans l'attente. D'autre part, le non-lieu ou le non-être de l'utopie messianique de l'humain n'est pas un néant vide, c'est un rien-qui-existe. L'espoir, on l'a dit, en est la démonstration aiguë structurellement portée par le « non-repos du temps »[1], sa forme extatique et exilique. La sémantique le dit bien, on n'espère que ce qui en toute rigueur n'est pas, ce qu'on ne peut pas voir, comme dit Paul, et qui a impérieusement à être. L'inachèvement et la mélancolie temporelle emportent d'elles-mêmes « un pas au-delà du contenu »[2], le désir d'une relation avec ce qui ne saurait en aucune façon être contenu. Le messianisme peut-il cependant aller avec cette tristesse de la finitude sans se confondre avec un arrière-monde ? S'il constitue le caractère ou la façon de ne pas être à la mort, n'est-il pas du côté de l'illusion religieuse la plus courante ? Peut-on aussi espérer en-deçà du contenu et de l'attente, vouloir tout ce qui est arrivé, espérer tout ce qui arrive ?

ZARATHOUSTRA ESPÈRE-T-IL ?

Dans le champ de l'histoire de la philosophie tel que la question messianique en reconfigure certains axes, Nietzsche apparaît comme le concurrent du paradigme messianique qu'il affronte sur son propre terrain avec une intensité inégalée. Il représente à cet égard le pendant et le contrepoint du grand mouvement de sécularisation téléologique du messianisme qui culmine dans Hegel et s'achève dans les pensées du progrès. Sous deux aspects décisifs, Nietzsche se retrouve apparemment du côté du messianique contre l'évolutionnisme des philosophies de l'histoire. D'une part, il prend si au sérieux le temps qu'il entend le rédimer contre toutes ses dévaluations en non-être, disparition, passage et châtiment, dont il saisit l'origine à l'aube de la philosophie grecque, chez Anaximandre. Le ressentiment n'est au fond à ses yeux rien qu'une haine rentrée contre le temps dont la volonté de puissance aura toujours à se libérer, par où une espérance, et « la plus haute » dit Nietzsche, s'éveillera. D'autre part, la philosophie nietzschéenne se présente comme une philosophie de l'avenir (*Par-delà le bien et le mal* entend en exposer « l'avant-jeu » ou le prélude) portée par un messianisme de la volonté ou du surhumain mais qui récuse cependant toutes les représentations linéaires et homogènes du temps, une philosophie de l'avenir qui ne revêt jamais la forme d'une philosophie du progrès. On voit bien, une fois ces traits isolés, ce qui peut les apparenter à l'alliance confiante avec la fécondité du temps et à la pensée antiprogressive de l'histoire et de l'extra-histoire que fait valoir le messianisme.

On se doute pourtant, si l'on sait à quel point les thèses ou plutôt les thèmes nietzschéens ne sont jamais univoques et identiques à eux-mêmes,

1. *Cours...* in *Cahier de l'Herne*, éd. cit., p. 70.
2. *Ibid.*, p. 71.

qu'on risque fort d'avoir ici à faire à une pensée radicalement antimessianique qui aura étrangement su faire siennes les impulsions les plus puissantes du nerf messianique. La doctrine de l'éternel retour du même permet de s'en convaincre, non sans difficulté interprétative.

Zarathoustra la proclame avec hésitation et effroi, comme font souvent les prophètes bibliques lorsqu'ils semblent accablés et excédés par la parole qu'il leur faut parler. Dans certaines de ses parties, le texte, que Nietzsche qualifie lui-même de « cinquième Évangile », est rhétoriquement structuré sur le modèle prophétique avec lequel il joue comme pour en retourner affimativement les potentialités anciennes. Le chant des sept sceaux fait l'éloge de « l'éclair prophétique » (*wahrsagerisch*) et de sa destination qui serait « d'allumer le flambeau de l'avenir » [1]. L'impatience prophétique retrouve même l'urgence du « il est temps » propre à l'exacerbation espérantielle du présent qu'attestent les Psaumes, plusieurs fois répété à la foule dans le Prologue : « il est temps que l'homme plante le germe de son espérance suprême » [2]. Quelle est la cause de l'impatience de Zarathoustra, quel est l'objet de l'espérance espérée comme une délivrance à venir et d'où vient « la grande nostalgie » qui l'éveille ? L'état de choses actuel, l'existant, l'ancienne culture dont le complet retournement est annoncé ne se caractérise pas par une insupportable iniquité comme dans la Bible, mais par le nivellement généralisé dans la médiocrité heureuse, la bassesse et le rapetissement de toutes choses par le dernier homme. Ce dont Zarathoustra se fait le porte-parole, c'est le surhumain, l'horizon ultime vers lequel tend le surmontement du simplement et trop humain de l'humanité présente, satisfaite que toutes les choses mesquines soient autorisées depuis que Dieu est mort. Le surhumain, c'est « tout ce qui doit venir » [3] et vers quoi doivent être conduits les hommes, au-delà d'eux-mêmes et de leur identité béate, au-delà de leur essence humaine. Le surhomme est, à strictement parler, cet autrement qu'être-humain que prophétise, espère et enseigne Zarathoustra. Il n'est donc nullement la réalisation progressive de l'humanisme, son couronnement superlatif ou son achèvement dans un type supérieur qui effectuerait toutes les potentialités contenues dans une essence, mais le passage, la corde tendue, et même, à bien lire certaines formulations, la disruption interne de l'humain lui-même et de son nihilisme constitutif. C'est là, autour de cet improbable surgissement du surhomme au-delà de l'humain que fait retour la question du temps, dans des termes formellement homologues à ceux qui encadrent la

1. *Ainsi parlait Zarathoustra*, Aubier-Bilingue, trad. G. Bianquis (modifiée), 1968, p. 451.

2. *Ibid.*, p. 59.

3. *Ibid.*, p. 417.

question messianique. Comment en effet, dès lors qu'est récusée la progressivité rectiligne du temps, le surhomme pourra-t-il transpercer la rythmique des transitions et des dépérissements, des passages et des perditions, *Übergang* et *Untergang* ? Si l'histoire se présente comme le faisceau où s'entremêlent des forces contradictoires, des élans vers des sommets jamais atteints et des retombées dans le bonheur grégaire, s'il ne peut y avoir que *des* touts comme dit Rosenzweig se souvenant de Nietzsche, c'est-à-dire du cohérent et du chaotique indissolublement liés, comment l'avènement du surhumain pourra-t-il se produire en demeurant enfermé dans le temps humain ? Il faut qu'un abîme l'en sépare et l'éternel retour du même est très précisément la pensée de cet abîme, pensée qui veut sauver le temps et le vouloir du temps jusqu'à le déterminer comme devenir sans extériorité. Depuis les Grecs, on l'a vu, le temps est à la fois douleur et scandale, tant pour le commun des hommes que pour le philosophe. Douleur pour les premiers parce qu'il est du côté de l'irréparable et de l'irrévocable, du ressentiment et de la volonté quasi-involontaire du néant : sa « morsure » ne suscite que deuil, regrets et remords et sa « rapacité » (Augustin) efface et dévore. Scandale pour la pensée philosophique parce qu'il échappe à la prise, dans l'opacité qu'il oppose à la raison et l'obstacle qu'il dresse devant la liberté.

Les palingénésies cycliques des anciennes doctrines (Héraclite, Anaximandre, Anaximène et surtout Platon et les Stoïciens, tous textes que Nietzsche a profondément médités) semblent souvent prendre en charge la plaie du temps, la suturer en quelque sorte. Face à l'instabilité, au changement incessant et au devenir, la perpétuelle reproduction du rythme des naissances et des corruptions du monde peut consoler et rassurer. La périodicité ontocosmologique et le mouvement de rotation circulaire imprimé par le dieu que décrit le *Timée* (38c-39e) assurent la meilleure imitation possible de l'éternité. Le grand cycle annule de quelque façon le temps, d'une part en le régularisant, d'autre part en promettant son inéluctable revenir. De même la conflagration universelle des Stoïciens, qu'il faut se garder de confondre avec une apocalypse ou une fin du monde, permet-elle une régénération et un renouvellement de l'univers dans sa naturalité grâce au feu primitif. En tout état de cause, quels que soient ses scénarios, l'orchestration du recommencement prodigieux et du retour à l'identique après des cycles indéfiniment longs témoignent d'un refus radical de la nouveauté et de l'imprévisibilité. Qui ne peut penser une création à partir de rien peut difficilement affronter l'idée d'une destruction comme réduction à rien. Le surgissement de l'inattendu dans le temps pourra alors être vu comme une pure illusion, la mort elle-même faisant figure d'apparence inconsistante. Chrysippe n'explique-t-il pas qu'après notre mort et l'écoulement de périodes immenses, nous serons rétablis dans la forme que nous possédons à présent? N'a-t-on pas à faire alors à des consolations comparables à la vie après la mort des religions transcendantes et, en tout cas, à de semblables manifestations de la vengeance pesant sur le devenir?

La reprise nietzschéenne des anciennes doctrines est toutefois très ambivalente. Dyonisiaque et tragique, elle s'en distingue très profondément, on verra en quoi. Mais elle se présente aussi comme leur radicalisation puisque Nietzsche a été tenté de démontrer scientifiquement le retour éternel comme une théorie physique lié à un processus cosmique tenu pour objectif et réel. La courbure du temps le faisant revenir sur lui-même et le nombre de ses éléments étant fixe bien qu'immense, les combinaisons possibles ne pourraient que se répéter après s'être épuisées. L'activité est éternelle bien que le nombre des choses produites soit fini. Dans des notes de 1887, Nietzsche rapporte ce nombre à celui des états énergétiques. Il explique que le principe de conservation de l'énergie conduit à la doctrine du retour éternel parce qu'il implique une éternité bidirectionnelle selon laquelle l'énergie ne peut être produite à partir de rien, d'une part, et se conserve en se transformant, d'autre part. La limitation et la stabilité quantitatives qu'il attribue à la force est par ailleurs conforme au système fermé postulé par la première loi de la thermodynamique. La conclusion qu'en tire donc Nietzsche est que tout revient au même un nombre infini de fois, dans le même ordre et le même enchaînement. De toute façon, même fortuite comme celle de coups de dés à sommes égales, la répétition est plus probable que la succession indéfinie des différences, où le philosophe ne voit qu'une rechute dans l'ancienne représentation du Dieu créateur. De toute éternité et de toute nécessité, j'ai déjà existé et j'existerai encore, à l'instant précis où j'écris ces lignes. Dans ces termes mêmes, deux siècles avant Nietzsche, Leibniz, dans l'*Horizon de la Doctrine Humaine*, semblait conduit à une identique conclusion par sa Combinatoire. Le calcul établit en effet que le nombre des énoncés associés aux formules résultant d'un alphabet fini est lui-même fini et qu'à la longue plus rien ne pourrait être dit qui ne le fût déjà, et l'histoire ne décrirait qu'un cycle fini où les mêmes acteurs reviendraient tenir le même rôle. Leibniz aurait-il déjà joué celui de Nietzsche? Il semble bien que non. Pour lui, les vérités existentielles et singulières ne sont jamais les théorèmes d'une science de pur calcul, mais des événements. Les individus sont des êtres complets et infinis qui enveloppent les déterminations du passé, du présent et de l'avenir. Les décrets de Dieu affectent un univers architectonique et non pas mécanique. Leibniz conclue donc sa *Restitution universelle*, son *Apokatastasis Apanton*, sur le constat entièrement ouvert que « les vérités sensibles qui relèvent de l'expérience peuvent être diversifiées à l'infini...Et chaque esprit a un horizon de sa capacité présente au regard des sciences, mais n'en a pas de sa capacité future »[1]. Curieusement, la « réfutation » leibnizienne, avant Nietzsche, est comme rejouée et répétée, après Nietzsche, par la mathématique du transfini mobilisée par Borgès dans son *Histoire de l'éternité*. Allons directement à la malicieuse conclusion : « la rencontre du beau jeu de Cantor et du beau jeu de Zarathoustra est fatale à Zarathoustra. Si l'univers comprend un nombre infini d'éléments, il est rigoureusement capable d'un nombre infini de combinaisons et la nécessité d'un retour disparaît. Il n'en reste que la possibilité que le calcul montre égale à zéro »[2]. Plus déroutant encore, Nietzsche lui-même est constamment retenu dans son argumentation réaliste : il lui faudrait en effet soumettre ses démonstrations à une logique fondée sur le principe d'identité qu'il a lui-même fait voler en éclats au profit de la pluralité des sens. La doctrine de l'éternel retour du même s'autoréfute de Leibniz à Borgès-Cantor *en passant par Nietzsche*. La multiplicité de ses significations nous laisse devant une énigme et une aporie, devant « l'obscurité que contient cette pensée dernière de la métaphysique occidentale »[3]. Le terrain que nous venons de traverser, celui des preuves et des contre-preuves, ne sert qu'à l'évaluation du « beau jeu » nietzschéen, utile, symptomatique, mais trop obvie dans l'échec qu'elle sanctionne. L'enjeu de la doctrine du retour de l'identique, en particulier pour sa confrontation avec le messianique, est ailleurs. Il faut faire un pas en arrière, ou de côté, il faut, comme Zarathoustra, regarder en face la lugubre répétition circulaire de toutes choses.

Contrairement aux anciennes sagesses qui consolent du temps, l'enseignement de la pensée d'abîme s'offre comme l'épreuve où se tremperont les disciples, le « poids le plus lourd » dont il faut se charger[4]. C'est le nain, « l'esprit de pesanteur », qui en suggère l'horreur nihiliste et le désespérant fatalisme. Qu'espérer et que vouloir en effet si nous sommes condamnés à tourner éternellement dans la cage de la répétition sans fin? Peut-on se

1. *Op. cit.*, p. 77. M. Fichant, qui a judicieusement édité ensemble l'*Horizon* et la *Restitution*, souligne que, selon Leibniz, « pour les sujets réels, substances individuelles ou individus complètement déterminés, la loi optimale de leur constitution et de leur appartenance au monde rend d'abord invraisemblable la répétition, et finalement la récuse » (p. 197). Il rappelle également pourquoi la conclusion leibnizienne est redevable d'une profonde méditation de l'idée de *détail* : « la plénitude du détail va à l'infini et fonde l'individualité et l'irrépétabilité des acteurs et des événements » (p. 207).

2. *Histoire de l'éternité*, 10/18, 1971, p. 210.

3. Heidegger, « Qui est le Zarathoustra de Nieztsche? Note sur le retour éternel de l'identique » in *Essais et conférences*, Tel/Gallimard, p. 146.

4. *Le gai savoir*, § 341 : si la pensée de l'éternel retour s'imposait, elle anéantirait celui qui ne pourrait supporter la terrible question : veux-tu cela? le reveux-tu toujours et à l'infini? es-tu capable de « ne plus désirer autre chose que cette suprême et éternelle confirmation » ?

contenter de l'acquiescement simple et joyeux au cycle des cycles, de naître, donner des fruits et mourir, d'entrer dans la danse de la vie et d'en sortir comme toutes les créatures naturelles? Zarathoustra le dit parfois à ses animaux familiers et une certaine vulgate nietzschéenne le répète à l'envi. Mais cette patience minérale ne saurait correspondre à la fracture à venir du surhumain dans l'homme, elle serait plutôt du côté du sous-humain ou du dernier homme. L'homme ne se satisfait pas de venir, de se reproduire et de mourir. Il veut se surpasser, vivre dangereusement, surplomber l'abîme et viser les cîmes. Comme on sait, ce vouloir est le sens ultime de l'éternel retour du même car il affronte l'immortalité. L'éternité dont la volonté de puissance fait sa forme suprême n'est pas celle des religions révélées qui lorgnent vers une autre vie, mais un « sceau imprimé sur notre propre vie», une éternité voulue dans l'*amor fati* et le oui à l'existence. Cette éternité se veut elle-même dans l'effectuation de chaque instant d'affirmation de la vie, elle veut ce qui est, elle veut ce qui a été, elle veut ce qui sera.

Si tout revient, le devenir aussi bien que l'avoir-été sont, comme l'être est. Zarathoustra espère, mais il veut ce qu'il espère, condition même de son vouloir le plus propre, car celui qui à l'inverse espère ce qu'il veut ou voudrait est seulement «voulu»[1], il ne veut pas authentiquement. Zarathoustra veut tout ce qui fut, il veut tout ce qui sera. C'est le problème de l'être en son entier qui est ainsi pris en vue à partir d'une véritable *ontologie de l'espérance* qui oriente tout l'effort de Zarathoustra. L'espérance peut en effet se délier de toute crainte et le rapport au passé de toutes les petites nostalgies, du remords, du regret et du repentir. Attachée tout entière à la volonté, elle est détachée de toute attente car son seul impératif, c'est la nécessité, une nécessité réinventée comme volonté : l'*amor fati* est *ego fatum*. Par un acte de foi orgueilleuse, les puissances affirmatives libérées par le nihilisme actif «trouvent» dans le «cauchemar» de la répétition « une raison de se réjouir»[2] – enthousiasme tragique où le jeune Nietzsche avait cru voir l'essence de la croyance dyonisiaque. Le cauchemar, je le veux et je veux sa répétition. La fatalité du cycle, j'affirme que je la veux et que ma volonté est le «tournant de toute nécessité»[3]. En m'identifiant librement et souverainement à l'enchaînement des causes et des effets, j'affirme le primat de mon vouloir sur l'être et son monde. La volonté de puissance parvient ainsi à éterniser le devenir et à atteindre le sommet du renversement des valeurs. Elle peut affranchir le temps de son

1. *Zarathoustra*, éd.cit., p. 336.
2. Borgès, *op. cit.*, p. 215.
3. *Zarathoustra*, p. 422: «*O du mein Wille! Du Wende aller Not, du meine Notwendigkeit!*».

arrogance. Zarathoustra, en transmuant tous les « cela fut » en « je l'ai voulu », se fait « le rédempteur du hasard »[1]. Par l'éternel retour, le hasard devient donc destin, joué dans le jeu du monde par la réconciliation de la création et de l'anéantissement, de la vie et de la mort, entre fondation, refondation, défondation. Désormais le poids des deuils et les hypothèques du non-encore-advenu apparaissent comme « une ironie divine à l'égard de l'instant », « le monde se réfugie en lui-même » et le devenir est une danse et un jeu[2] où s'annule son ancienne opposition dogmatique à l'être et s'abroge l'antinomie métaphysique de l'être et du temps. Le ressentiment contre le temps est surmonté et aboli selon une circularité commandée par le vouloir : vouloir ce qui est nécessaire afin de faire du vouloir sa propre nécessité, de la nécessité un objet d'amour (*O du meine Notwendigkeit!*) et délivrer enfin du nihilisme. La difficulté de lecture de ces textes tient à ce que la nécessité nietzschéenne n'est ni causale ou mécanique, ni finaliste ou fataliste, ni déterministe. Comment comprendre ce paradoxe et, par là, mieux situer la façon dont cette pensée du temps prend place dans l'interrogation messianique et la conteste ?

En fait, la doctrine nietzschéenne tâche de rejouer héroïquement l'insupportable palingénésie des Anciens en lui fournissant la structure d'une dramaturgie prophétique : l'impatience éprouvée devant le « bonheur de mouches » du dernier homme[3], l'espoir du surhumain, le dépassement par-dessus l'abîme permettent peut-être de retraduire selon un scénario messianique l'optimisme satisfait de la répétition cyclique. Mais cette fureur de la volonté et de l'acquiescement, en même temps qu'elle témoigne d'une extrême lucidité à propos de ce qu'on appelera une souffrance du temps, paraît aussi s'enrayer dans un singulier aveuglement. « L'affirmation immense, illimitée, qui dit à Tout Oui et Amen »[4] n'affirme qu'elle-même. Elle n'affirme donc rien, sinon le rien, et ne surmonte le nihilisme que dans le nihilisme. Elle n'est certainement pas une satisfaction qui s'accommoderait de tout et qui n'inspire que dégoût à Zarathoustra. Cependant l'affirmation de soi comme auto-affirmation de sa propre éternité et de sa propre substantialité, en même temps que de l'éternité et de la substantialité de toutes choses, absout rétrospectivement la chaîne des événements passés et sanctionne prospectivement l'adhésion extatique à ce qui vient. Lorsque Zarathoustra déclare qu'il « aime celui qui justifie les hommes futurs et rédime les hommes passés »[5], il semble retrouver

1. *Ibid.*, p. 391.
2. *Ibid.*, p. 389.
3. *Ibid.*, p. 387.
4. *Ibid.*, p. 327.
5. *Ibid.*, p. 56.

l'espérance goethéenne et anticiper le sauvetage benjaminien. Mais justification et rédemption relèvent de sa « cuisine » propre, c'est-à-dire d'une volonté amoureuse du *fatum* et d'elle-même : « Je suis Zarathoustra l'impie. Je mets tous les hasards à mijoter dans ma propre marmite. Et quand ils sont bien cuits, je déclare qu'ils sont excellents, car ils sont plats de ma cuisine » [1].

Hasards, imprévisibilité, inattendable sont cuits dans les chaudrons de la volonté de puissance et immédiatement transformés en mets consommables pour l'éternité. Quant à la rédemption du passé, le oui et l'amen qui l'accompagnent en font un « ainsi-fut-il » sempiternel qui, là encore, ne rédime rien puisqu'il n'est qu'un ingrédient comme les autres, le présent et le futur, indiscernable comme eux dans une même plénitude d'affirmation. La fameuse parabole de la « poterne de l'Instant » présente un semblable effacement des différences temporelles, par incandescence, par exacerbation et non par aplatissement ou spatialisation nivelante. Si l'on suivait sans s'arrêter et jusqu'au bout les deux routes du passé et du futur qui se croisent et se contrecarrent au carrefour de l'instant, elles ne s'opposeraient plus car elles se montreraient comme une même éternité, en avant et en arrière : tout ce qui est a déjà été, et cet instant-ci également, entraînant à sa suite toutes les choses futures. Le passé et l'avenir tombent sans cesse l'un dans l'autre et l'instant lui-même n'est jamais *décisif* (Kafka) puisqu'il s'annule dans le tournoiement des éternités où s'engloutit le tout du temps. Il semble bien dès lors que la philosophie nietzschéenne de l'éternel retour et de l'instant signifie « juste le contraire d'une philosophie du devenir » [2] et que, par voie de conséquence, « l'enseignement de Zarathoustra ne nous libère pas de la vengeance », qu'il soit « encore un ressentiment tourné contre le passer pur et simple » [3] car il est encore désir de stabilité et de fixité, désir d'éternité. L'éternel retour ne serait que la tentative dialectique de résoudre l'antinomie du passer et du demeurer en imprimant au devenir l'image de l'éternité et en conférant à l'être une éternelle actualité.

Toute attente n'attendrait-elle qu'elle-même, malheureuse et funeste, toute espérance consiste-t-elle à demander ou à quémander son chemin ? Ces déterminants du messianisme, l'attente et l'espérance, ne décrivent-ils pas au contraire, comme on l'a vu, les voyages de Zarathoustra et ses

1. *Ibid.*, p. 339.

2. Jankélévitch, *op. cit.*, p. 109. « Le sophisme fondamental de Nietzsche était précisément le monstre d'une répétition éternelle », la contradiction du fini de la répétition et de l'infini de l'éternité. Mais on peut contester que le retour relève chez Nietzsche d'une « spatialité mal déguisée ».

3. Heidegger, *op. cit.*, p. 140-141.

errances de fils de la Terre : « interroger les chemins eux-mêmes et les essayer »[1] ?

Peut-être faut-il contourner le double verdict qui précède sans en contester les attendus, si l'on veut comprendre en quoi l'éternel retour est une figure éthique qui intéresse par contraste ou contrepoint la pensée messianique du temps. Notons tout d'abord ce qui relèverait de ce qu'on appelera le paradoxe de la marmite de Zarathoustra. On a vu comment le mijotage des « hasards » qui s'y concocte revient à l'affirmativité pure d'un maintenant où tout est « cuit » : les temps et leurs interruptions, les instants par où pourraient passer l'absolument imprévu, les attentes et les souvenirs. Or, justifier et rédimer requiert de dire non autant que oui, de suspendre et de refuser, de se souvenir et d'oublier. Mais il se trouve que Zarathoustra le sait parfaitement, lui qui fait annonce du surhumain. « Honneur aux langues et aux estomacs récalcitrants et difficiles qui savent dire *moi* et *oui* et *non*... Tout mâcher, tout digérer, c'est bon pour les porcs », affirme-t-il dès lors qu'il appelle à en finir avec la « satisfaction facile » qui consiste à « braire à tout propos oui et amen »[2]. Qu'en est-il de ce *non* ? Il libère. Il relève certainement de ce que Nietzsche appelle le nihilisme extatique, c'est-à-dire extrême et actif, celui qui restitue la totalité de l'étant à lui-même, soit à la volonté de puissance, et qui constitue pour lui le surmontement du mauvais nihilisme, métaphysique et mortifère[3].

Il y a donc un bon et un mauvais refus selon qu'il affermit ou affaiblit, qu'il sauve ou tue : le jeune pâtre tranche d'un coup de dents la tête du serpent qui l'étouffe, un *non* aussi affûté qu'un couteau le délivre du *non* néantisateur qui le menace dans sa vie. De la même façon, résister à l'ingestion du brouet de l'éternel retour qui mijote dans la marmite de Zarathoustra prouve un estomac récalcitrant. Dire non à des nourritures de porcs prédispose grandement à la sélectivité qui préside au surgissement du surhumain car un agir y est contenu. La place dynamique laissée à la résistance des mortels errants sur les bords de l'abîme ouvert du temps rejoint en un cercle l'affirmativité de l'*amor fati*. Revenir sur le passé de façon historiale, convertir le hasard en destin, réunir l'autrefois,

1. *Zarathoustra*, p. 384. Rabbi Nahman de Bratzlav recommandait semblablement à ses disciples de ne jamais demander leur chemin « de crainte de ne pouvoir se perdre ».

2. *Ibid.*, p. 382.

3. On ne dira jamais assez les difficultés d'usage de la notion de nihilisme. Elle ne désigne ni un diagnostic d'humeur porté sur l'atmosphère culturelle d'une époque ni une *Weltanschauung*, mais l'essence même de l'histoire occidentale qui, au terme d'un processus de dévalorisation du sensible, débouche sur la seule prestance ontologique de l'étant qui ne *vaut* rien. Ainsi, qu'on soit ou non d'accord avec lui, c'est en préservant sa propre conception du nihilisme que Heidegger peut conclure à l'adéquation entre nihilisme et valeur chez Nietzsche et rattacher alors celui-ci à la tradition métaphysique.

l'aujourd'hui et l'un-jour – autant de ruptures résolues avec la conception linéaire et homogène du temps. Ces cassures sont opérées par le oui consenti au passer, par le *zurückwollen* qui veut l'en-arrière le plus profond, le passage comme maintenant-toujours. D'une certaine façon, Nietzsche entend que l'homme se libère de la continuité métaphysique du temps pour en accueillir l'essence comme puissance du possible. C'est ce qui autorise qu'on repense la pensée du retour éternel, quitte à l'abandonner, dans cette méditation de l'éthique du temps qu'est le messianisme. Un « comme si » structure remarquablement ce qu'il faut bien appeler la morale de l'éternel retour. Il n'est pas seulement heuristique et problématique comme l'usage régulateur des Idées de la raison dans la philosophie kantienne. Il emporte un agir immédiat. S'il est bien différent du comme-si levinassien (faire comme si j'étais le messie), et même du comme-si rosenzweigien (faire à chaque instant comme s'il était l'instant de la venue), il s'inscrit aussi dans un cadre hypothético-pragmatique : faire comme si chacun de mes actes devait se répéter identiquement une infinité de fois. Le spécifique du comme-si nietzschéen, et sa difficulté, voire son extravagance, c'est qu'il engage la nécessité absolue de sa morale. « Je dois faire comme si » destitue tout *sollen* et y susbtitue un *müssen* implacable : il faut impérativement que je fasse comme si, car telle est la nécessité de la volonté de faire. Cet excès n'est au fond rien d'autre que le vouloir interne de la force poussé à son comble, comme dit Nietzsche. Il y a certainement une fureur nietzschéenne de la répétition comme il y a une fureur messianique de la venue, si l'on rapporte le mot à la *furor* latine traduisant la *mania* grecque, c'est-à-dire comme l'exception d'une règle, l'instruction à la limite, le « coup de génie ».

L'homothétie de l'exacerbation et de la structure hypothético-pragmatique permet alors de comprendre la doctrine du retour éternel comme une figure économique autorisant un saut dans l'éternité, une pensée du rapport du temps et de l'éternité. On remarquera que l'extrahistoricité détient dans la pensée de Franz Rosenzweig une fonction strictement comparable : elle indique la possibilité d'une anticipation de l'éternité dans l'histoire, le présent instantané d'une éternité toujours-déjà vécue et habitée; elle soulève du côté de la considération historique des objections qui peuvent faire penser aux insolubles questions emportées par les tentatives de démonstration physique ou arithmétique de la répétition. Pour Nietzsche, il s'agit de faire valoir sa doctrine dans le jeu du monde : si chaque instant se répète à l'infini en arrière et en avant de lui-même, alors l'avenir est passé et le passé reviendra. Le présent s'égale à l'éternité et la vaut. Ce sont les coefficients de temporalisation qui caractérisent ces deux pensées de l'éternité, l'une comme « tremplin », l'autre comme « poids le plus lourd », qui font leur profonde différence.

Force est de maintenir l'ambivalence extrême de la pensée nietzschéenne du temps car elle répond et donne voix à l'ambivalence du temps lui-même – c'est sa force toujours vivante, son actualité toujours nouvelle. Nietzsche lui-même n'aurait pas sans doute pas souhaité que le grand mouvement de sa pensée fût immobilisé dans la figure d'une synthèse. Si l'on veut esquiver les « deux échappatoires » que signale Heidegger à propos de l'éternelle répétition, sa critique comme mystique ou comme simple reprise d'une très vieille doctrine [1], il faut sans doute la délivrer de sa propre emphase. La lecture benjaminienne du retour nieztschéen associé au retour selon Baudelaire et selon Blanqui en représente la plus précise tentative, le plus juste sauvetage. Elle justifie à elle seule l'étape nietzschéenne de cet ouvrage. Les termes mêmes, les mots de Zarathoustra, y sont rapportés d'une part à une souffrance du temps qui suscite pour les modernes ennui, mélancolie et dégoût et d'autre part à la visée de bonheur qui s'en suit, à l'inachèvement que le messianisme a pour secret office d'achever (tout comme il inachève l'achevé). « La pensée de l'éternel retour fait de l'événement historique lui-même un article de masse...Le retour de constellations quotidiennes se raréfiant...il suscita la sourde prémonition qu'il fallait se contenter des constellations cosmiques... » [2]. Les « habitudes courtes » du trop humain prévalent, le temps moderne inflige la succession sérielle et mécanique de tous les aujourd'hui non-messianiques qui se répétent sans fin et ne cessent de renaître. L'histoire revient toujours comme une unique catastrophe continuée, cet amoncellement de ruines qui méduse l'ange. L'éternel retour de l'identique dit et décrit le même du temps linéaire tel que le proclame le gnome, l'esprit de pesanteur : le temps est un cercle [3], un ricanement infernal qui se reproduit comme un écho interminable. L'affirmation active de la volonté, si elle retourne la négativité des forces en volonté de puissance, parvient-elle à rédimer le temps ? Ou ne se sauve-t-elle pas seulement elle-même ? Ne faut-il pas le scalpel messianique pour désentraver l'idée de l'éternel retour et en laisser sortir le principe d'inachèvement, l'ambivalence féconde du bonheur de l'*encore* qui n'est pas celui de la satisfaction « de mouches » devant l'invention achevée du dernier homme ? « L'éternel retour est une tentative d'associer les deux principes antinomiques du bonheur, celui de l'éternité et celui du : encore une fois. L'idée de l'éternel retour fait surgir par enchantement de la misère du temps l'idée spéculative (ou la

1. *Op. cit.*, p. 146 (il n'est pas certain que Heidegger lui-même échappe à la seconde).
2. *Zentralpark*, fragment 9, in *Charles Baudelaire*, Suhrkamp, éd. 1980, p. 159.
3. *Zarathoustra*, éd.cit., p. 314.

fantasmagorie) du bonheur. L'héroïsme de Nietzsche est la contrepartie de l'héroïsme de Baudelaire qui, lui, fait surgir par enchantement de la misère du philistinisme la fantasmagorie de la modernité »[1].

Soumis au regard messianique qui sait y déceler l'antinomie du bonheur et de l'éternité, de l'encore-une-fois et du pour-toujours, la grandeur saturnienne de la doctrine de l'éternel retour apparaît enfin dans sa profonde signification symptômale. Le mélange de séduction et d'horreur qu'elle provoque doit être continument maintenu dans les tentatives d'interprétation qu'elle appelle. C'est elle en effet qui en fournit la clé de lecture la plus efficace. La doctrine nieztschénne doit se comprendre à partir de l'effet de *transfiguration* ou de *sublimation* qui lui est propre. L'héroïsme de la volonté est un héroïsme désespéré, c'est-à-dire qu'il entend épuiser et achever le cercle complet des figures de l'espérance afin d'échapper au ressentiment. Il ouvre alors au deuil, voire à une façon de plainte contre le temps. Mais cette plainte, contrairement au ressentiment et à la vengeance, ne console pas. Elle refuse l'illusion des arrières-mondes, elle n'abdique pas. Le deuil porte accusation contre l'aujourd'hui et sa répétition. Pourtant, il ne suffit pas d'affirmer et de vouloir le même du temps pour le délivrer de ses enchantements et le rédimer. Le possible au-delà messianique de l'éternel retour se laisse entrevoir par le prolongement de la pensée d'abîme selon le « principe de remémoration » schellingien, c'est-à-dire en lui restituant son épaisseur de souvenir, en y décelant la demande faite au présent du passé de revenir une nouvelle fois et de durer « encore ». C'est ce que propose Benjamin, lorsqu'il « répète Nietzsche et constitue sa chance »[2] messianique. Sa lecture immerge les significations du retour de l'identique dans ce qu'il appelle, improprement peut-être car il y va surtout d'un redoublement hippocratique, la « dialectique du bonheur » qu'il découvre dans la *Recherche* proustienne. La « volonté de bonheur » présente une double face, « hymnique » d'un côté, « élégiaque » ou « éléatique » de l'autre – « L'une : l'inouï, ce qui n'a jamais été, le comble de la félicité. L'autre : l'éternel encore-une-fois, l'éternelle restauration du bonheur originaire, du bonheur premier ». Le passé inouï n'accède à sa propre compréhension qu'en revenant dans un présent historique. Il peut même n'avoir jamais été qu'une aspiration, un vœu. Sa restauration, en « transformant l'existence en forêt enchantée du souvenir », lui assure une renaissance, un recommencement à neuf. Elle en fait la trace d'un souhait jadis inaccompli et confié au présent de la mémoire qui doit en répéter le geste et, ainsi, en retrouver « l'enchantement », c'est-à-dire le

1. *Zentralpark*, tr. fr. 35, *op. cit.*, p. 179.
2. F. Proust, *L'histoire à contretemps*, 1994 (Cerf), Livre de Poche, p. 82.

plus vif d'un désir d'achever ce qui ne le fut point[1]. Cette double temporalité du « bonheur » est au cœur de la nostalgie messianique du temps, la « grande », la « plus haute » nostalgie. En éclairant le paradoxe de la marmite de Zarathoustra d'un jour qui n'a pas du tout la noirceur de la « vengeance » et du ressentiment, elle indique que la nostalgie du retour ne fait que rappeler au présent qu'il est en dette d'une tâche empêchée jusqu'à lui et qui a à éternellement revenir. Telle serait la « rédemption du temps » visée par Zarathoustra et attestée par la répétition des jours de fête et les anniversaires, dans les analyses qu'en suggère Benjamin, tel serait aussi d'ailleurs le seul contenu effectif du « devoir » de mémoire : faire revenir l'unicité événementielle de l'inachevé pour le restituer et l'accomplir.

« De ce qui est inachevé (le bonheur), la remémoration peut faire quelque chose d'achevé et de ce qui est achevé (la souffrance) elle peut faire quelque chose d'inachevé. Cela relève de la théologie, mais la remémoration nous fait faire une expérience qui nous interdit de concevoir l'histoire d'une manière fondamentalement athéologique, bien qu'il nous soit interdit de l'écrire en termes immédiatement théologiques »[2].

Messianiquement « sauvée », la doctrine de l'éternel retour décrirait tout à la fois, dans une ambivalence saisissante, la souffrance de l'identique, de l'immobilité et de la pétrification du temps et le bonheur à venir de la répétition de ce qui ne fut que préfiguré, selon les modulations diverses d'une nostalgie sans ressentiment, attentive à toutes les nuances du encore-une-fois. C'est le sens de la conclusion de F. Proust dont on a évoqué l'analyse : « La chance de l'unique est sa répétition, non sa répétition à l'identique…mais son retour comme image qui, intervenant dans le présent…le fait exploser et sauve ainsi les vivants et les morts en leur promettant survie et résurrection. C'est en doublant le temps qui revient, en l'accompagnant dans ses doublures que vient la chance de le rattraper »[3]. Aux *oui* de l'affirmation pure de la volonté, il faudrait encore et aussi ajouter la volonté des *non* de la « théologie » benjaminienne et l'effectuation par la *deuxième fois* rosenzweigienne. Il faut donc vouloir le revenir pour rédimer le temps qui revient car « l'un des mystères dont se compose la structure du temps (est) qu'en lui tout est là en même temps, sans être

1. *Zum Bilde Prousts* in *Illuminationen*, Suhrkamp, p. 337 (*Gesammelte Schriften*, II, p. 312).

2. *Das Passagenwerk* in *GS*, V, 1, p. 589, mais aussi, et encore, Péguy, qui y voit comme la loi de « tout le temporel » : « nulle œuvre, si achevée soit-elle…n'est temporellement si achevée, n'a temporellement si complètement reçu son chef qu'elle ne doive encore en un autre sens…être perpétuellement achevée comme inachevée… ». Scholem note que l'usage conversif de la lettre *vav* (voir *supra*, p. 45) consiste essentiellement à autoriser la réversion syntaxico-temporelle de l'inachevé en achevé et de l'achevé en inachevé.

3. *Op. cit.*, p. 86.

là » : le temps est donc « plein de possibilités irréalisées tout en étant bourré de choses qui semblent exister seulement pour la vie qu'elles recèlent et qui, pourtant, ne portent pas de vie en elles »[1]. Il faut donc vouloir plus encore que le revenir, il faut vouloir rédimer le temps pour que son revenir soit « doublé » dans une résurrection. La question du politique et de l'inadéquation qu'il signale fait ici retour comme fond politique messianique de l'éternelle répétition.

1. Hofmannsthal, « Le poète et l'époque présente » in *Lettre de Lord Chandos et autres textes*, Gallimard, 1992, p. 81.

CHAPITRE V

L'ÉCART DU JUSTE

Quels qu'en soient les abords théoriques essayés et les pensées mobilisées dans cette perspective, le politique apparaît en fin de compte comme ce qui jamais ne serait adéquat à sa visée rationnelle. Dès lors qu'il est envisagé du point de vue messianique, il est en effet soumis au « double regard » commandé par le pli du « ceci qui est » et du « cela qui vient » et aperçu dans la fragile nécessité de sa pratique. Celle-ci relève tout à la fois d'une urgence impérieuse qui ne la borne pas et d'une intrinsèque limite qui l'ouvre, de l'instant et du recommencement, de l'acte immédiat et de sa répétition à neuf, d'une impatience et d'une patience. Le temps messianique nomme la temporalité d'attente de ce ne-pas-être-adéquat et des vécus d'expérience qui en résultent pour les sujets. L'attention qu'il emporte ne vise guère les contenus effectifs de ce qui adviendra, mais bien plutôt la teneur en messianité de tel événement singulier car « quand rien ne vient, il vient toujours du temps »[1]. L'attente messianique attend au présent, mais dans un présent éprouvé comme un entre-temps, un événement entre du temps davantage que du temps séparant deux événements ou deux instants.

Éternellement en souffrance de son adéquation à soi, le politique suscite un faire et lui inflige la défaite d'un à-refaire. L'interruption représente sa nostalgie salutaire. La répétition est sa loi et le désir d'arrêt le moteur qui la fait avancer. C'est ce constat qui conduit la règle rosenzweigienne de la « *limitation* de toute politique qu'il faut *faire malgré* tout »[2]. Sa déceptivité est moins mélancolique que messianique. Elle prévient en effet l'illusion adéquative, l'illimitation tyrannique, l'*ubris* toujours possible d'un

1. H. Michaux, « Jouer avec les sons » in *Passages*.
2. *GS*, I, 2, p. 969.

politique qui entendrait conjurer en son sein et par ses moyens propres l'éternel retour de son manque, de l'écart qui le creuse. Dès lors que le politique croit ou prétend être enfin à la hauteur de sa rationalité, dès lors qu'il auto-institue son adéquation à soi, le messianisme est achevé dans la *Schwärmerei*.

C'est en tout état de cause l'écart maintenu dans le temps qui ouvre l'attente sans fond ni terme. La temporalité messianique se structure de cet entrécartement de l'histoire et de l'éternité. L'hébreu permet d'établir une constellation de significations qu'on retiendra dans notre usage méthodologique de ses métaphores. L'intermède qui sert aussi à nommer le présent du temps se dit *beïnoni*, écartement du temps entre (*beïn*) les composantes qui s'y croisent pour faire événement, entre un maintenant et un autre selon l'organicité des temps, c'est-à-dire entre l'ordre de la succession et l'ordre de la superposition stratifiée. Le présent est donc un entretemps, un entrécartement du temps et il n'y a temporellement aucune contradiction à tenir que le monde qui vient viendra, *après* ce monde-ci donc, et qu'il le traverse *dès à présent*. La tradition herméneutique juive joue d'un second ensemble sémantique pour éclairer ce premier registre. L'intelligence déchiffrante (*bina*) consiste à séparer, diviser, écarter un texte, à en ouvrir les lignes matricielles afin qu'en sorte ou que s'y engendre (*ben*) une pensée par où s'intelligerait le réel. La saisie s'opère par l'accroissement de la multitude des significations et non par leur récollection unitaire, selon une expansion donc et non selon une intégration progressive. L'écart fournit à la fois l'image du temps en fécondité et en multiplicité et celle de la compréhension en expression et exode du sens. Il faut donner à ce carré sémantique *beïn/beïnoni/ben/bina* son plein régime théorique. En associant temps et pensée dans leur puissance de fertilité et de mise au monde, la notion d'écart, entendue temporellement c'est-à-dire comme entretemps, fait figure de condition nécessaire pour que la question du juste soit posée sans recourir au *Grund* ou au *telos*, pour qu'elle apparaisse pleinement comme *question de temps*. L'injuste est le temps qui règne. Le juste est l'écart qui lui est contemporain et l'avenir ainsi préfiguré. Autant les prophètes que les philosophes ont à poser ensemble le juste, l'injuste et leur écart afin que la pensée qu'ils en proposent puisse être mise en mouvement.

LA LOI, L'ÉCART ET LE RESTE

Les téléologies, même « messianiques », soumettent les processus historiques à la finalité d'une adéquation qui actualiserait ou effectuerait la réconciliation du politique et de son concept ou, plus largement – mais c'est tout un – de la vérité et de son dévoilement, du visible et de l'invisible, du logos et de la chair. À la fin des fins, toutes les tragédies historiques seront relevées. Une fois de plus, c'est Hegel qui a donné sa forme philosophique classique à cette figure de la co-incidence ultime car il a su fournir à la fois le concept du déchirement et de la souffrance et celui de leur dépassement dialectique. Chez lui, le panlogicisme contient toujours un pantragisme : partout la mort règne mais toujours le système l'exclut. S'il fallait remonter par paliers de retrogradation successive jusqu'à l'origine de cette représentation, on arriverait à Paul, comme le suggère d'ailleurs le schéma rosenzweigien des trois âges du christianisme. Les conceptions du messianisme juif, y compris celles de certains penseurs juifs éminents comme Buber, qui l'exposent comme visée d'une unité rassemblée en une fin ou d'une assomption en synthèse de l'inachevé manquent ou négligent le moment-clé de la révolution paulinienne.

Dans la tradition juive proprement dite, Dieu ne peut faire l'objet d'un accès à une présence visible ou incarnée. Pour l'essentiel, il est une Voix. Rapporté par Hegel, l'épisode de Pompée pénétrant dans le saint des saints et n'y trouvant qu'un lieu vide en est l'illustration frappante. L'inanité des arcanes, pour reprendre la formule de Tacite, *inania arcania*, est peut-être l'invention la plus radicale du judaïsme, la plus absolue. Tout ce qui se présente et se fait voir, tout ce qui se manifeste pour atténuer la séparation transcendante ne saurait être Dieu, même si cela est de Dieu, mais imposture ou idole. « Si tu rencontres Dieu, tue-le, ce n'est pas lui », affirme une maxime bouddhiste en une intonation étrangement juive. Le juste ou la paix ne peuvent s'incarner en entier, s'humaniser pleinement. Ils relèvent de la Loi et c'est l'homme qui appartient à cette dernière et non l'inverse. Ce que renverse Paul du judaïsme, en un geste d'une prodigieuse audace, c'est précisément cette dimension-là. Il explique, pour résumer, que la Voix s'est montrée, qu'elle s'est incarnée. La Loi a fait grâce et tout s'est défait de l'ancienne transcendance dès lors que Jésus est mort sur la Croix : « Christ est la fin de la Loi » (*Rm*, 10,4), il en est tout à la fois le terme (*telos*) et l'accomplissement (*pleroma*). La fin qualifie ici l'événement messianique comme un remplissement du temps[1] – la suppression de l'écart. Le martyre de la chair est un accomplissement où vient s'annuler l'incorporation de la Loi. Sous la condition de cette interruption événementale qui vient lever une tension interne au *nomos*, la Loi accomplie se substitue à la Loi prohibitrice qui ne faisait que règlementer le manque de son propre achèvement. Les deux Torah, ici, entremêlent moins leurs temporalités respectives, comme dans l'antinomisme sabatéen, qu'elles ne se succèdent

1. Plérôme du *chronos* (*Gal.*, 4, 4) et du *kairos* (*Eph.*, 1, 10).

selon une relève dialectique[1]. Le sacrifice visible de Jésus rachète les péchés et rédime les hommes en en faisant une communauté de frères, une « multitude » (*Rm*, 8, 29) fraternelle. C'est le sens latin du *redimere* qui primera sur la sémantique hébraïque de la différence et du diffèrement. Le message paulinien subvertit l'ancien monde païen par l'universalité ou l'universalisation radicale qu'il promeut : le plérôme de la Loi emporte le plérôme des nations. Pensée plérômatique, le christianisme inaugure la modernité et enclenche le processus de sécularisation, comme on l'a vu avec le paradoxe de la « johannisation ». Mais que faire des Juifs dans cette économie planétaire de la rédemption par la venue déjà effectuée ? Ils ne croient pas plus que les païens à la fraternité réalisée alors qu'ils sont les dépositaires de la Loi qui l'annonce et qui articule le juste, ce qui n'est évidemment pas le cas des païens. Ils ne cessent de rappeler que la Loi ne nous appartient pas, qu'elle ne se donne pas univoquement comme l'accomplissement d'une rémission, qu'au contraire elle est pleine de « retournements imprévus qui font passer de la conscience de l'amour de Dieu à celle de la justice de Dieu et inversement »[2]. Que nous ne sommes pas dans la réconciliation des « sous-la loi » et des « sans-la-loi », comme dit Paul. Pas encore.

D'un côté donc, celui du christianisme, de la johannisation et de la sécularisation, prévaut le thème de la fraternité des fils réconciliés dans l'amour plus grand que la Loi, après que Dieu a donné son Fils et sa Mort comme paradigmes de l'humanité rassemblée. L'idée même de citoyens libres et égaux en procède, qui finissent par se donner à eux-mêmes leur loi en se constituant comme communauté civique. L'autonomie résulte de cette inversion du rapport à l'extériorité de la Loi et c'est Paul qui réoriente ce cours en surdéterminant l'égalité par la grâce, la chance donnée à tous et à personne. L'émancipation par rapport à la transcendance stricte, par rapport au Grand Tout-Autre, autorisée par le paiement de la dette, constitue la précondition, paulinienne elle aussi, du mouvement historique d'émergence de l'autonomie.

1. Le verbe grec utilisé par Paul en *Rm.*, 3, 31 (*katargein*) est transposé par Luther dans le verbe *aufheben*. « Un terme d'origine purement messianique…devient ainsi le mot clef de la dialectique », écrit fort justement Agamben (*Le temps qui reste*, Rivages, 2000, p. 159). Mais tout le problème est là : il y va avec Paul d'une « sécularisation » du messianisme saisie à sa naissance, dans ses potentialités immenses et ouvertes, alors que les enjeux du paradigme messianique de la temporalité que nous convoquons ici se déroulent vers une tout autre direction. L'examen du messianisme paulinien, tel que le propose Agamben, ne peut se tenir jusqu'à son terme qu'à la condition d'enfermer le judaïsme, et le messianisme juif lui-même, dans la « définition » (p. 184) intemporelle suivante : « une réflexion acharnée sur la situation paradoxale qui se crée à vouloir établir des rapports juridiques avec Dieu » (*ibid.*).

2. *L'Étoile de la Rédemption*, éd. cit., p. 414. Rosenzweig ajoute que ces « retournements imprévus » sont « essentiels pour la vie juive » alors que « le chrétien ne les connaît pas ».

D'un autre côté, pour dire rapidement et grossièrement les choses, celui du judaïsme maintenu, l'insistance ne cesse pas qui répète et rappelle que la dette n'a pas été symboliquement éteinte, qu'au contraire elle est incorporée dans la Loi : « les Juifs attestent que la misère de l'esprit, sa servitude à ce qui est inaccompli, lui est constitutive. D'eux émane seulement cette angoisse que « rien n'y fera ». Que la pensée recèle un manque qui ne lui manque même pas »[1]. L'émancipation, l'autonomie et la justice qui les subsume ne sont que promises, mais promises elles le sont. La promesse du juste est aussi indéterminée qu'absolue, elle situe une hétéronomie : j'attends, je suis dans le passage et la dette, j'espère leur levée, sans jamais savoir ni quand ni comment ni même si j'y peux quelque chose, comme on peut voir dans les discussions talmudiques sur la venue.

Le sujet de cette attente est assujetti à une parole tendue vers un au-dehors de soi. La fonction quasiment structurante de cette parole témoignante pour la subjectivité peut se lire uniment, de la geste prophétique à la responsabilité lévinassienne. De quoi témoigne ce sujet témoignant? Par lui-même il signifie déjà cette expérience de la temporalité qu'est l'attente. L'inaccompli signalé dans l'écart donne la mesure de l'injuste et de sa persévérance comme du juste et de son espérance. Mais cette mesure est indexée à la pluralisation temporelle, c'est-à-dire qu'elle ne mesure rien qui serait de l'ordre d'une médiété, qu'elle ne fixe aucun point d'équilibre ou d'égalité entre un excès et un défaut. Autrement, il n'y aurait pas témoignage, mais estimation ou calcul prévisionnel. Le sujet témoignant est pris dans et parfois par le temps. La seule logique qui le conduit est une logique de l'incertitude ou de l'indéterminabilité, celle du « peut-être » ou du « on ne sait jamais » repérée par Rosenzweig dans l'expérience messianique et qui détermine l'espérance comme possibilité donnée au temps de répondre à l'attente. Le « qui sait? » n'emporte cependant aucune espèce d'indifférence distante ou de renoncement sceptique : cesser d'attendre reviendrait à retirer au temps sa fécondité propre et à la replier sur la répétition stérile du même. Le « qui » du « qui sait? » fait de la question du savoir un déterminant faible de l'agir. Dans le champ épistémologique des philosophies politiques, un savoir de l'action et de ses finalités prédétermine raisonnablement codes et valeurs, normes et institutions[2]. Une rationalité

1. J.F. Lyotard, *Heidegger et les « Juifs »*, Galilée, 1988, p. 52; et p. 45 : « Les Juifs sont dans l'esprit de l'Occident, occupé à se fonder, ce qui résiste à cet esprit, ce qui ne cesse de rouvrir la plaie de l'inaccompli ».

2. La sphère du pouvoir serait ainsi déterminée par ce que Rosenzweig nomme des « *pondérables* », alors que le « monde effectif » est traversé d'« impondérables » qui arrivent eux aussi « sur des pattes de colombe » : l'illusion constitutive du politique consisterait alors à croire pouvoir « peser » intégralement (sur) le monde et l'effectivité ou, à tout le moins, à croire pouvoir se contenter de leur stricte pondération (*GS*, III, p. 660).

de l'amélioration se déploie ainsi sous la vénérable égide du « meilleur régime » et autorise à penser sa visée comme action sue, action précédée de son savoir. Le paradigme messianique de la politique fait à l'inverse valoir l'agir soumis à l'instant et à la requête du juste, avant toute réflexion quant à la rationalité des buts et l'organisation de l'échange communicationnel dans la cité. Il interrompt cette continuité pensée, « l'entente », avant d'en penser *aussi* l'interruption par le « faire »[1]. L'agir messianique se laisse ainsi traverser par des flux temporels que la « pensée » aurait préalablement neutralisés, il supporte d'avance, dans sa responsivité, des décalages, voire de l'échec ou du désastreux qu'elle aurait, elle, cru prévenir. Tel est le sens du témoignage, saisissement temporel de la parole par un faire, « pensée » qui ne parvient pas à s'égaler à ce saisissement, ou seulement dans l'après-coup. Mais alors, il est déjà trop tard pour qu'une présence puisse signifier cette réconciliation dans le concept de la politique avec elle-même.

Le témoignage dit de quelque façon ce diffèrement des pratiques éthico-politiques dans leurs temporalités tout en relançant quelque chose d'une projectualité adéquative. Il témoigne ainsi de l'inadéquation et vient ajouter à la patience du temps l'exigence d'une confiance renouvelée, au désespoir traversé l'espérance sans image et sans visée. Le témoin ne fait pas qu'accueillir l'endurance d'une annonce de l'imprévisible, voire de l'improbable, il atteste aussi de la valeur intellective de ce dont il témoigne au-delà de toute représentation. L'injuste ou la souffrance « achevée », comme dit Benjamin, donne à penser l'inachèvement, le juste et la venue, il en est la condition de possibilité. Le témoin se dresse dans l'écart lui-même, son témoignage affirme dans ce monde-ci quelque chose du monde qui vient et tend à défaire les illusions emportées par l'adéquation sous toutes ses formes et toutes ses représentations. Il y a dans le témoignage de la subjectivité messianique un contre-témoignage adressé à la raison supputatrice qui ne laisse jamais au temps que le temps de traverser la conscience. L'appel d'un ajournement et d'une attente, la puissance d'un discernement dans le temps s'y font jour aussi, mais autrement. *Êdout*, « témoignage », rassemble une double dimension de connaissance (*daât*) et d'impatiente patience (*âd*)[2]. L'un des quatre vocables, avec *olam*, *zeman* et *êt*, dont se sert l'hébreu pour signifier que le temps se dit de multiples façons, *moed*, est formé sur cette même racine. Il signifie le soutien du temps par sa structuration symbolique (son pluriel désigne d'ailleurs les solennités festives de l'année liturgique) et entre en tension avec *olam*, pure temporalité mondaine de « disparition », de passage et d'absence *de ce qui*

1. *Ex.*, 24, 3 et 7 (voir plus loin, p. 177*sq.*).
2. R. Draï, *op. cit.*, p. 66.

est à ce qui vient[1]. Témoigner, c'est prendre acte des effets temporels de l'écart et du pli, de la disjonction interne du temps historique, de l'état actuel induit par l'attente et la promesse. Mais l'acte du discours témoignant ne saurait être constatif et borné au maintenant immobile. Il constitue par la parole l'absent de toute présence puis, de là, maintient entièrement ouverte la possibilité d'un accueil du juste à venir. Le témoin redonne sans cesse au temps le surplus d'une parole ou d'une confiance qui en serait comme la reprise impromptue.

Cette économie du témoignage mobilise la notion prophétique de « reste » dont la théologie d'Isaïe a posé la pierre d'angle. Si la création est brisure d'une totalité, comme invite à le penser le messianisme lourianique par exemple, ce bris est lui-même la condition d'une alliance entre les restes du bris, et l'alliance une dynamique continuée. Ce que le prophète nomme « reste d'Israël » n'est pas simplement la portion numérique d'un ensemble. Sa consistance est entièrement sotériologique, c'est-à-dire qu'il ne prend sens que dans un certain type de rapport à l'événement messianique : « Si le Messie vient « aujourd'hui », le Reste est prêt à l'accueillir »[2]. Dans le retranchement du reste, le temps du témoignage et de la parole signifie le vide comme accueil et venue et lui assigne une fonction de mise en jeu perpétuelle de ce qui est fixé dans la positivité. Le reste organise et permet de penser autrement, c'est-à-dire non spatialement, les relations du tout, qu'il n'est pas, et de la partie, qu'il n'est pas davantage. En faisant le vide là où le plein du monde empêcherait tout événement d'advenir, il préserve donc la possibilité même que soit sauvée la somme qu'il divise avec le tranchant implacable du prophétisme. Il est le signe messianique d'une profonde faille, voire d'une défaillance, invisiblement inscrite dans toute plénitude et dans tout achèvement. Il est donc aussi l'expression indialectisable de la fragilité extrême du messianique. Rosenzweig l'associe à un déploiement historique par « soustraction », par retrécissement et formation de restes renouvelés, pour mieux lui opposer le couple de la « puissance » et de l'« expansion » où il voit la force du christianisme et des philosophies de l'histoire[3]. La soustraction donne un reste, l'addition de remplissements successifs vise un total. « Plaie de l'inaccompli », le reste témoigne fondamentalement de l'impossibilité pour le tout et ses parties de faire tout, de se totaliser sans « reste » et de se fermer en une belle unité harmonieuse. Entre l'achèvement à « inachever » et l'inachèvement à

1. « Le monde est disparition (du monde), comme l'indique la racine hébraïque de *olam*… La disparition est la consistance même de la temporalité… libération d'un lieu dont la temporalité est la modalité essentielle » (S. Trigano, *Philosophie de la Loi*, Cerf, 1991, p. 17-18).

2. Rosenzweig, *L'Étoile…*, éd. cit., p. 477.

3. *Ibid.*

achever, il est le nom prophétique de l'inadéquation au concept dont le messianique rappelle avec insistance le substrat temporel.

Le pli, l'écart et le reste peuvent être considérés comme des figures de pensée messianiques qui se secondent et se déplacent afin d'exposer ce qui, de cette inadéquation, se laisse déchiffrer dans le temps du monde et de l'histoire ainsi que dans la temporalité du sujet de l'attente et du témoignage.

Le pli fracture l'uniformité linéaire en ceci-qui-est-là et cela-qui-vient. Cette stratification entrecroise succession et superposition, contemporanéité et espérance, instantanéité et patience. Le pli constitue une structuration interne du temps historique, soit une disjonction mobile et invisible : on ne sait jamais sur quel aujourd'hui se plie l'événement. Si l'attente qualifie toujours un présent, ce présent ne peut pas se rendre adéquat à lui-même en se totalisant de manière substantielle et immanente. Il n'est pas une fusion ponctuelle des trois dimensions du temps qui affranchirait de quelque façon de ce dernier, mais leur surtemporalisation. Co-fondus dans l'instant de l'action, passé, présent et futur sont aussitôt relancés dans l'instant qui suit, date de naissance de l'avenir.

Le présent messianique, l'instant toujours neuf, est un entretemps, un écart où se loge l'imprédictible des intermèdes du temps. Ainsi le pli du temps historique détermine l'écart inscrit dans la temporalité de l'instant vécu. Le temps du pas-encore, de l'inaccompli ou du non-encore réalisé ne se referme ni sur le temps d'un sujet seul, qu'il pluralise, ni sur le temps du désespoir, du « rien n'y fera », qu'il endure cependant jusqu'au bout et qu'il suspend, sans en abroger l'épreuve, dans un « peut-être » qui sait qu'il ne sait pas quand. L'écart de l'inaccompli, c'est essentiellement le lieu de la Loi qui en règlemente le vide, le manque à effectuer, l'« à-faire du monde » selon la belle expression rosenzweigienne[1] : pas de Loi pour les anges, explique le Talmud, pas de Loi donc s'il n'y a pas d'écart de la terre et du ciel. Mais cet écart n'est rien de chaotique, il n'est pas une déchirure au sens de Hegel, il n'a pas à être impérativement rempli en totalité, ce qui constitue sans doute la tentation la plus constante des politiques de l'histoire. Il serait plutôt de l'ordre de la promesse et du don, inscrit dans le jeu et la béance de la séparation et de la réparation tikkounique. Au sens de Paul, la fin de la Loi, ce serait la suppression de l'écart, la relève du corps légal dans la plénitude de la chair. Pour la tradition du judaïsme maintenu, le juste n'est pas encore de ce monde-ci, il en est l'attente, « l'archétype non encore révélé aux hommes » dont parle Borgès, qui se demande aussi dans des termes énigmatiquement messianiques : « *qui sait* s'il ne pénètre pas lentement le monde ? ».

1. *GS*, I, 1, p. 426 : le monde est « à faire », *faciendum*, et non « fait », *factum*, et c'est la raison pour laquelle il serait le « lieu de la *facticité* de la croyance ».

Le juste à venir ne cesse de venir et de produire du reste qui, lui, « reviendra » (*Is.*, 10, 21) dans les soustractions continument infligées au plein de l'achèvement. Le reste permet de penser en même temps l'impossible présence du présent et le futur, l'impossibilité du tout et l'avenir du juste, celle-là obligée par celle-ci. On a déjà suggéré son possible rapprochement avec le « désespoir » dont une parole talmudique fait la condition hyperespérantielle de la venue. Le reste risque en effet d'induire une stase du temps, ce mauvais suspens du ne-pas-venir – proximité et différence que la langue allemande signale entre *bleiben* (rester) et *ausbleiben* (être en reste). Mais le reste prophétique est un reste résistant, comme la « restance » derridienne, un reste espérant malgré tout, et alors même que plus rien ne demeure à espérer après l'endurance des soustractions déceptives et des retranchements de la confiance. Le reste témoigne de ce rien, de ce trou dans le tout, d'un désespoir annonciateur, si l'on peut dire.

La pensée messianique du temps pourrait donc se décrire selon ces trois temporalités : le pli tire le latent de l'extériorité patente ; l'écart fait du pli un événement et indique la temporalité du pas-encore où advient le sens de la Loi sur fond de vide ; le reste s'entête à rester quand tout a été totalisé, le témoignage à témoigner de cet excès sur toute totalisation et le témoin à se faire signe d'un vide et d'un écart.

La question du juste à venir est au cœur de chacune de ces trois modalités.

DROIT ET BÉNÉVOLENCE

On partira d'un rapport entre la rigueur du droit (*din*) et la miséricorde de la bénévolence (*rahmanout*) que la tradition et la pensée juives ont articulé selon une dualité, une complémentarité, une mise en concurrence, qui doivent leurs ressources et leur mobilité à la fluidité du modèle de l'écart et du reste. Ces catégories éthico-juridiques jouent ensemble aussi bien que l'une contre l'autre et l'une dans l'autre pour faire place à une temporalité tikkounique, c'est-à-dire au mouvement continu d'une réparation qui ne serait pas remplissement achevé mais production de restes et de nouveaux germes. Tous les fleuves vont à la mer et la mer n'en est jamais pleine, dit Qohelet (1,7), par où se dénonce le schème plérômatique. Le juste est autant la légalité que le bien. Seule la dynamique d'une excession, d'un au-delà, laisse au temps sa capacité de faire passer de l'une à l'autre et au juste absent sa puissance d'écartement du présent. Autrement dit, le droit doit pouvoir s'ouvrir sur son avenir extra-juridique pour être seulement et pleinement droit. Un droit qui ne serait jamais en attente de son au-delà risquerait de se figer en simple arsenal répressif, voire de virer en tyrannie de la prescription universelle.

Le droit-*din* qualifie le droit comme stricte mesure du monde, lequel ne pourrait subsister sans lui, sans « l'égide de la rigueur » selon l'expression classique du Midrach. Il en est un pilier, avec la concorde et la vérité, tout comme la *dikè* grecque archaïque niait le désordre et promouvait la convenance et l'harmonie du cosmos. Il lui faut donc se constituer en un système de contraintes et de limitations négatives dont le but est d'empêcher tout retour au *tohu bohu*, toute dislocation de l'univers par l'*ubris* du déni de justice ou, a fortiori, de la violence meurtrière. Il y a donc un lien originaire entre « *din* et *day*, le droit et la limite...D'une part, Dieu est appelé *El Shadday*, le Dieu qui dit : *assez*, qui fixe une *limite* au développement irrégulé, à l'excroissance exponentielle de la Création... L'injonction du *day* est mise en œuvre par un dispositif durable nommé précisément *din* et destiné à proroger le sens et l'efficacité du *day* divin initial »[1]. L'office du juge, *dayane*, consiste ainsi à dire assez face aux exigences violentes de ceux qui ne mettent nulle limite à leur puissance d'être. Le droit comme *din* consiste donc en un ensemble de règles destinées à organiser l'acceptation commune des limites et des usages contraignants. Ainsi les prescriptions halakhiques, c'est-à-dire légales, du Talmud sont-elles souvent formulées négativement selon une double disposition logique et juridique qui circonscrit étroitement ses objets et ses cas. On est fort proche, sur ce premier registre, de la pensée kantienne du droit en tant qu'elle associe limite et contrainte. Le droit est, pour Kant, l'ordre des rapports interhumains requis par la raison pratique. D'une part, dans son usage externe, il est la limitation de la liberté de tous à condition qu'elle s'accorde avec la liberté de chacun. Le droit public consiste en un « dispositif » qui regrouperait l'ensemble des lois externes permettant l'accord général des libertés. D'autre part, l'obligation résulte en quelque sorte de la différence du droit et de l'éthique. Je ne saurais me faire moi-même un devoir moral de limiter ma liberté. D'autres exerceront ce pouvoir de limitation, éventuellement par la force, sous la condition que sa légitimité soit admise. Cette légitimité de contraindre passe ainsi par la reconnaissance négative de l'injuste. Tout ce qui n'est pas juste fait en effet obstacle à la liberté régulée par l'universalité des lois et l'égalité du droit de chacun à contraindre quiconque : la limite dans laquelle doit se tenir l'accord entre usage des libertés peut alors être respectée. Dans cette mesure, la contrainte est légitime « en tant que faisant obstacle à ce qui est un obstacle pour la liberté »[2] – la contrainte c'est-à-dire ici le droit au sens strict, le *din*. La

1. Raphaël Draï, *op. cit.*, p. 271.

2. *Doctrine du droit*, Introduction, § D, Pléiade, III, p. 480 ; AK., VI, 231.

rigueur du droit constitue la garantie que l'ouverture irrépressible à son au-delà, la gratuité, ne soit pas néantisation et destruction du monde. En y faisant obstacle, le droit condense une réserve de positivité qui permettrait seule le départ non chaotique vers la compassion et la miséricorde.

Celles-ci, génériquement contenues dans la bénévolence, *rahmanout*, excèdent d'emblée le fonctionnement du droit comme « obstacle à l'obstacle ». Cet excès n'annule ni ne dépasse le *din*. En s'en écartant, il en désentrave l'exercice, il le traverse, l'aère et autorise son office de régulation par la limitation. En quoi consiste l'excès ? Essentiellement, la bénévolence au-delà du droit tend à réinscrire dans le passage du temps le jugement de droit. La loi oppose au flux continuel et à la multiplicité changeante la stabilité d'un ordre. Rosenzweig l'a bien montré en s'appuyant sur l'étymologie de l'allemand, la loi (*Gesetz*), soigneusement distinguée sous cet aspect du commandement, fixe (*fest-setzt*) [1], elle arrête le cours des choses et la course du monde où tout s'emporte interminablement afin d'y introduire la considération du juste. L'arrêt-de-loi immobilise le temps pour que justice soit faite. Mais si la considération du juste vire en sidération de l'arrêt, si la justice une fois faite n'est plus que dans son être-fait, sans autre futur que son passé répété, le droit lui-même risque de se manquer. Il ne doit pas simplement arrêter, il doit passer, épouser le passage du monde après s'en être absenté. La question du Juste est l'horizon messianique mouvant du droit. Elle redispose tous les décrets et toutes les prescriptions selon la temporalité de l'avenir et ouvre ainsi le jugement sur sa propre rédemption, sur l'altérité radicale de son lendemain toujours matriciellement miséricordieux [2]. Ceci suppose que le droit et la bénévolence ne soient pas dans une pure opposition logique tout en relevant l'un et l'autre de registres parfaitement hétérogènes. Leur extériorité mutuelle n'empêche pas la possible habitation de l'un dans l'autre. L'*au-delà-dans* dont Derrida trouve la lettre même dans la pensée lévinassienne de la transcendance semble bien pouvoir désigner la topologie de l'écart qui sous-tend analogiquement la temporalité du diffèrement messianique. Cette métaphorique est d'ailleurs proche de celle qui permet à Kant le discernement de la limite. Au-delà-dans caractérise une inclusion susceptible d'ouvrir sur l'au-delà qu'elle porte et qui, du coup, assigne à ce qu'elle exclut un espace sans borne mais qui commence bien avant et en-deçà de son propre commencement repérable. L'inclus, dans cette structure d'écartement, s'excède, se déborde, se déporte jusqu'à apparaître comme un exclu à l'intérieur ou de l'intérieur. Il bute sans cesse et s'interrompt sur

1. *Étoile*, éd. cit., p. 393.

2. L'hébreu permet le rapprochement de *mahar* (demain) et de *rehem* (matrice, miséricorde).

l'autre que lui et dessine « une sorte d'enclave au-dedans et au-dehors de lui-même »[1]. Cet abritement, cette crypte, frappe d'incertitude l'identité des lieux et la fixité des concepts parce qu'ils signifient en fait la stratification des entretemps de la temporalité.

L'écart qui sépare le droit et la bénévolence embrasse en quelque sorte les deux côtés de la frontière instable qu'il parcourt sans pour autant les réunir par la contiguité partagée, sans combler le vide. Il assure leur maintien autant que leur mouvement d'excession. Comme on l'a suggéré, le premier modèle dynamique qu'on peut considérer comme la référence sourcière de cette vaste métaphore est celui de la création elle-même. Pour créer, Dieu dispose dans ses coupes le brûlant de la compassion : elles se fendent. Il y substitue le glacé du droit : elles se contractent et se brisent. Il lui faut alors mêler indistinctement les deux pour que les vases résistent et que la création du monde devienne possible. « Si je crée le monde sous l'égide de la mansuétude (*middat ha-rahamim*), les crimes seront sans nombre, mais d'un autre côté comment pourra-t-il subsister sous l'égide de la rigueur (*middat ha-din*). Je vais donc le créer » sous les deux égides, selon la double mesure du droit et de l'au-delà de tout droit[2]. Pour que le monde subsiste, il ne suffit pas à Dieu de le faire simplement subsistant. Il faut encore que du juste puisse y advenir sans cesse, il y faut à la fois du juridico-politique, de l'éthique et de la dynamique, du « mélange ». Les spécificités opératives et les requêtes normatives du droit et de la justice institutionnelle doivent être reçues. Mais les larmes, le visage et l'appel, soit ce qui est toujours au-delà et en-deçà, en amont et en aval, doivent aussi être rendues à leur singularité. La double mesure ne consiste nullement en un équilibre approprié et convenable car elle ne repose sur aucune espèce de division. Elle ne fonctionne au contraire qu'à partir de l'indivisibilité d'un entre-deux. C'est donc la puissance de perpétuel déséquilibrage portée par le jeu des deux « égides » qui maintient le monde comme passage et renouvellement. Il ne s'agit donc pas de trouver les savants dosages qui permettraient d'adoucir la rigueur ou de relever la mansuétude. Dès lors, par exemple, qu'une justice distributive et commutative est requise, elle l'est à cent pour cent. Aussi longtemps que prévalent les institutions historiques de la cité, la paix de l'État est préférable à l'entredévoration des hommes dont parlent les *Maximes des Pères* (III, 2) et à la conflagration que susciterait le choc brutal des hostilités rivales sans la crainte inspirée

1. J. Derrida, *Adieu à Emmanuel Levinas*, Galilée, 1997, p. 146 On remarquera que c'est encore ce rapport d'inclusion-exclusion ou d'extériorité incluse, où Derrida perçoit l'espace d'une politique messianique, qui régit selon Rosenzweig la relation du judaïsme et des nations.

2. *Midrach Rabba*, I, Verdier, 1987, p. 157.

par le droit. Mais la double mesure midrachique oblige sans cesse à se demander si la paix civile peut à elle seule constituer le tout de la relation interhumaine, si une paix messianique n'en est pas la structure d'attente et d'accomplissement, l'au-delà déjà inclus dans le «faire» civique et l'action fondée sur le respect du droit.

Ce questionnement invite à ne pas laisser l'achèvement dans le politique se substituer à l'à-faire du monde et se fixer dans l'oubli de sa provenance. Le flux, le rappel symbolique ou liturgique de l'éphémère ou de l'immatérialisable (la cabane, la manne) servent à la remise en mouvement infinie de ce qui, autrement, n'en serait que l'abîme de finitude. À l'inverse, les antinomismes messianiques voudraient en finir avec le suspens de la bénévolence dans le droit rigoureux et, dans leur impatience adéquative, se porter d'emblée au-delà de l'au-delà-dans. Le risque évidemment inhérent à la volonté intempestive de parachèvement est que la bénévolence s'inverse, qu'elle ne transite plus dans le passage du monde et que sa temporalité exclusive ne mette en péril la création en son entier. S'il n'y a que de la compassion, il n'y en a plus. Mais le monde n'en est pas là. C'est le contraire qui menace : s'il n'y a que du droit, il n'y en a pas et Dieu lui-même prie pour que sa bénévolence soit plus forte que la rigueur de son droit[1]. Si je ne dispose pour qualifier un acte que de l'opposition du légal et du non-légal, je bornerais l'injuste, je l'enfermerais dans la seule désignation des normes qu'il viole sans pouvoir jamais caractériser l'au-delà non écrit et non codifié où il s'installe. Or ce qui de la considération de l'injuste me bouleverse ou me révolte ne peut guère se tenir entre les murs du droit strict, étroit, inscrit dans une règle qui le précise mais l'enserre. Antigone le rappelle à Créon : pour satisfaire à l'obligation de l'ensevelissement des morts, nul droit positif n'est requis et toute cité doit être fondée sur ce vide de la loi non écrite pour être seulement viable et accueillante au droit lui-même. Certains sages du Talmud vont jusqu'à dire que si Jérusalem a été détruite, c'est parce qu'on *n'*y pratiquait *que* le *din*, le droit et la justice sans la bénévolence qui les excède, sans que d'autres critères que ceux de la légalité instituée puissent être appliqués pour juger l'injustifiable lorsqu'il paraît justifié par la règle légale. Souhaitable et indispensable, une cité de droit ne suffit pas à assurer l'équité d'une cité. Cela tient à la nature même du droit, à la «rigueur» qui est consubstantielle au processus de sa formation, c'est-à-dire à la constitution de son autonomie.

Les juristes le savent, le droit se construit à partir d'artefacts et de règles systématiques. Sa spécificité tient moins à son caractère normatif ou répressif qu'à la force contraignante qui lui est intrinsèque et qui garantit

1. *Talmud, Berakhot*, 7a.

que l'accord des volontés soit assortie d'une obligation de respect. Cette métaréalité juridique, sans laquelle nulle justice ne saurait se rendre, affranchit le droit de la permanence d'un rapport effectif au réel. Ce que Rosenzweig appelle « le monde du droit » opèrerait selon lui dans une constante « sous-effectuation » du monde effectif puisque son « être-effectué » se tiendrait structurellement dans son caractère de pure requête, d'exigence légitimement avancée par tous et par chacun[1]. Le bon fonctionnement du droit requiert cette émancipation vis-à-vis du temps, « arrêté » par la loi, et de l'effectivité, creusée par la demande juridique. Ce suspens n'est ni une fiction vide ni le résultat d'une pure convention mais l'artifice nécessaire pour que le droit se dise, en même temps qu'il en signifie l'exercice implacable : l'autonomie du droit peut par elle-même, sans l'adjuvent d'une force tyrannique, s'autonomiser jusqu'à la folie froide qui emporte inexorablement le Joseph K de Kafka. C'est ce conflit du temps et de l'arrêt, du flux et de la règle, qui est au cœur de l'écart du droit et de la bénévolence telle que le réfléchit la tradition juive. Lorsque le conflit se dénoue sur un cours apaisé, l'abstraction de l'arrêt ne dure qu'un temps, comme le remarque Rosenzweig, après quoi de nouveaux ajustements temporels permettent l'invention d'autres artefacts. On peut dire que la miséricorde y contribue dans la mesure où elle réintroduit de la temporalité dans la fixité du droit. L'une et l'autre sont en quête d'une réparation des lésions infligées au monde, d'un *tikkoun* dont l'exercice du droit est la propédeutique : la venue du juste est préparée par la socialité du jugement, l'avenir et l'espérance par la justice présente de la décision.

La sagesse proverbiale du jugement de Salomon tient à la capacité du roi à dire un droit après le droit, un droit qui se laisse reprendre après qu'il a été instruit par la miséricorde : au fond, la décision dernière ne fait qu'entériner l'émotion matricielle de la vraie mère, conductrice de discernement et de justice autant que porteuse de concorde ultime. Le *din* commence par prononcer la stricte égalité des deux requéreuses et par trancher : à chacune sa moitié d'enfant. Salomon attend de cette simulation d'une parole de droit strict ses effets sur les sujets interpellés. Il s'en remet ainsi au temps de l'après-jugement pour qu'il révèle une vérité destiné à éclairer et à rectifier le jugement lui-même. La bénévolence consiste bien, selon sa prime signifiance et son étymologie, à donner au droit un lendemain (*mahar*) où « le tressaillement d'entrailles » (*rehem*) éprouvé par la vraie mère permet que le jugement ne soit pas rendu selon des principes rigides totalement étrangers aux sentiments des parties. Elle ne saurait être fondatrice du droit,

1. *GS*, III, p. 659. Dans ce remarquable passage, Rosenzweig joue sur la bisémie de l'expression allemande « *Recht haben* » : avoir raison, avoir droit, ce dont chacun « est en quête ».

car alors l'impartialité ne pourrait être garantie. Mais elle ne saurait davantage être étrangère à l'exercice du jugement qui requiert de qui en a la charge autant de compassion que d'intelligence, de sens du temps que de connaissance abstraite. À l'arrêt des temporalités singulières en affrontement, il faut aussi laisser le temps matriciel de l'appel et du recours. Seul ce don d'une extériorité maintient le droit dans l'attente du juste, seul il peut empêcher sa rigueur de virer en rigidité cadavérique. La compassion témoigne en faveur d'une justice qui n'est pas de ce monde-ci, elle peut orienter le jugement de droit selon l'à-venir du monde. Mais son extériorité, requise, n'est pas toute au-dehors de la totalité du système juridique qu'elle démarque. L'au-delà messianique du droit devra travailler du dedans la complexité des règles techniques et procédurales afin qu'il n'apparaisse pas comme l'idéalité ineffective d'une transcendance vide, mais qu'il irrigue la rigueur et lui imprime le rythme du temps, de l'attente du juste.

LA JUSTICE ET LA GRÂCE

Dans la pensée hébraïque, et notamment dans ses implications éthico-juridiques, la distinction du *juridique* et du *compassionnel* (*din* / *rahmanout*), réglée par l'écart de l'au-delà-dans, s'élargit dans celle de la justice (*tsedek*) et de la grâce ou de l'amour gratuit (*hessed*), du *justiciel* et du *grâcieux*. On a là la quadruple membrure du temps écarté du messianisme. Les différences entre ces quatre niveaux ne peuvent être définitionnellement arrêtées de façon univoque, à la façon dont Aristote établit la nature et le rapport des « quatre éléments » combinés dans la proportionnalité visée par la justice[1]. Rappelons qu'elles s'inscrivent dans une temporalité messianique dont elles marquent le repérage conceptuel et que la question du juste et de son espérance leur est transversale. On a à faire à un mouvement plus ou moins continu d'actualisation de relations multiples allant du tribunal de droit à la réparation tikkounique, du désespoir et de la déception à la venance messianique, mouvement qui, par conséquent, ne saurait prendre la forme précise d'un carré des vertus cardinales mais est censé plutôt fluidifier ce qui se tient dans les coudées de la loi.

Le justiciel se présente comme l'après-coup du juridique, un extra-juridique juridiquement disposé. Le justiciel hébraïque peut parfaitement se comparer à l'*epieikeia*, à l'équitable aristotélicien, tout comme le juridique peut l'être à la « justice légale ». Leurs contenus sont semblables

1. *Éthique à Nicomaque*, V, 3, 5.

sinon identiques. L'équitable-justiciel « améliore » la loi ou le juridique : « la nature propre de l'équité consiste à corriger la loi »[1]. L'équité ajoute à la loi des déterminations que le législateur ne pouvait prévoir : « s'il était présent », explique Aristote, il rectifierait lui-même les erreurs emportées par la généralité des dispositions légales. C'est en vertu d'une présence retrouvée, d'un passé de la loi aboli par le présent vivant de l'équité, que le juste peut corriger la loi écrite. Le temps reproduit l'indétermination que l'écriture de la règle entendait arrêter et, par conséquent, appelle sans cesse à une redétermination équitable du droit. L'équité permet à la loi d'agir comme la fameuse « règle de plomb » qu'utilisent les architectes de Lesbos, « cette règle qui ne reste pas rigide et peut épouser les formes de la pierre »[2]. Le justiciel hébraïque figure également cette instance redistributive qui permet que le juridique fasse à son tour l'objet d'un jugement de droit. Ce qu'il met au jour et donne à penser, c'est que le jugement ne peut s'achever dans le jugement et dans son strict prononcé. Il emporte en effet toute une série d'effets secondaires. On peut les omettre et considérer que la règle n'a pas à « épouser » les contours singuliers d'une circonstance ou d'un visage. On s'en tiendrait alors à la pure phénoménalité de la décision juridique et on perdrait de vue la temporalité messianique que le justiciel a justement pour effet de reproposer à la décision de celui qui juge. L'équitable hébraïque, ce que nous appelons le justiciel, comparable à son homologue aristotélicien, en déborde cependant la stricte fonction de pondération rationnelle par la mesure retrouvée. La morale aristotélicienne semble se suffire à elle-même, ce qui explique qu'on la qualifie ordinairement d'utilitariste ou d'eudémoniste. On n'entrera pas ici dans les paradoxes, voire les contradictions qu'on peut y déceler, à la lecture du livre X de l'*Éthique à Nicomaque* par exemple, ni sur la tension que la contemplation comme imitation de la pensée qui se pense elle-même peut à l'occasion y introduire. Il reste que, dans le cadre aristotélicien, l'homme heureux est celui qui développe harmonieusement ses facultés morales et peut ainsi exercer la plénitude de ces facultés dans la cité. Si la justice est une « vertu complète...par rapport à autrui », c'est parce que l'immédiateté de ce « rapport à autrui » s'effectue dans la responsabilité des charges publiques et la « communauté civile »[3] Les intérêts politiques et ceux du sujet citoyen sont tendanciellement convenants dans le bonheur de la communauté.

Le justiciel procède d'une autre présupposition qui traverse une certaine façon de penser le rapport politique lui-même, et le lien social qui l'assoit, selon une indétermination qui lui serait intrinsèque et s'expri-

1. *Éthique à Nicomaque*, V, 10, 6.
2. *Ibid.*, V, 10, 5-7.
3. *Ibid.*, V, 1, 13-16. C'est aussi, comme on sait, la position arendtienne.

merait dans l'idée, pascalienne en quelque sorte, de l'excès comme passage infini : toujours, il y aurait un droit qui « passe » le droit, une justice qui « passe » la justice, une démocratie qui « passe » la démocratie. L'écart nomme cette ouverture entre une promesse et ce qui s'y mesure, entre ce qui s'accomplit et ce qui se vide de s'être accompli. Il indique la matrice même du mouvement messianique de passage infini, cursivement retracé dans les quatre séquences du juridique, du justiciel, du compassionnel et du grâcieux, son entrebaillement continu par une miséricorde orientée vers demain.

On peut convoquer ici une source talmudique qui a beaucoup inspiré Levinas dans son élaboration du rapport entre l'éthique et la Justice dans le sens précis qu'il confère à ces termes. Le texte[1] montre les sages aux prises avec deux passages contradictoires de la Torah. Le premier de ces passages mentionne un Dieu qui « ne tourne pas sa face », l'autre affirme au contraire qu'il « tourne sa face ». L'un des rabbins rapporte la dualité du propos à la temporalité du jugement et conclut que la première assertion doit s'entendre en tant qu'elle s'appliquerait « avant la sentence » et la seconde « après ». À tout avant juridique, il devrait ainsi y avoir un après justiciel, l'un passant dans l'autre, l'un et l'autre nécessaires, et le flux du passage plus encore, qui les déportent chacun au-delà de leur être. Le justiciable ne saurait être envisagé dans sa personne, regardé dans sa singularité ou entendu dans sa voix et ses implorations. Car alors, il n'y aurait plus de justice égale pour tous. Tel est le sens du *din* : tout refus d'entrer dans la comparabilité générale induite par l'universalité de la règle comporte le risque d'une violence du face-à-face, de son immédiateté et de son absoluité, toute moralité attendrie s'expose à un périlleux anarchisme de l'atomisation. Il faut donc ce moment du juridique où Dieu ne regarde pas. Mais au-delà de cette nécessité requise avant et pendant la sentence, il faut *aussi* que le sujet jugé retrouve la singularité dont le jugement l'aura dépossédé. L'après de la sentence devra désobjectiver tout ce qui s'est momentanément présenté comme la condensation en totalité de la relation interhumaine. Le « tournement de la face » désigne l'après-coup de cette déréification. On voit bien comment le propos talmudique peut servir à déployer la question du politique sur des registres et des modes très différents de ceux de l'aristotélisme. Celui-ci, pour dire les choses rapidement, envisage la politique comme le complément naturel de l'éthique, et la justice, la *dikè*, précisément comme leur accord ou leur ajointement – selon le sens que lui donne justement Heidegger dans son commentaire du fragment 1 d'Anaximandre. L'idée qu'éthique et politique aient à se rejoindre, voire

1. *Nidda*, 69b.

que l'*adikia* ait quelque rapport avec leur « disjointement », est loin d'être sans consistance pour les sages du Talmud, on l'a vu à propos du *din*.

Dans le fil de l'interprétation lévinassienne, on peut d'ailleurs considérer que le passage du traité *Nidda* indique deux points-limites également disjoncteurs de la socialité interhumaine et qui structureraient le champ entier de l'effort de justice. D'un côté, l'immédiateté de la relation au prochain, le privilège accordé au seul visage qui me fait face au détriment de tous les tiers, le déni de toute forme d'échangeabilité entre singularités, l'exemption de tout *din* ouvrent au terrible risque de l'entredévoration sur quoi débouche souvent l'absence de régulation politique. De l'autre, le règne du jugement sans avant ni après, de la comparaison instituée par le seul équivalent général du juridico-politique, sans interstice ni interruption, impliquerait le péril que les sujets humains soient traités comme les simples supports de la substance du politique et, potentiellement, que se fasse jour la violence anonyme et froide du plus froid des monstres froids. Mais rien ne permet de découper avec précision, entre ces deux zones interdites, le territoire d'une bonne sociabilité où le juridique et le justiciel pourrraient jouer sans danger et faire paisiblement place au compassionnel, voire au grâcieux. Cette indétermination emporte, on l'a dit, une pensée politique du peut-être (*oulaï*) qui frappe l'être d'incertitude tout en le gratifiant de possibilités. Le « qui sait ? » messianique, rappelons-le, n'est en aucune façon l'expression d'un fatalisme de la nécessité ou d'une indifférence en retrait. Il signifie au contraire l'à-faire du monde, lequel correspond en régime humain au commandement divin d'avoir à parachever (*laassot*) la création, et sa difficulté à se stabiliser dans les formes institutionnelles que lui assigne l'épreuve historique. Mû par le comme-si hypothético-pragmatique, l'impératif rosenzweigien d'un faire politique qui saurait intégrer son autolimitation pratique en fournit une sorte de formulation générale. Cette double contrainte, intimement issue de l'indéterminabilité messianique de l'aujourd'hui, est également signifiée par la récurrence rhétorique de deux principes entrechoqués chez Levinas. « Qu'ai-je à faire avec la justice ! » [1] signifie l'insoumission à la contrainte dévisageante et inhumaine d'une sentence qui suspend l'altérité. Mais l'exclamation se reprend dans le « il faut la justice » qui l'accompagne toujours pour rappeler l'impatience éthique à son obligation de compromis avec l'universalité, c'est-à-dire à sa propre patience.

1. *Autrement qu'être ou au-delà de l'essence*, éd. cit., p. 161. La « justice » doit évidemment s'entendre ici au sens de Levinas, c'est-à-dire comme la sphère déterminée par l'entrée du tiers dans le rapport au visage de l'autre. Elle correspond donc à peu près au juridique, au *din*, et s'oppose à l'« éthique ».

Le rappel peut aussi bien, et plus souvent encore, procéder à l'inverse. Le justiciel au-delà du juridique indique un principe de juridicité (puisqu'il est aussi *dans*) dont le respect va plus loin qu'une simple sentence. *Tsedek* implique un agir susceptible de compenser les éventuels effets pervers, comme disent les sociologues, du jugement de droit : la *tsedaka*, l'acte de réparation provisoire par le don justiciel en est la modalité immédiatement prescrite. Le texte biblique affirme qu'elle « délivre de la mort » (*Prov.*, 10, 2). Elle réinstitue en effet du vivant contre le mortifère, non seulement celui de l'iniquité, mais encore celui de la rigidité du droit ou de l'ostension de la charité. On pourrait audacieusement la traduire par « justesse », car elle vise à ajouter à l'exercice justiciel proprement dit le geste juste, l'agencement de signes qui l'empêchera de se fixer ou de s'exhiber à son tour, en évitant par exemple au pauvre l'humiliante gêne du quémandeur.

La dynamique du passage et de l'interrelation de nos quatre segments (le juridique, le justiciel, le compassionnel et le grâcieux) est commandée par un principe de réparation ininterrompue. Cette dernière n'affecte pas seulement les éventuels dénis de justice ou manquements du droit. Le juridico-politique se présente en effet lui-même déjà comme une réparation. Mais cette première réparation doit à son tour être réparée dans ce qu'elle aura pu négliger ou même produire plus ou moins involontairement. La réparation qui assure la reliaison des différentes pratiques requises par le juste ne peut guère abolir l'écart qu'elle comble pourtant à sa façon, c'est-à-dire en laissant des restes. Elle est inscrite dans le mouvement tikkounique d'une action instantanée et sans terme sur les choses, les hommes et le monde. Les faits et gestes les moins messianiques suscités par l'exigence du juste à venir amorcent de quelque façon les reprises messianiques de l'aujourd'hui, les requêtes du futur sont celles-là même qu'il faut adresser au présent. Le temps et le juste sont ainsi dans une relation d'étroite connaturalité. Ils peuvent l'être selon le présent ou selon l'avenir.

Dans le premier cas, le temps, où naissent et meurent toutes choses, est le principe d'une universelle compensation qui finit par rendre la justice et réparer l'injustice. La balance en est le remarquable symbole, la figure où se connaît et se reconnaît la réunion de ce qui était auparavant divisé, *dikè*. La justice suit sa route ascendante et descendante au terme de laquelle elle se présente dans un savoir et une représentation symboliques. Le risque emporté par cette compréhension du temps justiciel à partir de son présent, comme on l'a vu avec la possible fixation du juridique, c'est que justice soit rendue une fois pour toutes, rivée à l'objet de sa présence et enrayée sur sa pure répétabilité.

La notion de grâce ou d'amour gratuit (*hessed*) indique comment temps et justice peuvent aussi bien se corréler selon l'avenir de ce qui n'est pas encore là et maintient cependant la cohésion du monde et de l'aujourd'hui. Proche de la compassion au point de parfois ne s'en point distinguer, le grâcieux est cependant plus délié, moins fonctionnellement associé à la levée de l'étroitesse close du jugement, à l'élargissement de ce qui demeurerait autrement enfermé dans un éternel dévisagement. Le compassionnel se tient au-delà du droit dans sa proximité, il l'élargit du dedans. Le grâcieux qui l'habite, ou devrait l'habiter, a rapport à la rédemption proprement dite, ou tout au moins à ce qui s'annonce : il porte plus loin que l'après de la sentence. La tradition le rapporte explicitement au monde lui-même, à son histoire interne, à ce qui, d'une venue, le traverse et le travaille « à jamais », « pour l'éternité », « à toujours pour le monde » [1] – *leolam* agglutinant la signification du monde et celle de l'éternité selon une intelligence hautement symptomâle du pli messianique. « L'amour (*hessed*) est bâti à jamais (*leolam*) » peut-on lire dans le Psaume 89 (v. 3). Ce qu'il faut entendre dans cette formule, c'est que le monde ne se soutient dans ses tréfonds que de la donation gratuite qui vient creuser ses pleins et ainsi relancer son maintien comme monde ouvert. Seule cette altérité dégagée dans la compacité de l'être permet une attente, seul ce suspens assure le temps lui-même de sa temporalisation. Si le grâcieux, le toujours du monde, doit inspirer les relations entre les hommes, il excède, il surexcède les situations de justice économique, de redistribution dynamique et de solidarité sociale compatissante. Pur sens de la gratuité, du don et du don du don, il est peut-être la « seule vertu susceptible de régir l'absence et la disparition, une situation où tout objet se dérobe » [2]. La justice proprement dite se destine à qui en a nécessité, à l'indigent qui la réclame, elle tend à produire l'accord du légal et de l'égal, comme dit Aristote, c'est-à-dire à réinstaurer l'équilibre relatif du tout et de ses parties. Le grâcieux vise tout homme et toute humanité en chacun. Il échappe donc à la « proportion » tant aristotélicienne que rabbinique (s'agissant du *din*), à l'égalité du rapport justiciel. Comme font *tsedek* ou *rahmanout* lorsqu'ils placent le juridique entre son avant et son après et lui impriment la marque du passage du temps, *hessed* implique à son tour toute la texture du juste dans un mode de la temporalité qui est l'éternité, cet « à toujours pour le monde », soit cette fracture par où le temps échappe à sa linéarité déroulée et le monde à son historicité, mais au-dedans d'eux-mêmes. C'est cette trace de gratuité donatrice que répète le Psaume 136 dans les scansions des vingt-six occurrences du mot *hessed* vingt-six fois rapporté au pour-toujours et au pour-le-monde de sa manifestation : « car éternel est son amour » dit comme une mélopée que le

1. Selon la traduction qu'en suggère S. Trigano, *Philosophie de la Loi*, Cerf, 1991, p. 19.
2. *Ibid.*, p. 18.

grâcieux, s'il a sa source ou son modèle en Dieu lui-même[1], et pour cette raison, a à se faire vivant dans la relation interhumaine qu'en même temps seul il peut constituer. C'est pourquoi il s'agit du don d'un don, d'une exposition sans contrepartie ni retour, et presque d'un vide, d'un trou, qui permettrait seul la consistance de l'économie dynamique de l'humain dont il serait le centre ou l'œil néantisant, et ceci parce qu'il en autoriserait l'incessante désobstruction.

Comme le montre en effet la tradition qu'on vient brièvement de rappeler, la gratuité paraît bien être à la fois, de façon paradoxale, la précondition nécessaire de la relation et son avenir intégralement ouvert sur autrui. L'humain a son lieu dans cet écartement dont le « il faut » lévinassien nomme bien le caractère d'incomplétude, de néant. Le gratuit ne me requiert pas, ou en tout cas pas seulement, au nom d'une vérité supposée ou d'une essence humaine qu'il s'agirait de préserver, mais selon cet « il faut » pour-toujours et pour-le-monde, pour autrui. Le lieu de l'humain est le non-lieu d'une articulation manquée, d'une inadéquation, d'un écart par où transitent les courants coextensifs mais non coïncidents d'une thématisation et d'une défection, d'une constitution et d'un suspens, d'une continuité et d'une interruption. Le messianisme comme pensée représente, autant que la promesse qui y est contenue, ce déchirement même, sa durable insistance. C'est sous cet aspect qu'il rencontre à sa manière l'une des traditions désormais constitutives des philosophies contemporaines.

Si la modernité philosophique attestait son enracinement dans l'utopisme de la rationalité qu'on a cru pouvoir y repérer, c'était au fond en raison du primat du sens qui l'organisait. Elle pouvait bien s'interroger sur l'origine du sens et se retourner réflexivement sur le préalable qu'il instituait, voire le thématiser comme tel sous différents vocables, l'*horizon* husserlien ou le *monde* heideggerien pour citer les plus expressifs. Mais à présent, la philosophie est confrontée à l'abolition pure et simple du sens, non pas à du non-sens, non pas à un renversement, mais véritablement à une disparition, à un abîme, à un vertige. Peut-être s'y est-elle installée, comme fascinée par la pure absence après avoir si lontemps travaillé à se mesurer et s'ajuster à la présence de ce qui est. En tout état de cause, elle entend désormais accueillir ce qu'elle ne peut plus saisir, le rien heideggérien[2], la rencontre, l'événement, l'altérité, l'extériorité. Or la pensée messianique, structurée autour du pli, de l'écart et du reste, retrouve et réinvente l'élan originel d'une antique tradition qui dit immémorialement cet accueil de

1. Lequel est dit (*Ex.*, 34, 6) *rab hessed*, empli d'amour gratuit et bienveillant.

2. Heidegger, avant et après le « tournant », se trouverait ainsi appartenir également au versant moderne et au versant contemporain, à la thématisation et au témoignage, ce qui explique sa place stratégique dans l'histoire philosophique du XXe siècle.

l'insaisissable. Elle en croise les motifs avec ceux de la philosophie, et leurs courbes historiques respectives paraissent alors pouvoir sinon s'accorder, tout au moins ne plus se contrarier : le moment philosophique contemporain est en effet caractérisé par le souci constant d'accepter non plus simplement ce qui limite la philosophie, mais ce qui l'assaille du dehors, la nie, la ruine peut-être à force de la faire vaciller. À moins qu'à l'inverse, en se dégageant des grandes catégories de la métaphysique, elle ne s'achemine tant bien que mal vers une configuration de pensée singulière, voire une figure ontologique de requalification du sens, par où elle entreprendrait d'élaborer un ensemble de questions qui ne peuvent se lever que lorsqu'elle-même s'évanouit. C'est par exemple ce qu'a tenté Rosenzweig en faisant commencer l'*Étoile de la Rédemption* au point d'achèvement de la métaphysique, là où sont censés finir tous les systèmes de la philosophie. C'est aussi ce terrain, ce no man's land de l'interruption, qu'investissent certaines philosophies contemporaines, dans des manières si différentes qu'il n'est guère possible de les rassembler sous un même étendard, fût-il celui de ces différences elles-mêmes. Le messianique, tel qu'on en a dégagé quelques traits, désigne un point d'appui sur lequel l'effort de la philosophie contemporaine peut jouer, en particulier parce qu'il balise une position d'extériorité (la tradition juive) dont il permet en même temps d'apercevoir les relais internes, les marques propres, dans les syncopes d'une pensée qui en ignore tout et n'a pas à en connaître. Dehors par rapport au tout mais au-dedans de soi, dedans-dehors tout à la fois selon l'alternance et la simultanéité, le va-et-vient aux confins et l'habitation secrète, tel serait peut-être le chiffre messianique des philosophies de « la tradition moderne »[1].

NÉANT DE L'IDENTITÉ : LA LOI ET L'ŒUVRE

Hessed qualifie une absence. Tout jugement, toute évaluation se videraient de leur fermeté substantielle une fois la justice passée et l'accueil gratuit réouvert, comme si leur temps n'était que celui du passage du droit, un temps entre d'autres. Mais cette absence en amont n'est possible que par son aval, par une absence prédonnée en quelque sorte. Si nul n'a à soupeser la réalité d'une souffrance ou la vérité d'une détresse pour y répondre, c'est que cette réponse, en quoi consiste au fond le grâcieux, précède structurellement l'appel, tout appel, sans empêcher qu'après elle interviennent la validation, la mesure et l'entente. On voit que le grâcieux entre en rapport

1. J. L. Nancy, *Le sens du monde*, Galilée, p. 24.

avec l'un des termes du précepte que la tradition juive fait remonter à *Exode*, 24, 3 ou 7 : « nous ferons puis nous entendrons », *naasé venichma*. Il dit la primauté du faire, son urgence et sa nécessité avant toute sagesse. Les *Maximes des Pères* (III, 17) comparent ainsi terme à terme « celui dont la sagesse est plus grande que les actions », le philosophe qui ressemble à un arbre branchu mais peu enraciné, et « celui dont les actions sont plus nombreuses que la sagesse », le *pratiquant* austère et solide du *hessed*. Hors toute continuité avec cette méditation des « actions » qui doivent venir avant toute « recherche » (I, 17), interne à la tradition, la pensée contemporaine paraît en prendre à sa façon le relais. Pour signifier comment ce qui vient après la loi, le droit et la juridicité, doit immanquablement en être l'avant insoupçonné, ce qui en préconditionne l'effectuation en en « messianisant » l'exercice, Blanchot a su justement évoquer une « application de la Loi qui toujours précède la Loi »[1], qui dérangerait l'enseignement, « la recherche », au point de bouleverser sa primauté. La Loi que se donnent les hommes, selon le geste même de la philosophie morale kantienne, garderait ainsi une relation secrète, puissante et indéfectible à une « loi » reçue avant toute loi. Cette donation du pouvoir même de donner les oblige, les met devant un incoercible dessaisissement : dans toutes les situations où l'urgence immédiate de « faire » s'impose avant la temporalité de l'« entente », il leur faut inventer un acte, une intervention, une réponse, dont la règle n'est inscrite dans aucun « devoir ». Les tables de la Loi furent gravées dans la langue des hors-la-loi, explique J.F. Taylor à J.J. O'Molloy dans *Ulysse*, c'est-à-dire qu'elles furent précédées par la grâce d'une offrande sans foi ni loi, l'excès d'un don précédant tout contrat. Comme si « la nuque roide » prédisposait à l'accueil non-idolâtrique de la Loi, comme si la rebellion constituait le risque le plus prometteur ou la promesse la plus risquée mais la plus féconde à quoi devaient s'exposer tous les codes. La structuration légale en devoirs et commandements procèderait ainsi d'un « état de nature » de la subjectivité dont elle serait moins la sublimation ou la mise en forme symbolique que l'arrêt, nécessaire au demeurant pourvu qu'il garde la mémoire d'un mouvement pré-originaire qui serait à la fois sa condition de possibilité (son amont) et d'impossibilité (il ne se peut pas de lui-même). Le demain, qui accompagnait déjà la rectification compassionnelle du droit comme son ombre étymologique, indique encore que l'arrêt-de-loi ne peut pas purement et

1. *La communauté inavouable*, Minuit, 1983, p. 73 : la « responsabilité » ou l'« obligation » (le *hessed*) « ne vient pas de la Loi », celle-ci « en viendrait » au contraire « dans ce qui la rend irréductible à toutes les formes de légalité par lesquelles nécessairement on cherche à la régulariser tout en la prononçant comme l'exception ou l'extra-ordinaire qui ne s'énonce dans aucun langage déjà formulé ».

simplement, une fois pour toutes, arrêter la circulation générale, l'amplification qui préside à l'effectuation continue du juste. Les arrêts font dans la durée éthique du temps des incisions, des saignées, sans lesquelles l'exercice de la justice serait compromis. Mais les demains reprennent et réparent ce que les arrêts auront tranché, ils réinscrivent le droit dans le rassemblement tikkounique des éclats épars et chaotiques du monde. Le demain grâcieux va encore au-delà de l'au-delà compassionnel. Il vise un avenir dont le sujet devine qu'il n'en sera jamais le contemporain.

À bien des égards, *hessed* correspond à cet engagement d'un sujet sans contrepartie dans son temps, à cette gratuité que Levinas appelle « œuvre » [1] : un souci d'agir pour un temps hors d'atteinte et pour des choses hors de portée, un renoncement à assister au présent des effets de l'action, une grâce, justement, ou une générosité, c'est-à-dire une relation au temps dont l'ouverture à l'avenir serait l'endurante patience, car elle ne serait pas du tout le simple présent d'un futur, mais à l'inverse l'absoluité d'un temps où je ne serai jamais, bien que je puisse lui vouer jusqu'à ma vie. Dans cette figure de la générosité grâcieuse, le temps messianique semble suspendre jusqu'à l'impatience de l'instant et s'abandonner à la nécessaire ingratitude d'un présent désœuvré. Vouée à la « veille » de la « sentinelle » prophétique [2] guettant de quoi œuvrer dans l'horizontalité morne d'un aujourd'hui sans fin, cette « optique » grâcieuse, pour utiliser un mot lévinassien, prévoit mais ne verra pas. À l'impatience quelque peu affolée de la maxime talmudique (« qu'il vienne mais que je ne le voie pas »), au harcèlement messianique du temps, se substitue une confiance mélancolique œuvrant pour le temps d'une venue à laquelle elle n'assistera pas. *Hessed* transit le temps de part en part, ou plutôt le découvre à sa fécondité en se laissant traverser par lui. Cette gestation ainsi signifiée comme générosité est le temps lui-même. L'ingratitude de toute présence n'en est pas le revers sombre ou le contraire douloureux. Car la gratuité ne déserte pas l'instant du don, elle le rend à sa patience propre, c'est-à-dire à l'oubli de toute compensation, en l'offrant comme tel à sa puissance de donation, en le vouant tout entier à l'altérité sans défaut du demain messianique.

Le temps de l'œuvrer ou du donner est un temps sans retour sur soi, sans boucle de réciprocité. Il ne peut en effet y avoir de don que lorsque tout

1. Au sens que lui confère *Humanisme de l'autre homme* (qui rectifie celui de *Totalité et Infini*), soit ce « mouvement du même à l'autre sans retour au même », cette « eschatologie sans espoir pour soi, libération à l'égard de mon temps » (*Humanisme*..., éd. Livre de Poche, p. 45).

2. Je dois à Judith Urian, de l'Université Hébraïque de Jérusalem, d'avoir attiré mon attention sur les désignations de Jérémie comme *shaqed* (veilleur) et d'Ézéchiel comme *tsofé* (sentinelle) et, surtout, sur les subtils jeux de langage qui y sont associés et que je ne peux ici évoquer.

processus de réappropriation est radicalement interrompu, lorsque toute restitution de soi à soi en passant par un autre s'abandonne au profit d'une substitution sans-soi. La réappropriation et la restitution forment la logique d'un système à l'intérieur duquel le don est habituellement pensé sur le modèle de la dette et de son extinction. Selon cette « économie » comme dit Derrida, selon cette loi de propriété, tout éloignement reconduit ultimement chez soi, tout absence appelle l'ordre d'une présence qui en approprie l'étrangeté première et la domestique. Elle ne peut donc envisager le don que sous la modalité du différement d'un contre-don qui revient vers le donateur, c'est-à-dire sous la modalité d'un temps qui n'est pas celui du don, mais celui de l'échange : le don peut apparaître et se présenter, se phénoménaliser et susciter ainsi l'anticipation de ce qui lui reviendra. Le temps du don comme le temps de l'œuvre destine la donation à « ne pas revenir à l'instance donatrice »[1], à « être pour un temps après mon temps »[2]. La patience de ce temps de l'autre, cet agir sans entrée dans la terre promise, requiert donc, pour être donation, que soit effacée la mémoire du don, sauf à se représenter à nouveau dans le mouvement de la temporalisation phénoménologique ou ontologique. Se souvenir du don, en prévoir la compensation, c'est le réinscrire dans le présent d'une présence du propre, du soi, du même. Seuls une dimension du temps irréductible à la synchronie du présent, un temps disjoint, plié, une diachronie messianique permettent une pensée de la justice comme excès culminant avec le grâcieux de l'œuvre ou du don, cet « indéconstructible » qui n'est pas une structure formelle anhistorique, mais le mouvement d'une ouverture, d'un entrécartement, où se défont toute totalité, tout présent. Une fois encore, on peut voir comment les considérations éthiques surgissent comme des questions adressées au temps, des modes de temporalisation de la subjectivité d'un sujet, et comment la messianité du temps indique leur nouage.

Une célèbre maxime de Hillel l'Ancien, énoncée sous la forme de trois interrogations emboîtées, en propose la méditation : « Si je ne suis pas moi, qui le sera? Et si je ne suis que pour moi, que suis-je? Et si ce n'est maintenant, quand sera-ce? »[3]. Ce triple rebond offre la répétition condensée du mouvement qui, par vagues successives, ininterrompues, mais de plus en plus confondues et menaçantes, va du droit strict à l'ouverture grâcieuse sur la temporalité d'un demain sans moi. Le souci de soi garanti par le recours au jugement et sanctionné par le prononcé d'une sentence pourrait ainsi porter jusqu'à l'utopie éthique d'une temporalité messianique, au prix toutefois d'excentrations et de déplacements où le

1. J. Derrida, *Donner le temps*, Galilée, 1991, p. 130.
2. E. Levinas, *Humanisme de l'autre homme*, éd. cit., p. 45.
3. *Pirké Aboth*, I, 17.

sujet se perd. On peut alors lire la maxime à la façon d'un palindrome, dans les deux sens opposés de ce mouvement.

Première lecture : le commencement de la sagesse commence avec soi et par soi. Si je ne me prends pas d'emblée en charge, personne en effet ne le fera à ma place. Mais, ainsi constitué, ce commencement risque bien vite de virer en fin, en simple autoposition d'une subjectivité qui assume virilement son commencement en elle-même. Ainsi entendue, la première question barre la possibilité de celles qui suivent et on n'aurait à faire qu'à « un chemin qui ne fait rebrousser personne » (Michaux). De ce site même de la première question, il faut donc rebrousser chemin, remonter plus haut que cette évidence première, ce à quoi s'efforcent les deux autres questions de Hillel qui viennent immédiatement inquiéter la « première » et se fragiliser mutuellement jusqu'à produire un singulier effet de flou. Le moi a bougé et ne peut plus être fixé dans sa physionomie substantielle. L'hébreu rappelle d'ailleurs que l'autre face du moi (*ani*), son reflet spéculaire ou son image inversée est : rien (*aïn*). Depuis le moi, tous les chemins mènent au moi et nul ne pourra y puiser l'énergie gratuite du don. Seul son revers de néant peut l'assigner à d'autres soucis. Le rien préserve l'inappropriabilité de l'identité subjective, frappe d'impossibilité sa tranquille coïncidence à soi et l'expose ainsi à toutes les « aventures » du temps et de l'altérité. La succession des trois questions du sage n'est qu'apparente. Est-il bien sûr en effet que je puisse encore répondre si je commence par moi-même et en moi-même, si le principe de mon être le fait fondativement coïncider avec sa manifestation ? Ne faut-il pas que soient mobilisées d'autres modalités du temps que celle de la simple succession segmentée de présents, d'autres « intrigues » selon le mot de Levinas ?

Le « maintenant » de la troisième interrogation de Hillel le signifie par la précipitation où il engage l'être-pour-soi que la seconde, et peut-être la première déjà, rendaient problématique. L'urgence, l'accélération, qu'il semble dire brutalement vient transir le présent même de l'énonciation. Le temps de ce « maintenant » prévient ainsi toute présence d'esprit, toute ressaisie de l'acte dans l'essence de son agir. Il est plus ancien et vient de plus loin que le présent d'une représentation, d'un thème, d'un lieu. S'il précède le « quand ? », c'est exactement à la façon dont le faire dans l'instant précède l'entente dans un questionnement, en ne pouvant se dire qu'après-coup, une fois la réponse passée, une fois l'intervention recadrée sous le jugement réfléchissant qui en fournira le concept général. Le « maintenant » de Hillel, transcendance de tout présent, indique une temporalité qui ne peut jamais commencer en elle-même ni retourner à son origine qu'elle pourrait récupérer dans la temporalisation du temps, une temporalité sans sujet unifié et fondé substantiellement, sans identité subjective. « Si ce n'est...quand? » : la déformalisation de ce temps sans sujet est aussi son illimitation, c'est-à-dire qu'elle oblige à rompre avec l'idée d'une initiative du moi en propre ou d'un mouvement orienté vers un but déterminé, elle force à retrouver l'« œuvre » ou le « don » comme les « non-lieux » de la subjectivité[1]. À partir de cette perte du lieu et de la synchronie du temps s'ouvre la pensée du moi que propose la maxime, dès lors qu'on en lit les trois séquences à rebours. « Quand sera-ce? », si ce n'est immédiatement, et avant même une immédiateté choisie ou assumée, dans le déjà-trop-tard d'une réponse qui résonne dans l'assemblage heurté des trois questions. À vrai dire : *qui* sera-ce, suggère Hillel, si ce n'est moi sans identité de moi, sans « concentration au-dedans de soi » (Rousseau[2]). Ne répondre que de soi pour éventuellement, *après*, répondre de et à autrui apparaît ainsi de plus en plus improbable, au fur et à mesure que se défait la succession logique des énoncés et qu'émerge la « déconcentration » du sujet, sa décentration éthique-subjective, par ailleurs toujours préalable à sa recentration identitaire en noyau d'être insécable (moi = moi), comme le « vivant » précède le « mort ».

Il n'y a nulle part d'essence préservée de l'expérience subjective. Le sujet, inscrit dans le mouvement d'une désubjectivation qui le subjective, détotalise sans cesse les processus d'identification qui le constituent aussi en bonne part. Il est d'emblée sujet « éthique » – pour demeurer encore dans le registre lévinassien. La quadruple texture dont on a vu qu'elle figurait la dynamisation messianique du droit, du juridique au purement grâcieux en passant par le justiciel et le compassionnel, ne se peut que sous la considération que cette structure éthique de la subjectivité en atteint le secret le plus intime et le plus irrépressible. L'excession que chaque niveau d'exercice de la justice porte avec soi comme son au-delà ne prend sens et efficience que pour un sujet lui-même excédé. S'il est comme énucléé, s'il ne peut jamais s'acquitter une fois pour toutes de ses devoirs, c'est que ceux-ci sont tout autre chose qu'une croûte qui s'agglutine autour d'un noyau d'identité pour en régler l'insertion dans l'ordre d'une communauté générique. Ils ne proviennent pas en effet d'une volonté soumise à la loi de raison, le sujet n'est pas simplement autre parmi les autres dans un système d'équivalence générale des droits et des devoirs. Toujours, il se porte à l'écart de sa « concentration », un peu plus autre que tous les autres, saisi par la surenchère éthico-talmudique : « plus je suis juste, plus je suis sévèrement jugé », « plus je suis juste, plus je suis coupable ». Quiconque s'estimerait

1. Levinas, *Autrement qu'être...*, éd. cit., p. 12.

2. « Celui qui, à force de se concentrer au-dedans de lui, vient à bout de n'aimer que lui-même... il ne vit plus, il est déjà mort » (*Profession de foi du vicaire savoyard*, *Émile*, Garnier, 1964, p. 350).

juste, définitivement juste, en finirait dans les retrouvailles du soi avec la responsabilité. Le Juste ne peut connaître ni halte ni repos. Arrêté dans la positivité d'une loi ou la stase ontologique d'une autonomie, il n'est plus juste.

Le pli du temps détermine l'écart ou l'excès de la subjectivité et l'assigne à un reste, à un à-faire du monde[1], dont le flux messianique requiert à chaque instant que le Juste lui soit restitué, sous peine d'être « sévèrement jugé ».

1. On l'a déjà dit, c'est ainsi qu'il convient donc de lire avec Rosenzweig le *laasot* les premiers versets de *Gn.*, 3 : « ce que Dieu avait créé comme à-faire ».

Épilogue

LA PAROLE MESSIANIQUE

Pourquoi conclure sur la langue ? N'est-ce pas rompre abruptement le fil d'un propos qui débouchait selon sa cohérence propre sur une considération messianique du juste ? Disons, pour commencer de répondre, que le pli du temps commande la messianité de la langue, c'est-à-dire, pour l'indiquer dans les termes tout différents qui furent ceux de Saussure, l'arbitraire et l'immotivation. « Il y a langue », si l'on peut dire, parce que notre temporalité est structurée par son inadéquation à soi et à ses propres visées. Ce manque à soi est ce qui, par l'usage de la parole s'oppose à la présence à soi et fait signe vers une vérité sans lieu en moi, au sens où elle n'a pas pour principe ma saisie, mon emprise. Cette vérité, qui est celle du langage, n'a donc pas de statut transcendantal.

On ne parle jamais que pour réparer quelque chose de cette inadéquation. Si les mots étaient les signes immédiats et naturels des choses, une exacte correspondance à la nature matérielle de ces dernières serait immédiatement réalisée. La profération du langage[1] serait coextensivement la production des choses, une opération magique sans écart et sans reste, adéquate toujours à elle-même – adéquation qui en signifierait le dernier mot, c'est-à-dire le terme muet. Nulle langue n'aurait plus dès lors à se parler. Or la parole ne cesse d'être parlée et les sujets parlants que nous sommes se tiennent en plein milieu de ses tropismes, sans pouvoir faire autrement qu'avoir à réparer la parole en la parlant. *Organon* de l'existence, comme dit Rosenzweig, la langue ne l'est qu'en tant qu'organon *messianique* de l'existence. Elle ne se dit qu'à faire advenir dans la langue qui est, telle qu'elle est dans sa non-naturalité et sa

1. Je ne distingue pas ici la langue du langage (*Sprache*), voire de la parole : il s'agit seulement de leur messianité propre.

multiplicité, une langue qui vient. Souvenons-nous du fameux passage de *Crise de vers* et du renversement qu'y produit la dialectique mallarméenne. « Les langues imparfaites en cela que plusieurs, manque la suprême »[1]. L'imperfection est donc d'origine babélienne, elle tient consubstantiellement à la pluralité des langues. Elle emporte donc un « manque » tout en portant en elle-même le remède à ce manque : le « vers » pour Mallarmé, le vers qui, « lui, philosophiquement rémunère le défaut des langues »[2]. Le défaut est l'occasion du rachat, et le rachat, la « rémunération », l'inestimable chance langagière du défaut, « la suprême ». La poétique mallarméenne serait ainsi « une opération symbolique de *rédemption* »[3].

Loin du « vers » à coup sûr, ou plutôt bien au-delà, l'*Étoile de la rédemption* propose une détermination précise de la langue qui permet d'en saisir l'office singulier tout entier sur le modèle d'une pareille « opération ». Dans un long passage[4], elle est exposée comme pliée selon l'articulation de ses différents « états », celui-ci et cet autre-là, et prise dans l'exercice d'une instantanéisation et d'un futur. La langue « *relie et divise en même temps* ». Autrement dit, elle écarte tout en indiquant qu'elle écarte, et, indiquant l'écart, elle indique le reste de tout échange langagier, ce reste d'où provient toute relance de la parole. La langue ne suffit jamais mais elle peut et sert à dire cette sienne insuffisance. Les deux bords de l'écart, elle les relie, faisant de tous les hommes sans exception des animaux ou des « vivants » parlants, selon une caractérisation tout à la fois grecque et talmudique. Mais elle divise aussi dès lors qu'elle parle, et qu'elle parle même cette reliaison, dans la particularité, celle des langues effectives, celle de chaque sujet qui parle. Le langage détient donc la capacité d'excéder sa fonction communicationnelle. Cet excès est même sa condition de possibilité. Le langage s'excède sans cesse lui-même, sans quoi il cesse de parler : son « défaut » est l'indice langagier de lui-même et de ce qui le déborde en en assurant la dynamique plurielle et singulière. Il a une histoire, ou des histoires, par exemple, que les linguistes pourront reconstituer. Mais il faut bien qu'il soit déjà là, disponible, pour autoriser ce travail de reconstitution de la langue par la langue. Il n'y a donc langage que dans une donation qui ne peut cesser de se précéder. Le langage montre ce qu'il ne peut pas montrer, il peut signifier l'insignifiable, et même si cet insignifiable demeure insignifiable, il s'exprime dans un signe, le signifiant « insignifiable ».

1. *Igitur, Divagations, Un coup de dès*, Poésie, Gallimard, 1976, p. 244.
2. *Ibid.*, p. 245.
3. P. Campion, *Mallarmé. Poésie et philosophie*, PUF, 1994, p. 21.
4. Éd. cit., p. 134.

En quoi ces caractères, rapidement rappelés, informent-ils le paradigme de la temporalité messianique? On peut répondre à cette question en deux segments, l'un et l'autre amorcés dans la réflexion rosenzweigienne du temps.

« Nous, aujourd'hui, nous insistons sur l'histoire, non pas à la manière de Schleiermacher, en tant qu'être ex-pliqué dans le temps pour la contemplation du contemplateur, mais *en tant qu'acte de l'acteur.* Aussi nous refusons-nous à voir « Dieu dans l'histoire » car nous ne voulons pas voir l'histoire comme image, comme être. Nous dénions Dieu en elle, pour mieux le restaurer dans le procès au cours de laquelle elle devient. Nous voyons Dieu en chaque événement éthique, mais pas dans le tout achevé »[1]. Ce petit texte consigne quelques points précis que Rosenzweig ajustera et développera considérablement par la suite. D'abord, on l'a vu en commençant, l'histoire n'est pas une « image » que le philosophe de l'histoire pourrait contempler de l'extérieur et pas davantage un « être » progressivement déplié dans un temps uniforme qui l'expliquerait en son devenir successif. Elle n'est rien que le temps arrivant lui-même et où sont impliqués des actes d'acteurs ayant à en répondre. C'est précisément cette advention ou cet événement qui ne se laissent pas constituer en être proposé à l'observation absolue du savoir. Ils esquissent au contraire une instance « métaéthique », comme dira plus tard Rosenzweig, où se parlent des sujets temporellement pris dans cet échange « actif », un champ éthico-langagier où se nouent temps et effectivité. Ce nœud est celui de la parole. Et la « nouvelle pensée » qui procèdera de cette découverte sera dite « pensée parlante ». En quoi est-elle « nouvelle » en tant que « parlante » ? En ce qu'elle réintègre à la pensée la double dimension de l'altérité et du temps dont la tradition philosophique avait dû s'exonérer pour construire universellement son discours par concepts. « Dans le dialogue effectif quelque chose se passe, je ne sais pas d'avance ce que l'autre va me dire parce que je ne sais même pas moi-même ce que je vais dire, ni même si je vais dire quelque chose » : « prendre au sérieux le temps » et « avoir besoin d'un autre » forment l'unique requisit d'un mode de la pensée qui entendrait retrouver l'expérience du monde comme expérience éthico-mondaine effective d'un autre et d'une parole, en-decà de tout savoir préconditionnant[2]. La temporalité qui ordonne ma parole lorsqu'elle se parle est d'emblée reliée à celle de l'autre, lequel s'en distingue dans cette reliaison même. Échappant aux subdivisions du temps chronique et irréductible à la subjectivité solipsiste du discours philosophique, lequel ne

1. *GS*, I, 1, p. 112-113. Rosenzweig n'a que vingt-quatre ans lorsqu'il écrit, en 1910, cette lettre à son cousin Ehrenberg.

2. *Das neue Denken*, éd. cit., p. 151-152. Voir *supra* p. 96-97.

parle à personne en s'adressant à l'universalité de « tous », elle est facteur d'inter-subjectivité. Plus exactement, elle est tissée de la même texture que les vers fameux de la *Friedensfeier* de Hölderlin : l'expérience la plus lourde, le dialogue que nous sommes dans l'écoute, l'appel du chant que nous serons[1].

C'est ici qu'il nous faut revenir au passage déjà mentionné de l'*Étoile*. Dire du langage qu'il « relie et divise en même temps », c'est décrire cette inter-subjectivité comme accompagnement foncier par le langage dialogal de toute notre existence, même « ineffective », rêvée, muette, espérante. Le langage est « l'organe », le médium d'une traversée de bout en bout de l'histoire des hommes, ontogénétiquement autant que phylogénétiquement pourrait-on dire. Il est en effet au commencement, « cadeau de noces que le Créateur offre à l'humanité ». Il est au milieu, dans l'aujourd'hui de la parole vive, « bien commun aux enfants des hommes ». Il est à venir car « la langue effective entre le commencement et la fin », notre langue actuelle, « commune à tous tout en étant particulière à chacun », n'est pas encore dans la pure reliaison. Il n'y a pas de « langue de l'humanité », « chant » hölderlinien ou « chœur » rosenzweigien. Nous parlons dans cette attente ou cette espérance qu'elle adviendra à la fin. Le double état babélien de la langue est le signe de cette promesse en suspens, le signe de sa messianité, « le sceau de l'humain » de l'homme[2]. L'universalité posée par la philosophie comme son élément même n'est donc que tendancielle et promise, sauf à n'être « pour personne » à force de ne pouvoir être « pour quelqu'un »[3].

La langue, marquée de ce « sceau », assigne au babélisme la puissance d'une attente au-dedans même du « manque » mallarméen, elle l'anime. C'est évidemment ce qui la distingue du concept, tel qu'il résulte de l'idéal aristotélicien de l'univocité[4]. En sa nécessité, le concept isole un contenu en soi, le fixe par effacement des restes et des scories dont il se dégage et s'abstrait. Il se découpe dans la langue afin de surmonter les ruptures de sens dont elle est faite. Car la langue ne peut être effective qu'à l'aide de ces surplus impensés qu'elle charrie, elle ne se parle qu'en assurant la

1. « *Viel hat von Morgen an, / Seit ein Gespräch wir sind und hören voneinander, / Erfahren der Mensch; bald sind wir aber Gesang* ». Sur le commentaire heideggérien de ces vers, cf. J.F. Mattéi, *Heidegger et Hölderlin. Le Quadriparti*, PUF, 2001, p. 115 *sq.* (« le rapport du dialogue à la langue met en évidence que la langue advient dans le dialogue, ce qui signifie… que la langue est le commencement de l'histoire de l'homme »).

2. *Étoile…*, p. 134.

3. *Das neue Denken*, *ibid.*

4. *Métaphysique*, 4, 1006b : « Si on ne posait pas de limites et qu'on prétendît qu'il y eût une infinité de significations, il est manifeste qu'il ne pourrait y avoir aucun raisonnement. En effet ne pas signifier une chose unique, c'est ne rien signifier du tout », Vrin, trad. Tricot, p. 201.

circulation de tous les vestiges de l'histoire naturelle de l'humanité dont la pensée rigoureuse entend la désencombrer, jusqu'à viser la construction d'un langage formel purement adéquat à son expression. Or parler consiste à dépenser activement, sans finalité ni visée, ces dépôts accumulés, à les redistribuer selon des cristallisations insoupçonnées. La parole vive et la pensée rigoureuse se déploient sur des lignes qui ne font que se croiser pour mieux bifurquer.

C'est en vertu de cette extériorisation sans telos, que la langue autorise en nous étant donnée, qu'elle « relie et divise en même temps ». Telle est sa « merveille », explique Rosenzweig, sa « nature divine » disait Hegel. Elle est voie et voyageur à la fois puisqu'elle peut dire l'être et le non-être, le passé le plus archaïque et le futur le plus audacieux. La « merveille » de cette fuyante présence indissociablement matérielle et immatérielle tient à ce que les signes réalisés dans la parole déjouent les présages qui les auront précédés. L'accomplissement performatif de la langue est plus ou moins ou autre que « ce qui devait être accompli ». Car si, depuis Babel, « manque la suprême », ce manque à soi de l'inadéquation ne cesse de se rémunérer par l'expérience de la langue. Nous ne sommes ni dans la langue adamique ni dans la langue messianique, nous sommes entre les deux (*bein*, *beinoni*), dans la « coupure » derridienne des deux [1], c'est-à-dire, proprement dans la parole comme entre-traduction d'une langue à l'autre. Babel ne signifie pas l'incompréhension généralisée ou l'intraduisibilité chaotique qui rendraient toute traduction vaine, mais, au fond, le règne de la parole, la donation du langage dans sa fonction intersubjective, c'est-à-dire traductive. Hors Babel dominerait le silence unique de la confusion abolie, celui, vide, d'une origine inatteignable ou celui, plein, de l'au-delà liturgique ou communautaire de la parole. Hors Messie, la langue ne se promettrait pas ni ne promettrait rien à qui elle est adressée; or sans cette promesse, on ne parlerait pas et on ne pourrait davantage comprendre la nostalgie qui s'empare de toute parole déjà dite, comme si l'avoir dite, c'était déjà l'avoir figée dans ses défaillances que la parole seule, en se recommençant, peut revivifier en en reconduisant la dimension pro-mettante. Parler consiste donc à entrer dans la temporalité d'un pas-encore, d'un pas vers un accomplissement qui n'arrive pas. Cette temporalité de la parole est à la fois ek-statique et non-intentionnelle, elle s'éprouve comme écart et diffèrement,

1. « L'expérience de ce qui nous fait naître à la langue, à l'être-déjà-là de la langue, au fait que la langue nous précède, commande notre pensée, nous donne les noms...est d'entrée de jeu une expérience de circoncision, coupure et appartenance » (J. Derrida, *Un témoignage donné...in* E. Weber (éd.), *Questions au judaïsme*, Desclée de Brouwer, 1994, p. 80). Notons que « coupure et appartenance » consonnent avec le relier-diviser de Rosenzweig.

mais immédiatement, dans l'élan d'un passage[1]. On parle pour faire arriver ce qui est promis, selon les mots de Derrida, pour que du dire puisse affleurer dans ce que j'en dis et se délivre par ma bouche. Depuis les nappes enfouies de ce dire remontent ainsi des paroles, au gré d'une expression qui n'est jamais de l'ordre d'une appropriation, même partielle, de ce qu'elle exprime. Le parler n'est pas épuisable, il n'est pas exhaustif. Le messianisme réalisé serait sans doute un monde de la parole vaine où, dans l'intégralité d'un partage silencieux du sens, d'une communauté des noms et des choses, toute entente correspondrait à un faire. Cet au-delà messianique de la parole n'est pas encore. Ce pas-encore oblige à faire encore un pas dans la parole, puis un autre, sans fin préméditable. La parole vive se tend vers son vouloir-dire, se déçoit et, déçue, se retend. Le langage est temporellement structuré comme un messie, selon le pli, l'attente et l'écart. La vérité qu'il porte est faite de cette tension secrète qui traverse les choses, vérité donc non pas comme *adequatio rei et intellectus*, mais comme déposition à préserver, en attente dans l'effectivité du monde. Chaque parole dite signifie son propre inachèvement et sa participation intime à un dire qui, au cœur de toute parole, demande sa reprise.

C'est parce qu'elle se donne comme l'expérience non-malheureuse d'une adéquation impossible que l'expérience de la parole peut être dite messianique. Il faut parler « malgré tout ». Parler jamais n'épuisera le sens du dire, « et pourtant » il faut parler. Nul renoncement a priori dans cet « il faut », nulle nostalgie de la totalité prébabélienne. Qui parle, comme le croyant kierkegaardien, s'unit à l'inconnu sans résignation, avec le fort consentement à une promesse. Cette expérience de la parole comme désappropriation est consignée de façon souvent aigüe par la tradition juive qui décèle dans son caractère d'entre-deux une sorte de destin traductif de la parole, si l'on peut dire, par où se repose le rapport de la langue et du concept.

Dans la répétition sans identité qui surdétermine l'écriture de cette tradition, la langue est prise, d'emblée, dans son mouvement le plus natif, sous la double marque du départ et de l'arrivée, du dedans et du dehors, du premier et du dernier mot. Rappelons deux petites maximes, l'une talmudique, l'autre midrachique, qui commentent chacune à sa façon (et, du coup, s'intercommentent) l'épisode de la *Genèse* où Noé s'enivre, se dénude, est vu par Cham qui avertit Sem et Japhet[2]. Les trois frères sont les

1. L'interprétation rabbinique de la pâque (*pessah*) comme passage (de la Mer Rouge), délivrance et acheminement vers la promesse s'autorise d'une littéralité revue et corrigée de l'expérience pascale : « la bouche parle » (*pe sah*).

2. *Gn.* 9, 27 : « Que Dieu mette Japhet au large [l'hébreu joue ici sur l'assonance du patronyme et du verbe] et qu'il habite dans les tentes de Sem ».

ancêtres éponymes des Grecs (Japhet), des Juifs (Sem) et, au-delà de l'assignation convenue, des autres, de tous les autres en quelque sorte (Cham). Leur histoire tourmentée ne serait, selon l'interprétation talmudique, qu'une histoire de mots étrangers et d'hospitalité dûe aux mots, de fraternité cruelle, d'étrangeté des frères les uns aux autres, Cham étant d'ailleurs plus étranger encore que le couple juif/grec dont il figure le tiers exclu. L'accueil ne se pourrait peut-être même qu'au prix de cette exclusion et de l'effacement de Cham.

«Les mots de Japhet seront dans les tentes de Sem», proclame le premier de ces deux commentaires [1] : les mots de la tradition grecque ont à être abrités par les tentes de la tradition hébraïque. Les concepts devront être inclus dans une aire d'accueil plus vaste, qui en permettra un exercice autre, plus aéré, délié peut-être de la présence de ce qui ne se présente que dans la représentation du concept: «laisser à la langue hébraïque de l'espace» recommandait déjà Luther en tirant la leçon de son propre travail de traduction de la Bible en allemand, prendre acte de l'espacement et de la place ouverte ainsi dégagée pour l'importation d'un autre idiome, celui de la philosophie notamment. Le midrach ajoute encore un terme à cette métaphore de la transposition, de l'espacement, du jeu, en l'explicitant de façon expresse comme traduire: «Que les paroles de la Torah soient énoncées dans la langue de Japhet sous les tentes de Sem» [2]. Ici, c'est la traduction en grec de la Torah, dont la nécessité est reconnue et affirmée, qui doit elle-même se replacer sous l'abri sémitique. Toutefois, les tentes ne sont plus le lieu d'une ouverture ou d'une réouverture, mais d'un recadrage, d'une domiciliation, d'un resserrement. Elles figurent la nécessité d'un retour à une vérité nomade et désertique, que la langue de Japhet, c'est-à-dire la philosophie, ne permettrait guère, retour qui ne se peut que dans l'habitation en retrait, et non dans le plein vent et les grands espaces, l'illimitation et la pure horizontalité.

Parler de commencement, comme on vient de faire, c'est tenter de repérer un terme à partir duquel le parcours ou le reparcours de la tradition pourrait s'engager. Or dans la tradition elle-même, ce commencement est toujours précédé par un commencement du commencement, la Torah, laquelle ne commence même pas en soi puisqu'elle est encore une traduction – mais une traduction à partir d'une insaisissable langue de départ, l'écriture inaccessible d'un Dieu écrivain. Du coup, le statut de la Torah en tant que langue d'arrivée va commander, selon des déterminations variables, toute l'exégèse rabbinique distribuée depuis deux principes opposés mais disposés dans une égale dignité herméneutique par

1. *Meguillah*, 9b.
2. *Midrach Rabba*, Noé, 36, 8.

le Talmud qui en rapporte nommément la paternité à deux docteurs : « La Torah parle le langage des hommes » (Ichmaël) / « La Torah ne parle pas le langage des hommes » (Akiba).

La nature indéterminable de ce « langage » l'émancipe, ou devrait l'émanciper, de toute présentation sinon de toute présence, celle-ci ruinant alors celle-là en imposant son extériorité propre, sa transcendance. Si l'on peut judicieusement tenir que « le judaïsme est un athéisme avec Dieu », comme écrit Jean-Luc Nancy[1], c'est aussi parce que l'absence de signifié transcendantal voue tous les signifiants à s'entre-répondre, à s'entre-traduire. Ces harmoniques renvoient au très simple « secret » de la langue, secret qu'il s'agit moins de lui dérober que de laisser, dans la langue, accéder à lui-même, accéder à la langue. Ce secret de la langue, c'est qu'elle parle. Jamais il ne se dissimule, ce qui est le meilleur moyen de se préserver. Rosenzweig, à qui est empruntée cette caractérisation, souligne, avant Heidegger, et tout autrement : « *das eigentliche Geheimnis der Sprache : das Wort spricht* »[2]. La parole parle, elle n'est pas seulement « parlée », elle est aussi « parlante » et, parlante, elle « n'est jamais ultime »[3]. Il ne peut pas y avoir de dernier mot. Et d'abord parce qu'il n'y a pas de premier mot, mais seulement « une sorte de gage pré-originaire qui précède tout autre engagement »[4] et que Rosenzweig a tenté de théoriser en déterminant ce qu'il appelle les mots-origines et les mots-racines comme promesse[5]. Parler, c'est promettre, on l'a dit, c'est répondre d'un « gage donné avant tout autre événement »[6]. Le simple fait de parler, d'être pris de et par la parole, d'être toujours-déjà tenu de la tenir plutôt que de la prendre au vol, emporte un pari sur le dire qui expose à une traduction sans terme dans une langue d'arrivée qui n'arrive jamais à arriver : telle est la signification du « jamais ultime » de Rosenzweig. La parabole wittgensteinienne des scarabées, si elle destitue le « quelque chose » du langage dans ses jeux, n'affecte pas ses exercices ni sa vie propre. Toujours viser une arrivée, sans jamais partir du sûr départ d'une langue à traduire, voilà le fil ténu longé par toute parole. Pas ou plus d'avant-Babel, pas ou pas-encore d'espéranto : on

1. *Des lieux divins*, TER, 1987, p. 22.

2. *Der Stern*... in *Gesammelte Schriften*, II, éd.cit., p. 264 : « Voilà le véritable secret du langage... la parole parle » (*Étoile*..., éd. cit., p. 280, trad. rectifiée).

3. *ibid.*

4. J. Derrida, *Heidegger et la question*, Champs-Flammarion, p. 115 *sq.*

5. *Étoile*..., p. 134 : « le mot réel qui « appelle » (*heißt*) l'objet par son nom... le mot-origine l'a pro-mis (*ver-heißen*) ». Rosenzweig surcharge le jeu sur *sprechen* et *versprechen*, parler et promettre, d'un autre, sur *heißen* et *verheißen*, (s')appeler et promettre, c'est-à-dire sur le Nom et la Promesse (la Terre Promise se dit en allemand *das Land der Verheißung*). Voir Heidegger, *Qu'appelle-t-on penser?* (*Was heißt Denken?*), PUF, Quadrige, p. 128-134).

6. J. Derrida, *Heidegger*..., éd. cit., p. 116.

parle toujours entre le surmontement, provisoire et sans cesse menacé, de la confusion absolue (autant de langues qu'il y aurait de sujets qui parlent) et l'espérance incertaine de la compréhension absolue (une seule langue transparente pour tous les sujets). Parler, c'est donc être pris dans cet élan qui va d'une impossible origine (si impossible que le Talmud la brouille délibérément en inscrivant la langue toraïque dans la dyssymétrie et la double marque du «...des hommes»/«...pas des hommes») à un événement espérantiel non-encore advenu. Cette promesse de la parole (*ver-sprechen*) et de la nomination (*verheißen)* n'a rien à voir avec une croyance, des valeurs, une visée. Simplement, «la promesse parle», faudrait-il dire, *das Versprechen spricht*, elle «appelle et assure»[1] (*Verheißung*) et, par conséquent, «il n'est pas possible de parler hors de cette promesse»[2].

On peut considérer qu'il y a, sur ce point de savoir ce que parler veut dire, une ligne allemande, ou partiellement judéo-allemande, qui partirait de Hamann («parler, c'est traduire») et culminerait avec Rosenzweig et avec l'heuristique de ce qu'il appelle «parole en avant»[3]. Cette heuristique de la «parole en avant» contraste avec toutes les herméneutiques, traditionnelles et historico-critiques: il ne s'agit pas en effet, explique Rosenzweig, de partir du texte, biblique en l'occurrence, pour élucider rétrospectivement les conditions de production historique de son sens, mais d'assigner ce sens «en avant», c'est-à-dire à son devancement par la voix ou la parole des lecteurs-locuteurs à venir de la *miqra*, cette Écriture que l'hébreu nomme justement «lecture». C'est que la propriété de la langue est aussi impossible que l'appropriation définitive d'un sens. On parle une langue qui n'est pas la sienne, la seule que l'on s'entende parler est celle d'un autre inassignable. Cette langue maternelle «reste», mais non pas du tout au sens arendtien de ce qui demeure «à l'écart» de la langue de l'exil comme une habitation en réserve, une propriété toujours et immédiatement habitable, une authenticité récupérable[4]. Elle est bien plutôt *en reste*: en dette et en attente, en retrait et en souffrance. L'expérience de langue retracée dans le *Monolinguisme de l'autre* désigne une désappartenance étrangement non-extérieure. Une inhabitation interne, native, de la langue maternelle en constitue le trait le plus particulier. Le défaut originaire de toute langue maternelle, tel que Derrida le met au jour, va se trouver chez Rosenzweig radicalisé par extension.

1. Heidegger, *Qu'appelle-t-on penser?*, éd. cit., p. 133.
2. *Le monolinguisme de l'autre*, Galilée, 1996, p. 127.
3. *GS.*, I, 2, p. 754.
4. H. Arendt, «Seule demeure la langue maternelle» in *La tradition cachée*, 10/18, 1987, trad. S. Courtine-Denamy, p. 240-241.

Une fois sortie d'elle-même et livrée à son propre déferlement, la langue maternelle, réinscrite à même sa singularité, à même son irremplaçabilité, dans la structure universelle d'une loi, signifierait la condition traumatique par où nous nous trouvons assignés à une seule langue que nous ne pouvons nous approprier. L'absence ou l'impossibilité de toute monolangue à soi désignerait une expérience prise dans une « circoncision » polymorphe du parler, de tout parler, dans la coupure et l'interdit, la séparation et l'appartenance, l'alliance par soustraction et le don du reste. L'héritage de la monolangue, dans l'universalité de ce qu'il conserve (la mémoire d'une langue jamais parlée) et promet (la langue qu'on ne parle pas encore puisqu'on ne parle jamais une seule langue), brouille considérablement, par contamination, toutes les distinctions convenues dont les signifiants respectifs sont comme déliés et réattachés à des signifiés inattendus. La langue déproprie en se mesurant de façon démesurée à son dire, elle se dépense sans pensée en quelque sorte. Ce qui toujours est happé vers ses surcroîts d'impensé, c'est-à-dire ses promesses, se présente comme le retournement d'un achevé (dans la pensée) en un « nouveau commencement » (par la parole)[1].

Sur ce fond, la promesse universellement dépropriante de la parole, Rosenzweig opère une sorte de radicalisation intensive, par le judaïsme, de cette structure universelle. Si sa philosophie, sous bien des aspects, est certainement une philosophie de la conversion, elle l'est, curieusement, par *dissimilation*, pour reprendre un mot proprement rosenzweigien, ce qui signifie qu'elle préfère changer de terrain, passer à un autre questionnement, plutôt que de réagencer les lieux. Selon une figure qui rejoindrait encore celle du surcroît, du reste qui ne reste même pas (et qu'on retrouverait sans doute, mais autrement, dans l'exaspération lévinassienne ou la supplémentarisation derridienne), cette radicalisation par diversion finit par déplacer la thématique de l'exemplarisme : la dépropriation, absolue, est absolument dépropriante s'agissant du « peuple juif »[2]. Celui-ci ne posssède aucune langue, il ne peut rigoureusement en avoir aucune en partage propre, ni par conséquent disposer de ce qui fait pour les « peuples »

1. *Étoile*, p. 134 : pour montrer le « parler » comme lieu d'une « révélation », d'un passage du « muet » au « sonore », du « secret » au « patent », du « clos » à l'« ouvert », Rosenzweig joue dans cette page, d'une traduction difficile, sur les significations de *Wort* (parole) et *antworten* (répondre), de *Anfang* (commencement) et *auf-fangen* (accueillir). Je me permets de renvoyer à mon petit *Franz Rosenzweig. Existence et philosophie*, PUF, 2000, p. 59 *sq.*

2. On peut contester que Rosenzweig « atténue » la dépropriation en l'attribuant au « peuple juif » selon les « trois façons » (relatives à l'allemand, aux langues juives et à l'hébreu) relevées par Derrida dans sa remarquable note du *Monolinguisme* (éd.cit., p. 91 *sq.*). On peut en tout cas essayer d'indiquer que les modalités de sa radicalisation, si elles souffrent évidemment discussion, n'emportent pas pour autant de véritables réappropriations.

la « marque la plus vivante de leur commune appartenance : la langue qui leur est propre » [1]. Pourquoi et comment ?

a. Sa langue maternelle est à chaque fois, ou en tout cas dans de nombreuses conjonctures historiques, celle de l'hôte qui l'accueille, « la langue des ses destinées extérieures » [2], c'est-à-dire une langue de non-appartenance, reçue, non-possédée.
b. Les langues juives, le yiddish, le judéo-espagnol, etc., ne sont que des parlers contingents issus des croisements opérés à partir de ses errances et de ses rencontres : elles sont donc les langues de ses destinées imposées ou de l'intériorisation de ses destinées extérieures.
c. L'hébreu est certes dit « sa langue à lui », le « peuple juif » [3]. C'est en effet une langue qui qualifie un propre puisqu'elle commande l'appropriation liturgique de l'éternité anticipée. Mais ce propre ne peut jamais s'approprier à « la vie quotidienne » et à ses parlers, au contraire il en signifie l'ex-propriété car il est tissé de *mort* (l'hébreu [4] est une sorte de « fausse » langue morte, toujours déniée et dont la « mort » à la vie quotidienne a constamment à être surmontée dans le dialogue vivant avec Dieu), de *sainteté* (la langue sainte est langue de séparation) et d'*oubli* (la langue hébraïque a souvent à être réapprise par les générations successives d'éventuels locuteurs, sa clôture à être désenclose, sa mort à être conjurée).

Tout ceci est si vrai que la coupure « peuple juif »/« peuples du monde » recoupe, pour Rosenzweig, une inversion langue/écriture qui mettrait l'hébreu dans une position de surlangue ou de sous-langue, voire de discours (traduit) du silence. Dans un petit passage de l'*Étoile*, son auteur explique que pour les peuples du monde la langue est ce qui survit d'une écriture perdue, alors que pour le peuple juif, l'écriture est ce qui survit d'une langue échappée à toute quotidienneté. Ce qui reste de la traversée des langues-hôtes, des langues de l'installation éphémère, c'est une langue non parlée qui ne serait cependant pas une « langue morte », mais quelque chose comme « une écriture vivante » selon la belle expression qu'utilisait Mendelssohn pour signifier la pratique des commandements [5]. Seule cette écriture, cette chose inouïe que serait une langue-écriture, une écriture-

1. *Étoile*..., éd.cit., p. 355.
2. *Ibid.*, p. 356.
3. *Ibid.*
4. La question de la reviviscence de l'hébreu en israélien moderne, lequel releverait alors du statut commun des langues de « la vie quotidienne », n'est évidemment pas ici prise en vue par Rosenzweig.
5. *Jérusalem*, trad. D. Bourel, L'arbre double, 1982, p. 140.

langue, pourra libérer « l'éternité » de sa dépendance par rapport aux déterminations historiques des communautés existantes, c'est-à-dire aux conditions qui l'inscrivent dans le temps-uniquement temps, et défier ainsi les oppositions de l'infini et du fini, de l'intériorité et de l'extériorité, de l'esprit comme parole vivante et de la lettre comme signe mort. L'hébreu serait ainsi la seule langue de l'Écriture-lecture, la seule langue extra-historique, lisible, comme toute écriture, en l'absence de tout sujet empirique. Elle le serait même, semble aller jusqu'à dire Rosenzweig, en l'absence de tout signe, dans le silence et l'idéalité d'une ritualité liturgique consignée dans les gestes, inscrite dans les corps. Non seulement en ouvrant la possibilité de la communication intersubjective, comme tout langage, mais surtout en libérant la possibilité pour un objet idéal d'être intelligible pour un sujet transcendantal, ce qui l'apparente précisément à l'écriture. Ainsi déterminée, l'hébreu serait la seule langue non-monolangue, la seule langue non-langue, la dernière des langues parce que la première des écritures en quelque sorte. Le comble de la dépropriation, le comble du propre aussi, si l'on veut, capable d'anticiper l'éternité dans le temps, mais cependant toujours « entre les deux » – semblable dès lors à toute autre langue, à la première langue venue.

Soit, au fond, à toutes les langues, pliées en leur « milieu » entre la communauté des particuliers et la promesse du temps, et qui, en imprimant à ce monde-ci, et à ses pesantes identifications, le sceau de l'événement et de l'attente du monde qui vient, font de la parole parlée l'organe temporalisé d'une traversée messianique de l'existence.

INDEX DES PRINCIPAUX NOMS CITÉS

INDEX DES NOTIONS PRINCIPALES

TABLE DES MATIÈRES

ACHEVÉ D'IMPRIMER
EN OCTOBRE 2001
PAR L'IMPRIMERIE
DE LA MANUTENTION
A MAYENNE
N° 319-01

Dépôt légal : 4e trimestre 2001